普通高等教育"十三五"规划教材
高职高专实验（训）系列

财务管理实训教程

（第二版）

主　审　王士伟
主　编　张书杰
　　　　贾震奇
副主编　杨增凡
　　　　陈　迪

立信会计出版社
LIXIN ACCOUNTING PUBLISHING HOUSE

图书在版编目(CIP)数据

财务管理实训教程 / 张书杰，贾震奇主编. —2版
—上海：立信会计出版社，2020.3
普通高等教育"十三五"规划教材. 高职高专实验（训）系列
ISBN 978-7-5429-6429-8

Ⅰ.①财… Ⅱ.①张… ②贾… Ⅲ.①财务管理-高等职业教育-教材 Ⅳ.①F275

中国版本图书馆CIP数据核字(2020)第038424号

策划编辑　赵新民
责任编辑　秦思慧
封面设计　南房间

财务管理实训教程(第二版)

Caiwu Guanli Shixun Jiaocheng

出版发行	立信会计出版社			
地　　址	上海市中山西路2230号	邮政编码	200235	
电　　话	(021)64411389	传　　真	(021)64411325	
网　　址	www.lixinaph.com	电子邮箱	lixinaph2019@126.com	
网上书店	http://lixin.jd.com		http://lxkjcbs.tmall.com	
经　　销	各地新华书店			
印　　刷	浙江临安曙光印务有限公司			
开　　本	787毫米×1092毫米	1/16		
印　　张	17.75			
字　　数	482千字			
版　　次	2020年3月第2版			
印　　次	2020年3月第1次			
印　　数	1—3100			
书　　号	ISBN 978-7-5429-6429-8/F			
定　　价	41.00元			

如有印订差错，请与本社联系调换

普通高等教育"十三五"规划教材

高职高专实验(训)系列

编委会主任　赵水根

编委会副主任　王振华　张学功

编委会委员　（以姓氏笔画为序）
　　　　　　　　马荣贵　孔祥慧　宁艳岩　刘爱萍　刘　喆
　　　　　　　　张效梅　李煜辉　陈爱国　倪天林　琚军红
　　　　　　　　董云展　韩宗保

　　　　　　　行业企业委员（以姓氏笔画为序）
　　　　　　　　王寿轩　牛宗芬　史　强　石维堂　张连升
　　　　　　　　张延民　赵永战　赵树亭　臧喜昌

总 序 PREFACE

实验(训)教学是高等职业教育教学的重要环节,是培养适应现代经济社会发展的高素质技能人才的重要保障。规范实验(训)教学内容,建立标准化的实验(训)教学流程是完善实践教学体系,推进人才培养规范化,加快发展现代职业教育的重要举措。为此,我们编纂了本套实验(训)系列教材。

本系列教材在编纂过程中,紧密结合行业企业发展实际,坚持应用导向,坚持实践教学与理论教学相衔接,实践内容与职业标准相衔接,实践技能与职业技能鉴定相衔接,把职业岗位所需要的知识、技能和职业素养融入实践教学,构建对接紧密、特色鲜明的实践教学课程体系。

本系列教材在栏目编排上,采用模块化的结构,系统讲解实践教学的各个环节。同时,本系列教材紧贴实践教学内容,采用项目教学、案例教学、工作过程导向教学等教学模式。

为确保教材质量,本系列教材由具有企业一线工作经历和丰富实践教学经验的"双师型"教师编写。在写作方式上,本系列教材力求语言简练、形式活泼、深入浅出。本系列教材以课程为单元,配有丰富的实验(训)案例,是高校教师教授实践类课程的重要参考。

普通高等教育"十三五"规划教材编委会

前言 FOREWORD

《财务管理实训教程》是专业教材《财务管理》的配套教学辅导书,作为高等院校经济管理类专业教学环节中的一个重要组成部分,本书在编写过程中遵循"以能力培养为中心,以实践应用为宗旨,理论与实践内容有机结合"的指导思想,旨在帮助学生更好地理解和掌握财务管理的基本知识和基本方法。本书以企业为例,系统地介绍模拟实训目的、实训要求以及模拟实训步骤。本书在巩固学生的会计理论知识、培养学生的实际动手能力,掌握操作技能等方面起着独特的作用。全书共分为五个模块,结构合理、内容分布均匀,分别介绍了财务管理基础、财务分析、财务计划与预测、筹资活动的管理、投资活动管理、营运资本管理和企业业绩评价等。每个模块均包括实训案例、小节以及课后实训。课后实训主要密切配合教材内容,根据各知识点的掌握要求和特点,以不同类型的习题予以巩固和练习。这既起到巩固学生所学理论知识的作用,又有助于培养学生运用理论解决实际问题的综合能力。

本书由张书杰、贾震奇任主编,杨增凡、陈迪为副主编,编写分工如下:张书杰编写了模块一中项目三货币时间价值与风险价值、模块四中项目一营运资本投资的任务一和任务二、模块五中的项目一业绩评价概述、项目二经济增加值和项目三平衡计分卡;贾震奇编写了模块一中项目一财务报表分析、项目二的财务计划与财务预测;杨增凡编写了模块二中项目一的投资决策基础、模块二中项目二的资本预算、模块二中项目三的证券投资、模块三中项目一的筹资决策基础;陈迪编写了模块三中项目二股利分配、模块三中项目三普通股和长期负债、模块四中项目一营运资本投资的任务三和任务四、模块四中项目二营运资本筹资。

本书的最大特色针对高职高专学生的特点及培养目标,将知识化繁为简,实践性强,帮助学生身临其境地了解财务管理在企业经营管理中的作用,以及如何做出正确的分析和决策。本书可作为高职高专经管类专业的教材,也可以作为其他经济管理专业人员的参考书。本书修订后补充了新的内容,数据也做了更新。在本书的编写过程中,非常感谢王士伟教授的指导与修改意见,也非常感谢马荣贵教授给予的指导与建议,本书在编写过程中肯定存在疏漏与不周之处,恳请读者予以指正。

编者
2020年2月

目录 CONTENTS

模块一　企业财务管理基础

项目一　财务报表分析 ... 3
　任务一　企业财务分析的基本方法 ... 6
　任务二　财务指标分析 ... 8
　任务三　杜邦财务分析体系的建立 ... 16
　任务四　管理用报表的编制 ... 18
　任务五　改进的杜邦分析体系 ... 28
　小结 ... 33

项目二　财务计划与财务预测 ... 41
　任务一　财务预测 ... 43
　任务二　增长率与资金需求 ... 55
　小结 ... 61

项目三　货币时间价值与风险价值 ... 69
　任务一　货币时间价值 ... 70
　任务二　货币时间价值指标的分析与应用 ... 71
　任务三　风险价值的分析与应用 ... 82
　小结 ... 90

模块二　投资决策

项目一　投资决策基础——资本成本 ... 97
　任务一　债务资本成本 ... 98
　任务二　权益资本成本 ... 102

任务三　加权平均资本成本 ··· 108
　　小结 ··· 111

项目二　资本预算 ··· 113
　　任务一　项目现金流量的估计 ··· 114
　　任务二　投资项目财务可行性评价指标的测算 ··· 123
　　任务三　项目投资决策方法的应用 ··· 132
　　任务四　项目风险的分析 ·· 138
　　小结 ··· 143

项目三　证券投资 ··· 146
　　任务一　债券投资 ··· 147
　　任务二　股票投资 ··· 153
　　任务三　证券投资的风险与组合 ·· 160
　　小结 ··· 164

模块三　筹资决策

项目一　筹资决策基础——资本结构 ·· 169
　　任务一　杠杆原理 ··· 170
　　任务二　资本结构决策 ··· 177
　　小结 ··· 182

项目二　股利分配 ··· 185
　　任务一　理解股利分配 ··· 186
　　任务二　股利支付方式 ··· 188
　　小结 ··· 190

项目三　普通股和长期负债 ··· 191
　　任务一　普通股 ·· 192
　　任务二　长期负债 ··· 194
　　小结 ··· 198

模块四　营运资本管理

项目一　营运资本投资 ··· 201
　　任务一　营运资本的投资策略 ··· 202
　　任务二　现金管理 ··· 205

任务三　应收账款的管理 ··· 213
　　任务四　存货 ··· 219
　　小结 ·· 225

项目二　营运资本筹资 ··· 227
　　任务一　营运资金 ·· 227
　　任务二　商业信用筹资的成本 ···································· 229
　　小结 ·· 233

模块五　企业业绩评价

项目一　业绩评价概述 ··· 237
　　任务一　业绩评价概述 ·· 238
　　任务二　公司内部的业绩评价 ···································· 241
　　小结 ·· 247

项目二　经济增加值 ··· 249
　　任务一　经济增加值 ··· 250
　　任务二　经济增加值及其应用 ···································· 251
　　小结 ·· 254

项目三　平衡计分卡 ··· 257
　　任务一　平衡计分卡的概念 ······································ 258
　　任务二　平衡计分卡及其应用 ···································· 260
　　小结 ·· 262

附录 ··· 264

参考文献 ··· 272

模块一

企业财务管理基础

第一章

企业地方行政管理

项目一 财务报表分析

★ 实训目的

在了解了财务管理工作的内容、目标、原则,以及熟悉了财务管理的环境之后,要掌握财务管理的基本方法,熟悉财务分析的基本比率,以及财务分析比率的作用,掌握管理用财务报表编制的方法和作用。

★ 实训要求

熟悉5类财务分析指标的作用,明确管理用财务报表的用途及编制方法,掌握杜邦财务分析体系的分析方法。

★ 实训设计

财务报表分析实训模块共包括5个实训任务,通过5个实训任务的学习,学生可以掌握财务分析的基本方法,能正确使用财务分析指标,正确建立杜邦财务分析体系,并会编制管理用财务报表。

[第一步]掌握财务分析的基本方法,包括比较分析法、比率分析法、趋势分析法和因素分析法。这些方法是通过财务数据获取财务决策所需信息的重要手段。

[第二步]进行财务指标分析。主要包括:短期偿债能力分析、长期偿债能力分析、资本营运能力分析、盈利能力分析、现金分析等,并了解上市公司全面的财务状况。

[第三步]建立杜邦财务分析体系,对上市公司进行综合评价。

[第四步]编制管理用财务报表,其中包括管理用资产负债表、管理用利润表、管理用现金流量表,并获取管理用财务信息。

[第五步]建立改进的杜邦财务分析体系,为财务决策提供更匹配的信息。

★ 实训内容

本实训项目包括5个任务,包括:财务分析的基本方法、财务指标分析、杜邦财务分析体系、管理用财务报表的编制和改进的杜邦财务分析体系。

★ 考核标准

能熟练地运用财务分析的基本方法,正确使用财务分析的5大类指标,并能建立杜邦财务分析体系,正确编制管理用财务报表,建立改进的杜邦财务分析体系。

考核标准如下:任务一财务分析的基本方法占考核成绩的10%,任务二财务指标分析占考核成绩的20%,任务三杜邦财务分析体系占考核成绩的10%,任务四管理用财务报表的编制占考核成绩的10%,任务五改进的杜邦财务分析体系占考核成绩的10%,完成实训任务只占考核成绩的60%,完成实训平台的训练任务占考核成绩的40%。

★ 模拟情景

王晓松和其他的新员工完成了为期5周的培训之后第一天上班,财务部经理拿来了公司上一年度的报表,请王晓峰和其他的新员工对公司的财务状况进行分析,见表1-1-1、表1-1-2。一方面是为了让王晓峰和其他新员工进一步了解公司的财务状况,另一方面也是要考察新员工的基本功。

表1-1-1 资产负债表

编制单位:明达公司　　　　2019年12月31日　　　　会企01表　单位:元

资产	年初余额	期末余额	负债和所有者权益（或股东权益）	年初余额	期末余额
流动资产:			流动负债:		
货币资金	785 799 549.02	821 943 643.12	短期借款		
交易性金融资产			交易性金融负债		
应收票据	2 104 624 638.20	1 595 138 953.48	应付票据	256 148 381.2	252 100 959.4
应收账款	515 560 695.80	779 152 787.79	应付账款	1 533 213 887.57	1 126 153 849.76
预付账款	35 881 341.06	71 117 257.13	预收账款	461 627 869.9	410 006 506.79
应收利息			应付职工薪酬	45 165 708.60	47 402 160.28
应收股利			应交税费	−35 669 882.51	4 482 443.37
其他应收款	27 678 092.11	27 678 629.54	应付利息	962 975.00	962 975.00
存货	1 093 316 307.56	1 048 492 507.28	应付股利		
一年内到期的非流动资产			其他应付款	479 253 843.10	441 183 329.56
其他流动资产			一年内到期的非流动负债		
流动资产合计	4 562 860 623.75	4 343 523 778.34	其他流动负债		
非流动资产:			流动负债合计	2 740 702 782.84	2 282 292 224.14
可供出售金融资产			非流动负债:		
持有至到期投资			长期借款	7 500 000.00	7 500 000.00
长期应收款			应付债券		
长期股权投资	7 159 180.82	2 876 212.87	长期应付款		
投资性房地产	34 587 446.28	112 224 001.84	专项应付款		
固定资产	909 764 332.33	840 916 396.28	预计负债		
在建工程	55 363 735.06	30 623 953.20	递延所得税负债		
工程物资			其他非流动负债	90 114 436.50	46 867 558.69
固定资产清理	4 525 979.97	195 668.02	非流动负债合计	97 614 436.50	54 367 558.69
生产性生物资产			负债合计	2 838 317 219.34	2 336 659 782.83
油气资产			所有者权益（或股东权益）:		

(续表)

资　产	年初余额	期末余额	负债和所有者权益（或股东权益）	年初余额	期末余额
无形资产	93 308 363.50	100 319 071.28	实收资本	494 557 455.00	494 557 455.00
开放支出			资本公积	1 502 891 829.35	1 454 648 727.51
商誉			减:库存股		
长期待摊费用	20 812 728.18	14 426 708.29	盈余公积	382 574 090.50	411 982 342.00
递延所得税资产	36 354 289.94	38 836 669.87	未分配利润	506 396 085.64	786 094 152.65
其他非流动资产			所有者权益（或股东权益）合计	2 886 419 460.49	3 147 282 677.16
非流动资产合计	1 161 876 056.08	1 140 418 681.65			
资产总计	5 724 736 679.83	5 483 942 459.99	负债和所有者权益（或股东权益）总计	5 724 736 679.83	5 483 942 459.99

表 1-1-2 利 润 表

会企 02 表

编制单位:明达股份有限公司　　　　2019 年度　　　　　　　　单位:元

项　目	本期金额	上期金额
一、营业收入	14 849 635 447.00	13 508 214 357.00
减:营业成本	12 564 725 312.00	11 035 683 123.00
营业税金及附加	44 564 128.40	52 463 521.24
销售费用	1 503 895 609.00	1 710 654 251.00
管理费用	348 945 641.30	357 945 212.50
财务费用	52 411 820.60	64 512 454.22
资产减值损失	95 217 016.86	29 970 456.45
加:公允价值变动收益(损失以"－"号填列)		
投资收益(损失以"－"号填列)	48 515 104.34	554 700.32
其中:对联营企业和合营企业的投资收益		
二、营业利润(亏损以"－"号填列)	288 391 023.18	257 540 038.91
加:营业外收入	80 182 247.34	79 593 443.12
减:营业外支出	16 314 201.28	5 997 746.78
其中:非流动资产处置损失		
三、利润总额(亏损总额以"－"号填列)	352 259 069.24	331 135 735.25
减:所得税费用	58 176 554.25	49 789 456.15
四、净利润(净亏损以"－"号填列)	294 082 514.99	281 346 279.10
五、每股收益:		
(一)基本每股收益	0.59	0.57
(一)稀释每股收益	0.59	0.57

单位负责人:　　　　会计主管:　　　　复核:　　　　制表:

附注：
(1) 货币资金项目全部计入经营资产。
(2) 应收票据全部为不带息票据。
(3) 预付账款计入经营资产。
(4) 应付票据不含利息属于经营负债。
(5) 应付账款计入经营负债。
(6) 预收账款年初计入经营负债。
(7) 其他应付款计入经营负债。
(8) 假设公司的资产负债表中只有流动资产和流动负债与销售收入呈正比变动，其他项目不变，公司预计不分红。
(9) 明达公司普通股股数为 498 444 940 股。
(10) 明达公司资产成值损失、投资收益均为经营资产产生。

任务一　企业财务分析的基本方法

企业财务分析的基本方法是在财务报表分析中常用的方法，财务报表分析的目的是将财务报表数据转换成有用的信息，以帮助报表使用人改善决策。现代财务报表分析一般包括战略分析、会计分析、财务分析和前景分析等4个部分。财务管理重点研究的是财务分析，财务分析的目的是运用财务数据评价企业当前及过去的业绩并评估其可持续性，包括比率分析和现金流量分析等内容。财务报表分析的方法主要包括两种：比较分析法和因素分析法。

引导性案例导入

盲人眼中的大象

从前，有4个盲人很想知道大象是什么样子，于是他们相携来到王宫求见国王，国王问他们说："有什么事我可以帮你们的？"瞎子们答道："感谢国王陛下的仁慈。我们天生就什么也看不见，听人家说，大象是一种个头巨大的动物，可是我们从来没有见过，很是好奇，求陛下让我们亲手摸一摸象，也好知道象究竟是什么样子的。"

国王欣然应允。命令大臣牵来一头大象。

盲人们高高兴兴地向大象走了过去。大象实在太大了，他们几个人有的摸到了大象的鼻子，有的摸到了大象的耳朵，有的摸到了大象的牙齿，有的碰到了大象的身子，有的触到了大象的腿，还有的抓住了大象的尾巴。他们都以为自己摸到的就是大象，仔细地摸索和思量起来。

摸到象鼻子的人说："大象又粗又长，就像一根管子。"摸到象耳朵的人忙说："不对不对，大象又宽又大又扁，像一把扇子。"摸到象牙的人驳斥说："哪里，大象像一根大萝卜！"摸到象身的也说："大象明明又厚又大，就像一堵墙一样嘛。"摸到象腿的人也发表意见道："我认为大象就像一根柱子。"最后，抓到象尾巴的人慢条斯理地说："你们都错了！依我看，大象又细又长，活像一条绳子。"

瞎子们谁也不服谁，都认为自己一定没错，就这样吵个没完。

财务管理中也存在类似盲人摸象的问题，如果目光短浅，仅局限到某一单一现象分析，往往会导致以偏概全，得出错误的结论。财务分析正是要解决这样的问题，财务分析从企业整体上对报表、对财务数据进行分析，以求全面摸透"大象"，得到关于"大象"的正确的描述和判断。

从盲人摸象的故事我们得到的启示是：要真实客观地反映上市公司的财务状况，就必须客观地对上市公司进行全面的分析和评价，必须采用科学专业的方法。财务分析就是对上市公司的财务状况进行全面系统的反映。

一、比较分析方法的辨别

比较分析方法是认识事物的最基本方法，是对两个或几个有关的可比数据进行对比，从而揭示存在的差异或矛盾。

(一) 比较对象

与本公司历史比，即不同时期(2—10年)指标相比较，也称"趋势分析"。
与同类公司比，即与行业平均数或竞争对手比较，也称"横向比较"。
与计划预算比，即实际执行结果与计划指标比较，也称"预算差异分析"。

(二) 比较内容

(1) 比较会计要素的总量：总量是指报表项目的总金额，如总资产、净资产、净利润等。总量比较主要用于时间序列分析，如研究利润的逐年变化趋势，看其增长潜力。有时也用于同业对比，看公司的相对规模和竞争地位的变化。

(2) 比较结构百分比：把利润表、资产负债表、现金流量表转换成结构百分比报表。结构百分比报表用于发现有显著问题的项目，揭示进一步分析的方向。

(3) 比较财务比率：财务比率是各会计要素之间的数量关系，反映它们的内在联系。财务比率是相对数，排除了规模的影响，具有较好的可比性，是最重要的分析比较内容。财务比率的计算相对简单，而对它加以说明和解释却相当复杂和困难。

二、因素分析法(连环替代法)

因素分析法是依据财务指标与其驱动因素之间的关系，从数量上确定各因素对指标影响程度的一种方法。该方法将分析指标分解为各个可以计量的因素，并根据各个因素之间的依存关系，顺次用各因素的比较值(通常为实际值)替代基准值(通常为标准值或计划值)，据此测定各因素对分析指标的影响，又称为连环替代法。

实训步骤：

步骤1：确定分析对象，既确定需要分析的财务指标，比较实际数额和标准数额，并计算两者的差额。

设报告期(实际) 指标 R_1，基期(计划) 指标 R_0。

计算 $R_1 - R_0$

步骤2：确定该财务指标的驱动因素，然后根据该财务指标的形成过程，建立该财务指标与驱动因素之间的函数关系。

报告期(实际) 指标 $\qquad R_1 = A_1 \times B_1 \times C_1$
基期(计划) 指标 $\qquad R_0 = A_0 \times B_0 \times C_0$

步骤3：确定驱动因素的替代顺序。

基期(计划) 指标	$R_0 = A_0 \times B_0 \times C_0$	(1-1)
第1次替代	$A_1 \times B_0 \times C_0$	(1-2)
第2次替代	$A_1 \times B_1 \times C_0$	(1-3)
第3次替代	$R_1 = A_1 \times B_1 \times C_1$	(1-4)

步骤4：按顺序计算各驱动因素脱离标准的差异对财务指标的影响。

式(1-2) − 式(1-1) → A 变动对 R 的影响。
式(1-3) − 式(1-2) → B 变动对 R 的影响。
式(1-4) − 式(1-3) → C 变动对 R 的影响。
把各因素变动综合起来,总影响:$\Delta R = R_1 - R_0$。
式(1-2) − 式(1-1) → A 变动对 R 的影响。
式(1-3) − 式(1-2) → B 变动对 R 的影响。
式(1-4) − 式(1-3) → C 变动对 R 的影响。
把各因素变动综合起来,总影响:$\Delta R = R_1 - R_0$。

技能训练一

已知某企业 2018 年和 2019 年的有关资料见表 1-1-3。

表 1-1-3　相 关 资 料 表

	2018 年	2019 年
权益净利率	17.6%	16.8%
销售净利率	16%	14%
资产周转率	0.5	0.6
权益乘数	2.2	2

要求:根据以上资料,对 2019 年权益净利率较上年变动的差异进行因素分解,依次计算销售净利率、资产周转率和权益乘数的变动对 2019 年权益净利率变动的影响。

提示:权益净利率=销售净利率×资产周转率×权益乘数。

任务二　财务指标分析

第二个实训任务目的是对上市公司财务状况进行全面的反映,共包括 5 个实训内容,分别是:短期偿债能力分析、长期偿债能力分析、资本营运能力分析、盈利能力分析和市价比率分析。

一、短期偿债能力分析

偿债能力是指企业偿还到期债务(包括本金和利息)的能力。偿债能力分析包括短期偿债能力分析和长期偿债能力分析。短期偿债能力是企业流动资产对流动负债及时足额偿还的保证程度,是衡量企业当前财务能力特别是流动资产变现能力的重要标志。衡量指标有流动比率、速动比率和现金比率。

(一) 流动比率

$$流动比率 = \frac{流动资产}{流动负债}$$

(二) 速动比率

$$速动比率 = \frac{速动资产}{流动负债}$$

(三) 现金比率

$$现金比率 = \frac{年经营现金净流量}{年末流动负债} \times 100\%$$

根据模拟情景中的明达股份有限公司的财务报表,可以分析明达公司的短期偿债能力如下。

实训内容一 明达股份有限公司短期偿债能力分析

实训步骤

短期偿债能力的强弱是通过分析债务存量与可供偿债资产的比率,以及经营活动现金流量与偿债所需现金流量的比率分析实现。相对于债务存量和偿债所需的现金流量,可供偿债的资产越多、经营活动现金流量越多,偿债能力越强。

通过对比 2019 年比率与 2018 年比率的指标的变化,分析短期偿债能力的变动趋势及变动原因。

步骤 1:可偿债资产与短期债务的存量比较。

(1) 2019 年营运资本＝4 343 523 778.34－2 282 292 224.2＝2 061 231 554.14(元)

(2) 2018 年营运资本＝4 562 860 623.75－2 740 702 782.84＝1 822 157 840.91(元)

指标分析

通过营运指标计算说明,公司 2019 年流动资产和流动负债和 2018 年相比均有减少,营运资本增大,公司短期债务偿还能力增强。

由于营运资本是绝对数指标,对公司相对短期偿债能力反映的信息不够准确,不能独立客观地反映公司短期偿债能力。

步骤 2:短期债务的存量比率。

(1) 2019 年流动比率＝4 343 523 778.34÷2 282 292 224.14＝1.90

  2018 年流动比率＝4 562 860 623.75÷2 740 702 782.84＝1.66

(2) 2019 年速动比率＝1 628 775 060.45÷2 282 292 224.14＝0.71

  2018 年速动比率＝1 329 038 336.93÷2 740 702 782.84＝0.48

(3) 2019 年现金比率＝821 943 643.12÷2 282 292 224.14＝0.36

  2018 年现金比率＝785 799 549.02÷2 740 702 782.84＝0.29

(附注:假设公司 2018 年经营活动现金流量 380 000 000,2019 年经营活动现金流量为 400 000 000。)

指标分析

公司 2019 年流动比率和速动比率比 2018 年有所提高,流动性增强,流动比率大于 1,速动比率小于 1,流动性属于正常状态。

步骤 3:2019 年经营活动现金流量净额与短期债务的比较＝400 000 000÷2 282 292 224.14＝0.18

2018 年经营活动现金流量净额与短期债务的比较＝380 000 000÷2 740 702 782.84＝0.14

指标分析

公司 2019 年度经营活动现金流量与短期债务比率有所增大,公司 2019 年度经营活动创造现金的能力增强。

二、长期偿债能力分析

长期偿债能力分析是指分析企业偿还长期负债的能力。主要指标包括:资产负债率、产权比率、利息保障倍数、现金流量债务比率。

（一）资产负债率

$$资产负债率 = \frac{负债总额}{资产总额} \times 100\%$$

（二）产权比率

$$产权比率 = \frac{负债总额}{所有者权益总额} \times 100\%$$

（三）利息保障倍数

$$利息保障倍数 = \frac{息税前利润}{利用费用} = \frac{净利润+利息费用+所得税费用}{利息费用}$$

（四）现金流量债务比率

$$现金流量债务比率 = \frac{经营活动现金流量净额}{债务总额} \times 100\%$$

实训内容二　明达股份有限公司长期偿债能力分析

实训步骤

长期偿债能力的强弱也是要分析债务的存量比率和流量比率，可偿债资产越多、经营活动的现金流量越多，偿债能力越强。通过对比2019年指标与2018年指标的变化，分析长期偿债能力的变动趋势及变动原因。

步骤1：计算总债务存量比率。

2019年资产负债率＝2 336 659 782.83÷5 483 942 459.99＝0.43

2018年资产负债率＝2 838 317 219.34÷5 724 736 679.83＝0.50

指标分析

公司2019年度资产负债率比2018年降低，资产总额中的债务比率降低，表明债务偿还风险降低。

步骤2：计算产权比率和权益乘数。

(1) 2019年产权比率＝2 336 659 782.83÷3 147 282 677.16＝0.74

2018年产权比率＝2 838 317 219.34÷2 886 419 460.49＝0.98

(2) 2019年权益乘数＝5 483 942 459.99÷3 147 282 677.16＝1.74

2018年权益乘数＝5 724 736 679.83÷2 886 419 460.49＝1.98

指标分析

产权比率、权益乘数指标与资产负债率指标所反映的企业偿债能力的信息基本相同，公司2019年度产权比率、权益乘数和资产负债率都比2018年降低，表明公司偿债风险降低。

步骤3：计算长期资本负债率。

2019年长期资本负债率＝97 614 436.50÷(97 614 436.50＋147 282 677.16)＝0.03

2018年长期资本负债率＝54 367 558.69÷(54 367 558.69＋32 886 419 460.49)＝0.02

指标分析

公司2019年度长期资本负债率比2018年增大，但是资产负债率降低，表明公司2019年度降低的主要是流动负债，长期负债比率比2018年有所升高，公司资本结构风险略有降低。

步骤4：计算总债务流量比率。

(1) 利息保障倍数。
2019 年利息保障倍数＝(64 512 454.22＋331 135 735.25)÷64 512 454.22＝6.13
2018 年利息保障倍数＝(52 411 820.60＋352 259 069.24)÷52 411 820.60＝7.72

指标分析

2019 年度利息保障倍数比 2018 年增大,表明公司由于负债的减少,盈利对偿还债务利息的能力略有降低。

(2) 现金流量利息保障倍数。
2019 年现金流量利息保障倍数＝400 000 000÷64 512 454.22＝6.20
2018 年现金流量利息保障倍数＝380 000 000÷52 411 820.60＝7.25

指标分析

公司 2019 年度现金流量利息保障倍数比 2018 年增强,表明由于债务的增加公司 2019 年度创造的现金偿还债务利息的能力也有所增强。

步骤 5:计算现金流量债务比。
2019 年现金流量债务比＝400 000 000÷2 336 659 782.83＝0.17
2018 年现金流量债务比＝380 000 000÷2 838 317 219.34＝0.13

指标分析

公司 2019 年度现金流量债务比较 2018 年略有增大,利息保障倍数却略有降低,表明公司 2019 年度由于债务的增加,债务成本增大。

问题引入:

🔊 实训任务　长期偿债能力分析—资产负债表的分析(◎)。
(比率结果用百分比形式表示,精确到小数点后两位小数)

原始单据 📄 资产负债表(观山公司 2019.3.31) 📄 资产负债表(望海公司 2019.3.31)

1. 观山公司相关比率
(1) 负债比率:34.78%。
(2) 负债与所有者权益比率:53.33%。

(3) 债务与有形净值比率：53.33%。

2. 望海公司相关比率

(1) 负债比率：44.44%。

(2) 负债与所有者权益比率：80%。

(3) 债务与有形净值比率：85.71%。

分析：

衡量长期偿债能力的指标主要有：负债比率、负债与股东权益比率、长期负债与长期资本比率、债务与有形净值比率等。

(1) 由于观山公司负债与所有者权益比率53.33%＜望海公司负债与所有者权益比率80%，说明观山公司财务风险小于望海公司。

(2) 观山公司负债比率34.78%＜望海公司负债比率44.44%，观山公司风险较小。

(3) 由于观山公司负债与有形净值比率53.33%＜望海公司负债与有形净值比率85.71%，观山公司风险较小。

对银行来说，银行更关注企业的财务风险，更愿意向财务风险较小的企业提供贷款。所以对银行而言，观山公司是较为优质的公司。

三、资本营运能力分析

营运能力分析是指分析企业基于外部市场环境的约束，通过内部人力资源和生产资料的配置组合而对财务目标所产生作用的大小。主要分析指标包括：应收账款周转率、存货周转率、流动资产周转率、固定资产周转率、总资产周转率等。

(一) 应收账款周转率

$$应收账款周转率（次）=\frac{主营业务收入净额}{平均应收账款余额}$$

其中：

$$主营业务收入净额=主营业务收入-销售折扣与折让$$

$$应收账款余额=（应收账款年初数+应收账款年末数）÷2$$

$$应收账款周转天数=\frac{360}{应收账款周转率}$$

(二) 存货周转率

$$存货周转率（次数）=\frac{主营业务成本}{平均存货}$$

$$平均存货=\frac{存货年初数+存货年末数}{2}$$

$$存货周转天数=\frac{360}{存货周转率}$$

(三) 流动资产周转率

$$流动资产周转率（次数）=\frac{主营营业收入净额}{平均流动资产总额}$$

$$流动资产周转期（天数）=\frac{平均流动资产总额\times360}{主营营业收入净额}$$

(四) 固定资产周转率

$$固定资产周转率=\frac{主营营业收入净额}{固定资产平均净值}$$

（五）总资产周转率

$$总资产周转率=\frac{主营业务收入净额}{平均资产总额}$$

根据明达股份有限公司的财务报表，对明达股份有限公司的资本营运能力分析如下。

实训内容三　明达股份有限公司资本营运能力分析

实训步骤

公司营运能力的大小，是通过计算资产的周转率，尤其是应收账款和存货的周转率，并比较 2019 年指标和 2018 年指标，分析资产营运能力的变动趋势及变动原因。

步骤 1：2018 年应收账款周转率＝13 508 214 357.00÷515 560 695.80＝26.2

2019 年应收账款周转率＝14 849 635 447.00÷779 152 787.79＝19.06

指标分析

公司 2019 年度应收账款周转率比 2018 年度大幅度降低，主要原因是 2019 年度应收账款的大幅度增加，大量占用资金，资金周转速度降低，这也是 2019 年度短期负债增加的主要原因。但同时 2019 年度公司销售收入减少，表明市场竞争加剧，市场风险增大。

步骤 2：2019 年存货周转率＝13 508 214 357.00÷1 093 316 307.56＝12.36

2018 年存货周转率＝14 849 635 447.00÷1 048 492 507.28＝14.16

指标分析

公司 2019 年度存货周转率比 2018 年也有所降低，表明由于公司存货量的增加，存货周转速度减慢，资金占用增加，也是 2019 年度短期负债增加的原因。但是与应收账款相比，由于 2019 年度存货量增加不大，所以不是导致 2019 年度短期负债增加的主要原因，而是次要原因。

步骤 3：2019 年流动资产周转率＝13 508 214 357.00÷4 562 860 623.75＝2.96

2018 年流动资产周转率＝14 849 635 447.00÷4 343 523 778.34＝3.42

指标分析

由于公司 2019 年度流动资产中的应收账款增加和存货减少，而流动负债也大幅度降低，所以，公司 2019 年度流动资产周转率和 2018 年相比只是略有减少。

步骤 4：2019 年营运资本周转率＝13 508 214 357.00÷1 822 157 840.91＝7.41

2018 年营运资本周转率＝14 849 635 447.00÷2 061 231 554.2＝7.20

指标分析

公司 2019 年度营运资本周转率比 2018 年度降低，表明公司营运资本增加，资金成本增加，同时财务稳定性增加。

步骤 5：2019 年非流动资产周转率＝13 508 214 357.00÷1 161 876 056.08＝11.62

2018 年非流动资产周转率＝14 849 635 447.00÷1 140 418 681.65＝13.02

指标分析

公司 2019 年度非流动资产周转率与 2018 年相比略有降低，原因是 2019 年度销售收入和流动资产与 2018 年相比有所减少。

步骤 6：2019 年总资产周转率＝13 508 214 357.00÷5 724 736 679.83＝2.36

2018 年总资产周转率＝14 849 635 447.00÷5 483 942 459.99＝2.71

指标分析

公司 2019 年度总资产周转率和 2018 年相比基本未变，表明公司和 2018 年相比总资产营运能力基本未变。

四、盈利能力分析

盈利能力是企业对资本增值的不断追求,是企业资金运动的动力源泉与直接目的。盈利能力就是企业资金增值的能力,通常体现为企业收益数额的大小与水平的高低,主要分析指标包括:销售利润率、成本利润率、总资产利润率、净资产收益率等指标。

(一) 销售利润率

$$营业利润率 = \frac{税后净利润}{营业收入净额} \times 100\%$$

(二) 成本利润率

$$成本费用利润率 = \frac{税后净利润}{成本费用总额} \times 100\%$$

(三) 总资产利润率

$$总资产利润率 = \frac{(利润总额+利息支出)}{平均资产总额} \times 100\%$$

(四) 净资产收益率

$$净资产收益率 = \frac{税后净利润}{平均净资产} \times 100\%$$

实训内容四 明达股份有限公司盈利能力分析

实训步骤

通过对比2019年和2018年的利润率,分析公司盈利能力的变动趋势及变动原因。

步骤1:2018年销售净利率=281 346 279.10÷13 508 214 357.00=0.02

2019年销售净利率=294 082 514.99÷14 849 635 447.00=0.02

指标分析

公司2019年度销售净利率和2018年相比持平,表明公司本年度销售效率未变。

步骤2:2018年总资产净利率=281 346 279.10÷5 483 942 459.99=0.05

2019年总资产净利率=294 082 514.99÷5 724 736 679.83=0.05

指标分析

公司2019年度总资产净利率和2018年相比未变,表明公司总资产获利能力未变。

步骤3:2018年权益利率=281 346 279.10÷3 147 282 677.16=0.09

2019年权益净利率=294 082 514.99÷2 886 419 460.49=0.10

指标分析

公司由于2019年度权益的增加超过净利润的增加,权益净利率略有降低,表明股东的获利能力略有降低。

问题引入

▶**实训任务** 获得能力分析—销售毛利率的计算比较分析(◎)。

(计算结果用百分比表示,除不尽的保留到小数点后两位小数)

附件:(1) 各月份南记家电部销售毛利率10%。

(2) 各月份南记家电部销售毛利率16.67%。

(3) 各月份南记家电部销售毛利率25%。

第一季度南记家电部销售毛利率18.83%。

行业平均销售毛利率15%。

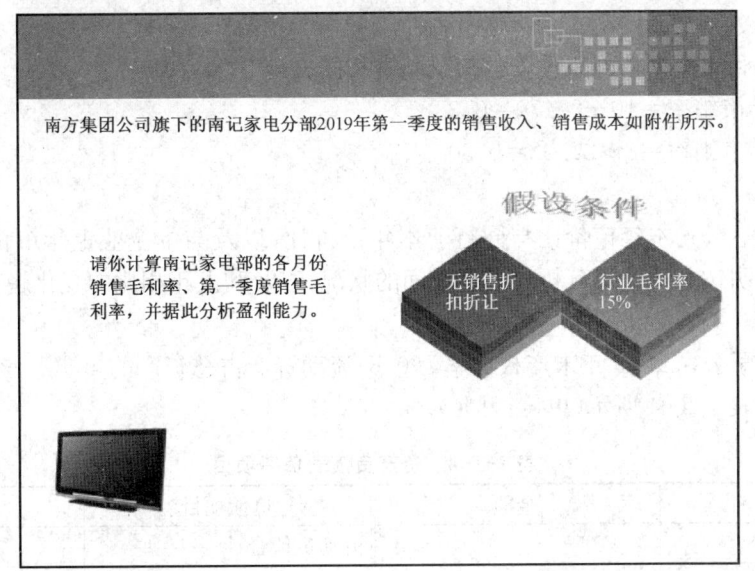

分析:第一季度南记家电部销售毛利率18.83%高于行业平均销售毛利率,在一定程度上说明了南记家电部处于良好的发展阶段。

五、市价比率分析

市价比率反映上市公司普通股市价与相关指标之间的关系,主要包括市盈率、市净率、市销率等。如图1-1-1所示。

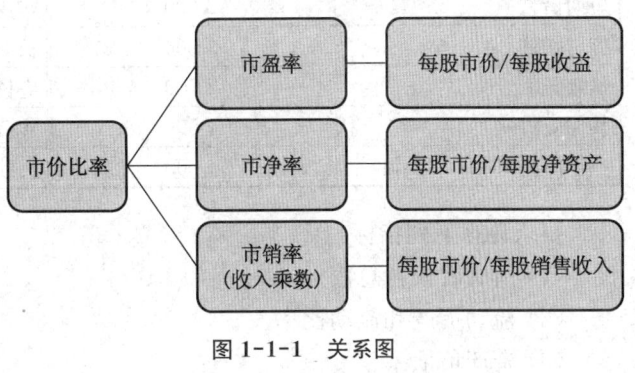

图1-1-1 关系图

实训内容五 明达股份有限公司市价比率分析

实训步骤

通过对比本年市价比率和上年市价比率,分析公司市价比率的变动趋势及原因。
(附注:假设公司普通股平均每股市价为10元/股,上年平均市价为8元/股。)
步骤1:本年市盈率=10÷0.59=16.95
　　　上年市盈率=8÷0.57=14.04
(附注:上市公司流通在外的普通股股数为500 000 000股。)
　　本年每股净资产=3 147 282 677.16÷500 000 000=6.29
　　上年每股净资产=2 886 419 460.49÷500 000 000=5.77
　　本年每股销售收入=14 849 635 447÷500 000 000=29.70
　　上年每股销售收入=13 508 214 357÷500 000 000=27.02

指标分析

公司本年市盈率比上1年增大,既表明公司本年度的股权投资风险增大,同时也表明市场对公司预期增大,公司人气见旺。
步骤2:本年市净率=10÷6.29=1.60
　　　上年市净率=8÷5.77=1.39

指标分析

市净率指标和市盈率指标所包含的信息基本相同。

步骤3：本年市销率=10÷29.70=0.34

　　　　上年市销率=8÷27.02=0.30

指标分析

可以根据明达公司本年市价比与同行业本年市价比，以及与本企业上年市价比相比较，利用比较分析法分析明达公司投资分析在同行业间的状况，以及和上年相比的变化趋势。

技能训练二

明达股份的子公司2019年末产权比率为0.8，流动资产占总资产的40％。该企业资产负债表中的负债项目如表1-1-4所示（单位：万元）。

表1-1-4　资产负债表负债项目

负债项目	金额	负债项目	金额
流动负债：		流动负债合计	16 000
短期借款	2 000	非流动负债：	
应付账款	3 000	长期借款	12 000
预收账款	2 500	应付债券	20 000
其他应付款	4 500	非流动负债合计	32 000
一年内到期的长期负债	4 000	负债合计	48 000

要求计算下列指标：

（1）所有者权益总额。

（2）流动资产和流动比率。

（3）资产负债率。

（4）根据计算结果分析企业的偿债能力。

任务三　杜邦财务分析体系的建立

本模块的第三个任务是建立杜邦财务分析体系，目的是在财务报表指标分析的基础上综合评价上市公司的财务状况。

杜邦财务分析体系框架如下。

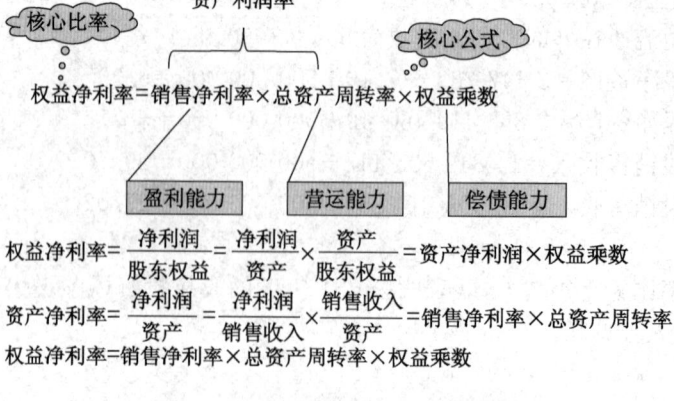

图1-1-2　杜邦财务分析体系框架图

实训内容六　明达股份有限公司综合财务状况综合评价

实训步骤

步骤1：计算明达公司2019年权益净利率。

　　2019年权益净利率＝0.02×2.71×1.74＝0.094＝9.4%

步骤2：比较明达公司2019年权益净利率与2018年权益净利率。

　　2018年权益净利率＝0.02×2.36×1.98＝0.093＝9.3%

　　2019年权益净利率－2018年权益净利率＝9.4%－9.3%＝0.1%

步骤3：明达公司2019年权益净利率比2018年权益净利率增大0.1%，股东获利能力增大。

步骤4：运用连环替代法对明达公司进行综合财务分析。

(1) 用2019年销售净利率替代2018年权益净利率。

权益净利率＝0.02×2.36×1.98×100%≈9.3%

9.3%－9.3%＝0

明达公司2019年销售净利率和2018年相同，不是影响权益净利率的因素。

(2) 用2019年总资产净利率替代2018年总资产净利率。

权益净利率＝0.02×2.71×1.98×100%≈10.73%

10.73%－9.3%＝1.4%

明达公司2019年总资产权益净利率比2018年增大2.71－2.36＝0.35，导致权益净利率增大了1.4%。

(3) 用2019年权益乘数替代2018年权益乘数。

权益净利率＝0.02×2.71×1.74＝9.4%

9.4%－10.73%＝－0.13%

明达公司2019年权益乘数比2018年权益乘数降低0.24，导致权益净利率降低0.13%，使2019年权益净利率降低。

分析：明达股份有限公司2019年权益净利率9.4%高于2018年权益净利率9.3%，股东盈利能力与2019年相比提高。导致明达股份有限公司2019年股东盈利能力增大的原因是2019年总资产周转率由2.36提高到2.71，资本流动性提高；权益乘数由1.98降低至1.74，财务风险降低，销售净利率不变，公司本年市场竞争力没有改变，公司采取了略有收缩的防守策略。

技能训练三

某公司可以免交所得税，2019年的营业额比2018年高，有关的财务比率如表1-1-5所示。

表1-1-5　财务比率数据表

财务比率	2018年同业平均	2018年本公司	2019年本公司
应收账款周转天数	35	36	36
存货周转率（次数）	2.50	2.59	2.11
毛利/销售收入	38%	40%	40%
息税前利润/销售收入	10%	9.6%	10.63%
利息费用/销售收入	3.73%	2.4%	3.82%
销售净利率	6.27%	7.2%	6.81%

(续表)

财务比率	2018年同业平均	2018年本公司	2019年本公司
总资产周转率(次数)	1.14	1.11	1.07
固定资产周转率(次数)	1.4	2.02	1.82
资产负债率	58%	50%	61.3%
利息保障倍数	2.68	4	2.78

要求：

(1) 运用杜邦财务分析原理，比较2018年公司与同业平均的权益净利率，定性分析其差异的原因。

(2) 运用杜邦财务分析原理，比较本公司2019年与2018年的权益净利率，定性分析其变化的原因。

任务四　管理用报表的编制

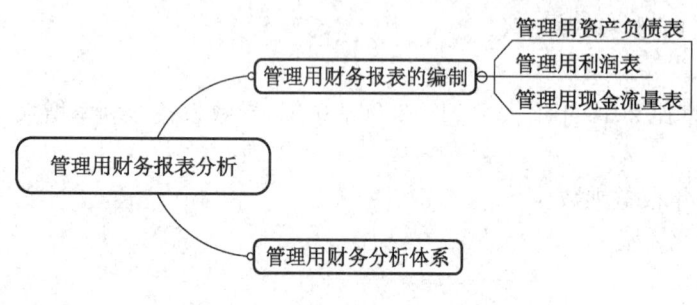

图1-1-3　管理用财务报表分析体系图

第四个实训任务是管理用报表的编制，目的是通过编制管理用报表，克服传统杜邦分析体系的缺陷，进行管理用财务报表分析，为决策者提供更匹配的信息。管理用财务报表分析包括两项内容，即管理用财务报表的编制和管理用财务分析体系的建立，如图1-1-3所示。

任务四的重点是管理用财务报表的编制。

管理用财务报表编制的总体思路是区分经营活动和金融活动，编制管理用资产负债表的基本思路是区分经营资产和金融资产，以及区分经营负债和金融负债。编制管理用利润表的基本思路是区分经营损益和金融损益。编制管理用现金流量表的基本思路是区分经营活动现金流量和金融活动现金流量。

一、管理用资产负债表的编制

(一) 区分经营资产和金融资产

1. 区分标志

区分经营资产和金融资产的主要标志是看该资产是生产经营活动所需要的，还是经营活动暂时不需要的闲置资金的利用方式。金融资产分类见图1-1-4。

2. 特殊项目处理

(1) 货币资金：

① 货币资金本身是金融性资产，但是有一部分货币资金是经营活动所必需的。

② 在编制管理用资产负债表时，有3种做法：

第一，将全部货币资金列为经营性资产，理由是公司应当将多余的货币资金购买有价证券。

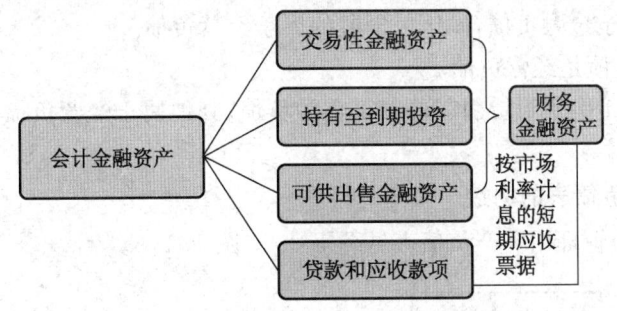

图 1-1-4　会计金融资产分类图

保留在货币资金项目中的数额是其生产经营所需要的,即使是有超出经营需要的部分也应按实际状况列报(超储的存货仍然在历史报表"存货"项目中报告)。

第二,根据行业或公司历史平均的"货币资金/销售"百分比以及本期销售额,推算经营活动需要的货币资金额,多余部分列为金融资产。

第三,将其全部列为金融资产,理由是货币资金本来就是金融资产,生产经营需要多少,不但外部人员无法分清楚,内部人员也不一定能分清楚。

在编制管理用资产负债表时,要事先明确采用哪一种处理方法。

(2) 短期应收票据:①以市场利率计息的投资,属于金融资产。②无息应收票据,应归入经营资产,因为它们是促销的手段。

(3) 短期权益性投资:它不是生产经营活动所需要的,而是暂时自用多余现金的一种手段,因此是金融资产。

(4) 长期权益投资:长期股权投资,尽管其表现形式为股票,但属于经营资产。

(5) 债务投资:对于非金融企业,债券和其他带息的债务投资都是金融性资产,包括短期和长期的债务投资。

(6) 应收项目:①大部分应收项目是经营活动形成的,属于经营资产。②"应收利息"是金融项目。③"应收股利"分为两种。

(7) 长期权益投资的应收股利:属于经营资产。

(8) 短期权益投资:(已经划分为金融项目)形成的应收股利,属于金融资产。

(9) 递延所得税资产:属于经营资产。

(10) 其他资产:通常列为经营资产。

(二) 区分经营负债和金融负债

1. 区分标志

经营负债是指销售商品或提供劳务所涉及的负债。金融负债是债务筹资活动所涉及的负债。大部分负债是金融性的,包括短期借款、一年内到期的长期负债、长期借款、应付债券等。

2. 特殊项目处理

(1) 短期应付票据。

分两种情况:①以市场利率计息——金融负债。②无息应付票据——经营负债。

(2) 优先股。

从普通股股东角度看,优先股应属于金融负债。

(3) 应付项目。①大多数应付项目是经营活动中应计费用,包括应付职工薪酬、应付税款、应付账款等,均属于经营负债。②"应付利息"是债务筹资的应计费用,属于金融负债。③"应付股利"中属于优先股的属于金融负债,属于普通股的属于经营负债。

(4) 递延所得税负债是经营负债。

(5) 长期应付款。①融资租赁引起的属于金融负债;其他属于经营负债。②其他负债,通常列作经营负债。

(三) 管理用资产负债表的构造

标准资产负债表与管理用资产负债表见图 1-1-5、图 1-1-6。

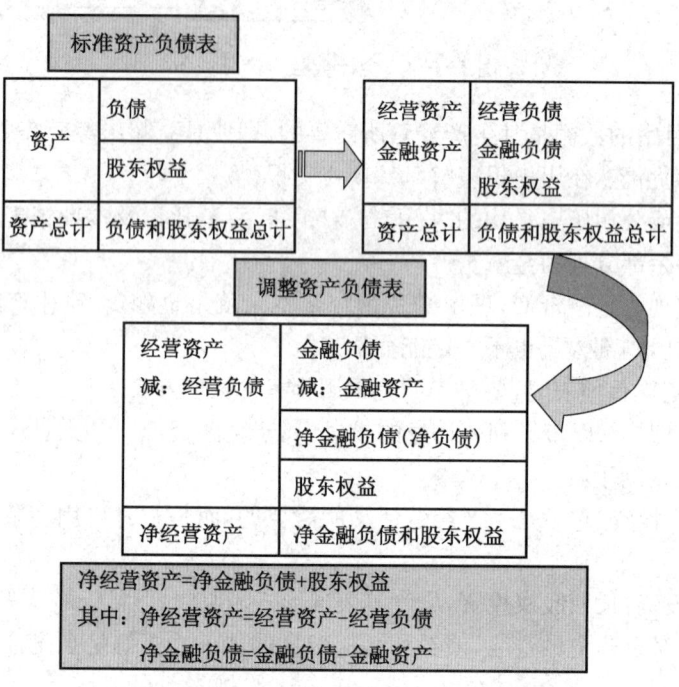

图 1-1-5　标准资产负债表示意图

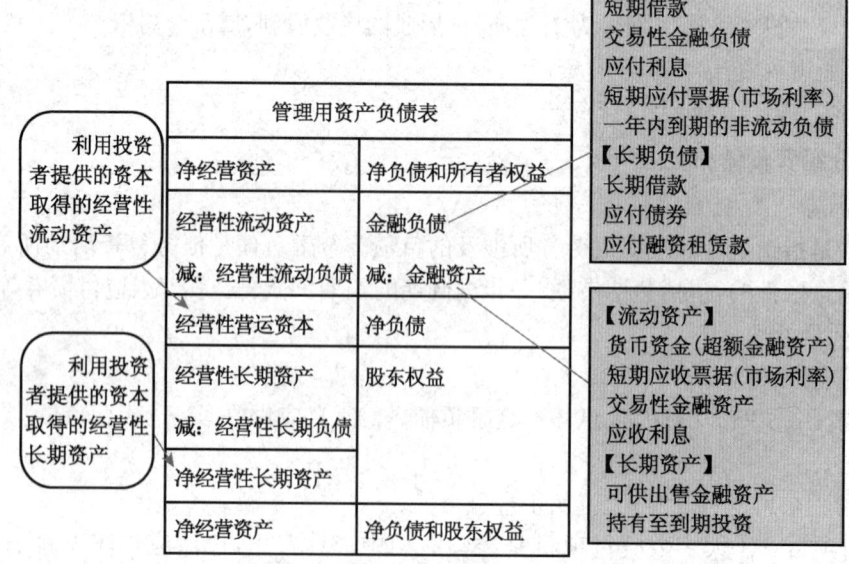

图 1-1-6　管理用资产负债表示意图

实训内容七　编制明达股份有限公司的管理用资产负债表

步骤1:计算经营性流动资产。货币资金项目年初余额785 799 549.02元,年末余额821 943 643.12元均列为经营资产;应收票据项目年初余额2 104 624 638.2元,年末余额1 595 138 953.49元均为经营性资产;应收账款年初余额515 560 695.80元,年末应收账款779 152 787.79元均为经营性资产;预付账款年初余额35 881 341.06元,年末预付账款71 117 257.13元均为经营性资产;应付票据年初余额256 148 381.20元,年末应付票据252 100 959.40元均为经营性资产;应付账款年初余额1 533 213 887.55元,年末应付账款余额1 126 153 849.76元均为金融性负债;预收账款年初余额461 627 869.90元,年末预收账款410 006 506.79元均为金融性负债;其他应付款年初余额479 253 843.10元,年末其他应付款均为金融性负债;明达公司年初、年末均没有金融资产。

明达公司年末经营性流动资产=4 343 523 778.34(元)

明达公司年初经营性流动资产=4 562 860 623.75(元)

步骤2:计算经营性流动负债。

明达公司年末经营性流动负债=2 281 329 249.14(元)

明达公司年初经营性流动负债=2 739 739 807.84(元)

步骤3:计算明达公司经营营运资本。

明达公司年末经营营运资本=4 343 523 778.34－2 281 329 249.14=2 062 194 529.2(元)

明达公司年初经营营运资本=1 823 120 815.91－2 739 739 807.84=1 823 120 815.91(元)

步骤4:计算经营性长期负债。

明达公司年末经营性长期负债=46 867 558.69(元)

明达公司年初经营性长期负债=90 114 436.5(元)

步骤5:调整:经营长期资产。

明达公司年末经营长期资产=1 140 418 681.65(元)

明达公司年初经营长期资产=1 161 876 056.08(元)

步骤6:计算明达公司净经营长期资产。

明达公司年末净经营长期资产=1 140 418 681.65－46 867 558.69=1 093 551 122.96(元)

明达公司年初净经营长期资产=1 161 876 056.08－90 114 436.5=1 071 761 619.58(元)

步骤7:计算净经营资产。

明达公司年末净经营资产=41 153 908 529.2+1 093 551 122.96=3 155 745 652.15(元)

明达公司年初净经营资产=1 823 120 815.91+1 071 761 619.58=2 894 882 435.49(元)

步骤8:计算净金融负债。

明达公司年末净金融负债=2 336 659 782.83－46 867 558.69－43 435 237 778.34
　　　　　　　　　　　=8 462 975(元)

明达公司年初净金融负债=2 838 317 219.34－90 114 436.5－2 739 739 807.84
　　　　　　　　　　　=8 462 975(元)

步骤9:计算净负债与股东权益和。

明达公司年初净负债与股东权益和=8 462 975+3 147 282 677.15=2 894 882 435.49(元)

明达公司年末净负债与股东权益和=2 886 419 460.4+8 462 975=3 155 745 652.15(元)

在明达股份有限公司的资产负债表的左右两边,分别减去金融资产和经营负债,编制的明达股份有限公司的管理用资产负债表,如表1-1-6所示。

表 1-1-6 明达股份有限公司管理用资产负债表

2019 年 12 月 31 日

单位：元

行次	资产类科目	期初余额	期末余额	行次	负债和所有者权益类科目	期初余额	期末余额
	经营性流动资产：			1	金融性流动负债：		
1	货币资金	785 799 549.02	821 943 643.12		短期借款	0	0
	应收票据	2 104 624 638.20	1 595 138 953.48		交易性金融负债	0	0
	应收账款	515 560 695.80	779 152 787.79		应付利息	962 975	962 975
	预付账款	35 881 341.06	71 117 257.13		应付股利	0	0
	应收股利				金融性流动负债合计	962 975	962 975
7	其他应收款	27 678 092.11	27 678 629.54	9	金融性长期负债		
	存货	1 093 316 307.56	1 048 492 507.28		长期借款	7 500 000	7 500 000
	一年内到期的非流动资产		—	12	长期应付债券		
9	其他流动资产			13	长期金融负债合计	7 500 000	7 500 000
10	经营性流动资产合计	4 562 860 623.75	4 343 523 778.34		金融负债合计	8 462 975	8 462 975
	减：经营性流动负债	2 739 739 807.84	2 281 329 249.14		减：金融资产	0	0
	经营性运资本	1 823 120 815.91	2 062 194 529.2	14	净金融负债	8 462 975	8 462 975
11	经营性长期资产						

序号	项目	期末	期初	序号	项目	期末	期初
12	长期应收款	0	0	17	所有者权益:		
13	长期股权投资	7 159 180.82	2 876 212.87	18	实收资本	494 557 455.0	494 557 455.0
14	投资性房地产	34 587 446.28	112 224 001.84	19	资本公积	1 502 891 829.35	1 454 648 727.51
15	固定资产	909 764 332.33	840 916 396.28	20	减:库存股	—	—
16	在建工程	55 363 735.06	30 623 953.20	21	盈余公积	382 574 090.50	411 982 342.0
18	固定资产清理	4 525 979.97	195 668.02	23	未分配利润	506 396 085.64	786 094 152.65
19	生产性生物资产	—	—	24			
20	有形资产	—	—	25	所有者权益合计	2 886 419 460.49	3 147 282 677.26
21	无形资产	93 308 363.50	100 319 071.28	26			
22	开发支出	—	—	27			
23	商誉	—	—	28			
24	长期待摊费用	20 812 728.18	14 426 708.29	29			
25	递延所得税资产	36 354 289.94	38 836 669.87	30			
26	其他经营性长期资产	—	—	31			
32	经营性长期资产合计	1 161 876 056.08	114 0418 681.65				
	减:经营性长期负债	90 114 436.5	46 867 558.69				
	净经营性长期资产	1 071 761 619.58	1 095 551 122.96				
33	净经营资产总计	2 894 882 435.49	3 155 745 652.15	32	负债和所有者权益总计	2 894 882 435.49	3 155 745 652.15

项目一 财务报表分析

二、管理用利润表的编制

(一) 区分经营损益和金融损益

1. 金融损益

(1) 金融损益指金融负债利息与金融资产收益的差额,即扣除利息收入、金融资产公允价值变动收益等以后的利息费用,见图1-1-7。

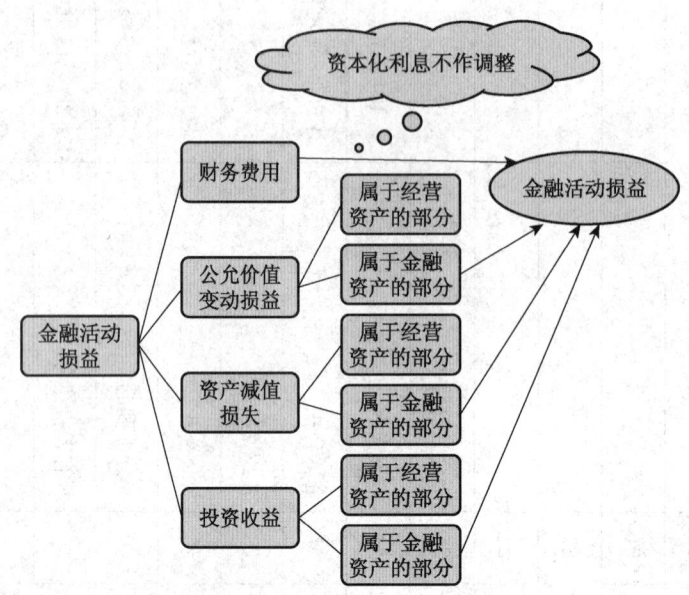

管理用利润表中"利息费用"＝财务费用±公允价值变动损益＋资产减值损失±投资收益管理用利润表中的"利息费用抵税"＝利润表中"利息费用"×平均所得税率

图1-1-7 金融活动损益分类图

(2) 由于存在所得税,应计算该利息费用的税后结果,即净金融损益。

2. 经营损益:指除金融损益以外的当期损益

(1) 财务报表中"财务费用"包括利息支出(减利息收入)、汇总损益以及相关的手续费、企业发生的现金折扣或收到的现金折扣。从管理角度分析,现金折扣属于经营损益,不过实际被计入财务费用的数额很少,所以可以"财务费用"全部作为金融损益处理。有一部分利息费用已经被资本化计入相关固定资产成本,甚至已经计入折旧费用,作为经营费用抵减收入。对其进行追溯调整十分困难,通常忽略不计。

(2) 财务报表的"公允价值变动损益"中,属于金融资产价值变动的损益,应计入金融损益,其数据来自财务报表附注。

(3) 财务报表的"投资收益"中,既有经营资产的投资收益,也有金融资产的投资收益,只有后者属于金融损益。其数据可以从财务报表附注"产生投资收益的来源"中获得。

(4) 财务报表的"资产减值损失"中,既有经营资产的减值损失,也有金融资产的减值损失,只有后者属于金融损益。其数据可从财务报表附注"资产减值损失"中获得。

3. 分摊所得税(区分经营损益所得税和金融损益所得税)

区分了经营损益和金融损益,与之相关的所得税也应分开。区分经营损益和金融损益的严格方法是分别根据适用税率计算应负担的所得税(各种债权和债务的适用税率不一定相同,例如国债收益免税等)。实践中一般采用简易方法,就是根据企业实际负担的平均所得税税率计算各自应分摊的所得税。

(二)管理用利润表的结构

管理用利润表结构见图1-1-8。

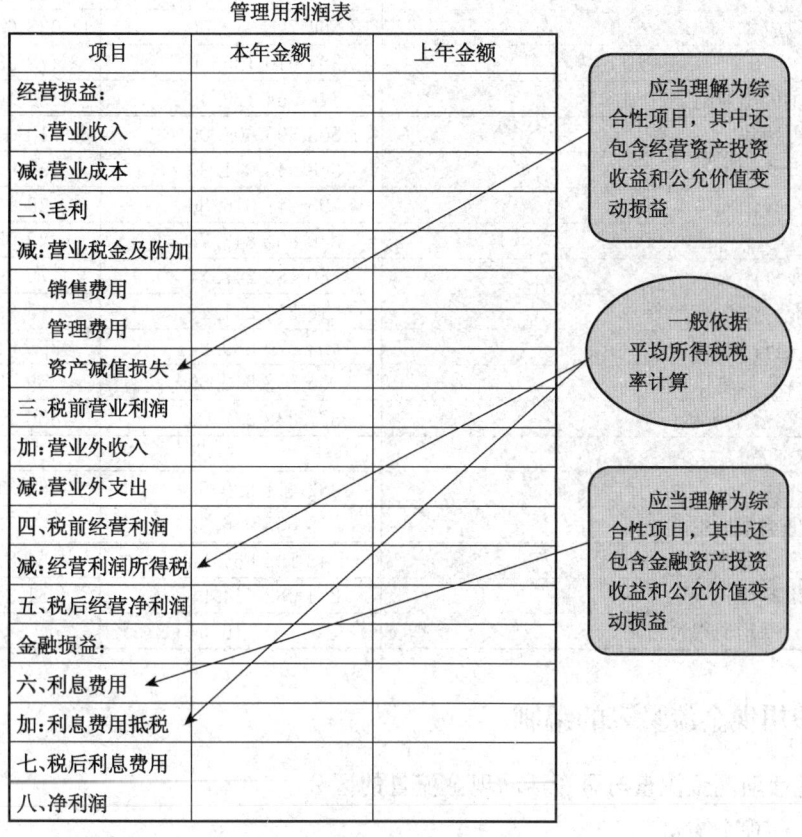

图1-1-8 管理用利润表结构图

(三)管理用报表基本关系式

$$税后经营净利润 = 税前经营利润 \times (1-所得税税率)$$
$$= 净利润 + 税后利息费用$$
$$= 净利润 + 利息费用 \times (1-所得税税率)$$

【提示】 式中利息费用=财务费用-金融资产公允价值变动收益-金融资产投资收益+金融资产的减值损失。

实训内容八 明达股份有限公司的管理用利润表编制

实训步骤

步骤1:明达公司税前经营利润=2 284 910 135-44 564 128.4-1 503 895 609-348 945 641.3-95 217 016.68+80 182 247.34-16 314 201.28=356 155 785.5(元)

步骤2:明达公司平均所得税率=公司实际缴纳所得税÷平均应纳税所得额=16.52%

步骤3:明达公司税后经营利润=356 155 785.5×(1-16.52%)=297 318 849.74(元)

步骤4:明达公司金融损益=税后利息费用=3 896 716.26×(1-16.52%)=3 252 978.73(元)

步骤5:明达公司净利润=297 318 849.74-3 252 978.73=294 082 514.99(元)

汇总编制明达公司管理用利润表如表 1-1-7 所示。

表 1-1-7　管理用利润表

编制单位:明达股份　　　　　　　　　　2019 年度　　　　　　　　　　　　　　单位:元

行次	科目	本期金额	上期金额
001	一、营业收入	14 849 635 447.00	13 508 214 357.00
002	减:营业成本	12 564 725 312.00	11 035 683 123.00
003	二、毛利	2 284 910 135.00	2 472 531 234.00
004	减:营业税金及附加	44 564 128.40	52 463 521.24
005	销售费用	1 503 895 609.00	1 710 654 251.00
006	管理费用	348 945 641.30	357 945 212.50
007	资产减值损失	95 217 016.86	29 970 456.45
008	三、税前营业利润	340 802 843.78	322 052 493.23
009	加:营业外收入	80 182 247.34	79 593 443.12
010	减:营业外支出	16 314 201.28	5 997 746.78
011	四、税前经营利润	404 670 889.84	395 648 189.47
012	减:经营利润所得税	66 832 510.59	59 489 527.25
013	五、税后经营净利润	337 838 379.25	336 158 662.22
014	金融损益:	—	—
015	六、利息费用	52 411 820.6	64 512 454.22
016	减:利息费用抵税	8 655 956.30	9 700 070.68
017	七、税后利息费用	43 755 864.30	54 812 383.54
018	八、净利润	294 082 514.99	281 346 278.46
019	附加:平均所得税税率	16.515 275%	15.035 966%

三、管理用现金流量表的编制

(一) 经营活动现金流量与融资活动现金流量的区分

1. 经营活动现金流量

经营活动现金流量是指企业因销售商品或提供劳务等经营活动以及与此相关的生产性资产投资活动产生的现金流量。

经营现金流量,代表了企业经营活动的全部成果,是"企业生产的现金",因此又称为"实体经营现金流量"。

营业现金毛流量＝税后经营净利润＋折旧与摊销

营业现金净流量＝营业现金毛流量－经营营运资本净增加

经营现金流量＝营业现金净流量－(净经营长期资产增加＋折旧与摊销)

【总结】　实体现金流量＝(税后经营净利润＋折旧与摊销)－经营营运资本净增加－(净经营长期资产增加＋折旧与摊销)

2. 融资活动现金流量

(1) 债务现金流量——是与债权人之间的交易形成的现金流,包括支付利息、偿还或借入债务,以及金融资产购入或出售。

债务现金流量 = 税后利息费用－净负债增加

(2) 股权现金流量——是与股东之间的交易形成的现金流,包括股利分配、股份发行和回购等。

股权现金流量 = 股利分配－股权资本净增加

(二) 现金流量基本等式

1. 来源

实体现金流量＝(税后经营净利润＋折旧与摊销)－经营营运资本净增加
－(净经营长期资产增加＋折旧与摊销)

2. 去向

融资现金流量＝债务现金流量＋股权现金流量。

3. 关系

实体现金流量＝融资现金流量

(三) 管理用现金流量表的基本格式

1. [上半部] 实体现金流量

税后经营净利润＋折旧与摊销 ＝ 经营活动现金毛流量
经营活动现金毛流量－经营性营运资本增加 ＝ 营业现金净流量
营业现金净流量－(净经营长期资产增加＋折旧与摊销) ＝ 实体现金流量。

2. [下半部] 融资现金流量

债务现金流量 ＝ 税后利息费用－净负债增加
股权现金流量 ＝ 股利分配－股权资本净增加
债务现金流量＋股权现金流量 ＝ 融资现金流量

(四) 管理用现金流量表

管理用现金流量表见表 1-1-8。

表 1-1-8 管理用现金流量表

项　　目	本 年 金 额
经营活动现金流量：	
税后经营净利润	(管理用利润表)
加：折旧与摊销	(标准现金流量表)
＝经营活动现金毛流量	
减：经营性营运资本增加	(管理用资产负债表)
＝营业现金净流量	
减：净经营性长期资产增加	(管理用资产负债表)
折旧与摊销	(标准现金流量表)
实体现金流量	
金融活动现金流量	
税后利息费用	(管理用利润表：利息费用－利息费用抵税)
减：净负债增加	(管理用资产负债表)
＝债务现金流量	
股利分配	(股东权益变动表)
减：股权资本净增加	(股东权益变动表)
＝股权现金流量	
融资现金流量合计	

实训内容九　明达股份有限公司的管理用现金流量表的编制

实训步骤

假设明达公司当年折旧 3 000 000 元。

步骤1:明达公司营业现金毛流量=297 318 849.74+3 000 000=300 318 849.74(元)
步骤2:增加的经营营运资本=2 062 194 529.2-1 823 120 815.91=239 073 713.29(元)
步骤3:增加的净经营长期资产=1 093 551 122.96-1 071 761 619.58=21 789 503.38(元)
步骤4:增加的净金融负债=8 462 975-8 462 975=0
步骤5:明达公司当年向股东发放股利=140 132 189.79
步骤6:明达公司实体现金流量=300 318 849.74-239 073 713.29-21 789 503.38-3 000 000
　　　　=-76 975 162.58(元)
步骤7:明达公司债务现金流量=43 755 864.3+0=43 755 864.3(元)
步骤8:明达公司股权现金流量=-260 863 216.67+140 132 189.79=-120 731 026.88
步骤9:明达公司融资活动现金流量=-120 731 026.88+43 755 864.3
　　　　=-76 975 162.58(元)

明达公司管理用现金流量表编制如表1-1-9所示。

表1-1-9 现金流量表

项　　目	本 年 金 额
经营活动现金流量:	
税后经营净利润	337 838 379.25
加:折旧与摊销	3 000 000
=经营活动现金毛流量	340 838 379.25
减:经营性营运资本增加	239 073 713.29
=营业现金净流量	101 764 665.96
减:净经营性长期资产增加	21 789 503.38
折旧与摊销	3 000 000
实体现金流量	76 975 162.58
金融活动现金流量	
税后利息费用	43 755 864.3
减:净负债增加	0
=债务现金流量	43 755 864.3
股利分配	140 132 189.79
减:股权资本净增加	260 863 216.67
=股权现金流量	-120 731 026.88
融资现金流量合计	-76 975 162.58

任务五　改进的杜邦分析体系

为了改进传统的杜邦分析体系存在的问题,可以对经营性与金融性的资产、负债以及经营损益和金融损益进行详细的区分,并且对所得税也进行扣除,从而形成了新的财务分析体系,即改进的杜邦分析体系。改进的杜邦分析体系主要是以传统的杜邦分析体系为基础,对相关的财务指标和公式重新设定而成的。

鉴于传统杜邦分析体系存在"总资产"与"净利润"不匹配、未区分经营损益和金融损益、未区分有息负债和无息负债等诸多局限,故应基于改进的管理用财务报表重新设计财务分析体系。

一、改进财务分析体系的核心公式

权益净利率=净利润÷股东权益=(税后经营净利润-税后利息费用)÷股东权益=净经营资产净利率+(净经营资产净利率-税后利息率)×净财务杠杆,如图1-1-9所示。

二、改进的财务分析体系的基本框架

根据管理用财务报表,改进的财务分析体系的基本框架如图1-1-10所示。

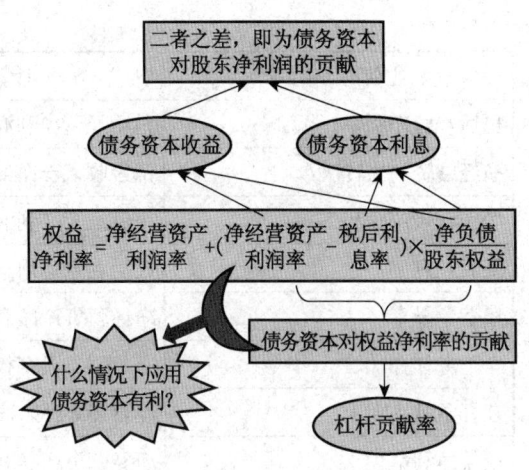

图 1-1-9 权益净利率示意图

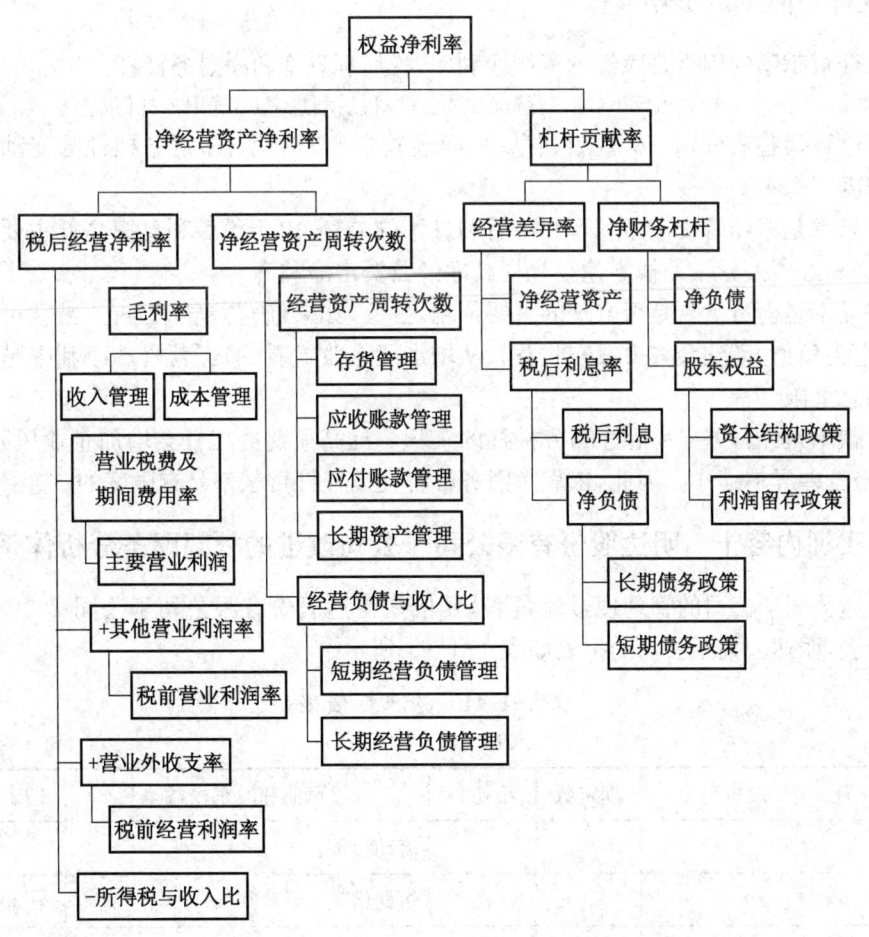

图 1-1-10 改进的财务分析体系基本结构

三、权益净利率的驱动因素分解

改进的财务分析体系中权益净利率的驱动因素分解如表 1-1-10 所示。

表 1-1-10

主要财务比率	计算公式	相关指标的关系
税后经营净利率	税后经营净利润÷销售收入	净经营资产净利率＝税后经营净利率×净经营资产周转次数
净经营资产周转次数	销售收入÷净经营资产	
净经营资产净利率	税后经营净利润÷净经营资产	
税后利息率	税后利息费用÷净负债	
经营差异率	净经营资产净利率－税后利息率	
净财务杠杆	净负债÷股东权益	
杠杆贡献率	经营差异率×净财务杠杆	
权益净利率	净经营资产净利率＋(净经营资产净利率－税后利息率)×净财务杠杆	

各影响因素对权益净利率变动的影响程度,可使用连环代替法测定。

四、杠杆贡献率的分析

影响杠杆贡献率的因素是净经营资产净利率、税后利息率和净财务杠杆。

杠杆贡献率＝(净经营资产净利率－税后利息率)×净财务杠杆

可以用连环代替法分别分析税后利息率、净经营资产净利率、净财务杠杆的变动对杠杆贡献率的影响程度。

经营差异率是净经营资产净利率和税后利息率的差额,由于税后利息率高低主要由资本市场决定,因此提高经营差异率的根本途径是提高净经营资产净利率。

经营差异率是衡量借款是否合理的重要依据之一。如果经营差异率为正,借款可以增加股东收益;如果它为负值,借款会减少股东收益。从增加股东收益看,净经营资产净利率是企业可以承担的借款利息上限。

杠杆贡献率是经营差异率和净财务杠杆的乘积。提高净财务杠杆会增加企业风险,推动利息率上升,使经营差异率缩小。因此,依靠净财务杠杆提高杠杆贡献率是有限度的。

实训内容十 明达股份有限公司子公司改进的杜邦财务分析体系

编制明达公司子公司的管理现金流量表,要依据明达股份有限公司 2019 年的资产负债表和利润表,明达公司子公司的报表如表 1-1-11 所示。

表 1-1-11 资产负债表

2019 年 12 月 31 日 单位:万元

资产	期末数	年初数	负债和股东权益	期末数	年初数
流动资产:			流动负债:		
货币资金	5	7	短期借款	30	14
交易性金融资产	5	9	交易性金融负债	0	0

(续表)

资　产	期末数	年初数	负债和股东权益	期末数	年初数
应收票据	7	27	应付票据	2	11
应收账款	100	72	应付账款	22	46
其他应收款	10	0	应付职工薪酬	1	1
存货	40	85	应交税费	3	4
其他流动资产	28	11	应付利息	5	4
流动资产合计	200	211	应付股利	10	5
			其他应付款	9	14
			其他流动负债	8	0
			流动负债合计	90	99
			非流动负债:		
			长期借款	100	69
非流动资产:			应付债券	80	48
可供出售金融资产	5	15	长期应付款	45	15
持有至到期投资	0	0	预计负债	0	0
长期股权投资	15	0	递延所得税负债	0	0
长期应收款	0	0	其他非流动负债	0	0
固定资产	270	187	非流动负债合计	225	132
在建工程	12	8	负债合计	315	231
固定资产清理	0	0	股东权益:		
无形资产	9	0	股本	30	30
长期待摊费用	4	6	资本公积	3	3
递延所得税资产	0	0	盈余公积	30	12
其他非流动资产	5	4	未分配利润	137	155
非流动资产合计	315	220	股东权益合计	200	200
资产总计	515	431	负债和股东权益总计	515	431

表 1-1-12 利　润　表

2019 年度　　　　　　　　　　　　　　　　　　　　　　　　　　　单位:万元

项　目	本期金额	上期金额
一、营业收入	750	700
减:营业成本	640	585
营业税金及附加	27	25
销售费用	12	13
管理费用	7.23	10.3

(续表)

项 目	本期金额	上期金额
财务费用	21.86	12.86
资产减值损失	1	5
加:公允价值变动收益	−1	0
投资收益	1	0
二、营业利润	40.91	48.84
加:营业外收入	16.23	11.16
减:营业外支出	0	0
三、利润总额	57.14	60
减:所得税费用	17.14	18.00
四、净利润	40	42

A公司2019年的相关指标如表1-1-13所示。表中各项指标是根据当年资产负债表中有关项目的期末数与利润表中有关项目的当期数计算的。

表1-1-13 2019年相关指标

指 标	2019年实际值
净经营资产净利率	17%
税后利息率	9%
净财务杠杆	50%
杠杆贡献率	4%
权益净利率	21%

计算财务比率时假设:"货币资金"全部为金融资产;"应收票据""应收账款""其他应收款"不收取利息;"应付票据"等短期应付项目不支付利息;"长期应付款"不支付利息;财务费用全部为利息费用。投资收益、资产减值损失和公允价值变动收益均产生于金融资产。

实训步骤

步骤1:计算2019年的净经营资产、净金融负债和税后经营净利润。

(1) 经营资产=515−(5+5+5)=500(万元)

(2) 经营负债=315−(30+5+100+80)=100(万元)

(3) 净经营资产=500−100=400(万元)

(4) 净金融负债=净经营资产−股东权益=400−200=200(万元)

或 净金融负债=金融负债−金融资产=(30+5+100+80)−(5+5+5)=200(万元)

(5) 平均所得税税率=17.14÷57.14×100%=30%

(6) 税后利息费用=(21.86+1+1−1)×(1−30%)=16(万元)

(7) 税后经营净利润=净利润+税后利息费用=40+16=56(万元)

【提示】 税后经营净利润−税后利息费用=净利润。

步骤2:计算2019年的净经营资产净利率、税后利息率、净财务杠杆、杠杆贡献率和权益净利率。

按要求计算各项指标时,均以2019年资产负债表中有关项目的期末数与利润表中有关项目的当期数为依据。

(1) 净经营资产净利率＝税后经营净利润÷净经营资产×100％＝56÷400×100％＝14％

(2) 税后利息率＝税后利息÷净金融负债×100％＝16÷200×100％＝8％

(3) 净财务杠杆＝净金融负债÷股东权益＝200÷200×100％＝100％

(4) 杠杆贡献率＝(净经营资产利润率－税后利息率)×净财务杠杆
　　　　　　＝(14％－8％)×100％＝6％

(5) 权益净利率＝净经营资产利润率＋杠杆贡献率＝14％＋6％＝20％

步骤3:对2019年权益净利率较上年变动的差异进行因素分解,依次计算净经营资产利润率、税后利息率和净财务杠杆的变动对2019年权益净利率变动的影响。

(1) 2019年权益净利率－2018年权益净利率＝20％－21％＝－1％

　权益净利率＝净经营资产利润率＋(净经营资产利润率－税后利息率)×净财务杠杆

(2) 2018年权益净利率＝17％＋(17％－9％)×50％＝21％

(3) 替代净经营资产利润率＝14％＋(14％－9％)×50％＝16.5％

(4) 替代税后利息率＝14％＋(14％－8％)×50％＝17％

(5) 替代净财务杠杆＝14％＋(14％－8％)×100％＝20％

(6) 净经营资产利润率变动影响＝16.5％－21％＝－4.5％

(7) 税后利息率变动影响＝17％－16.5％＝0.5％

(8) 净财务杠杆变动影响＝20％－17％＝3％

结论:由于净经营资产利润率降低,使权益净利率下降4.5％;由于税后利息率下降,使权益净利率上升0.5％;由于净财务杠杆上升,使权益净利率上升3％。三者共同作用使权益净利率下降1％。

步骤4:如果企业2020年要实现权益净利率为21％的目标,在不改变税后利息率和净财务杠杆的情况下,净经营资产利润率应该达到什么水平?

令2020年净经营资产利润率为 x,则:
$$x+(x-8\%)\times 100\% = 21\%$$

解得　　　$x=14.5\%$

如果企业2020年要实现权益净利率为21％的目标,在不改变税后利息率和净财务杠杆的情况下,净经营资产利润率应该达到14.5％。

小　结

项目一,财务报表分析是财务管理实训的重要基础内容,主要包括5个实训任务:财务分析的基本方法——销售百分比法、财务指标分析、杜邦财务分析体系的建立、管理用财务报表的编制和改进的杜邦财务分析体系。

财务分析基本方法的实训目的是使学生通过实训掌握财务分析的基本思路和方法,其中最重要的是因素分析法中的连环替代法,运用连环替代法可以帮助解决实践中复杂的问题。运用连环替代法将复杂的问题分解为单项的驱动因素,找到问题的所在,有利于问题的解决。财务指标分析是实训课题二中的重点内容,主要是反映上市公司财务状况的5类指标的实训,分别对上市公司的短期偿债能力、长期偿债能力、资本运营能力、盈利能力和市价比率进行分析,帮助决策者和管理者准确判断上市公司的财务状况,为决策者决策提供帮助。建立杜邦财务分析体系是对上市公司的财务状况作出综合的评价,既是股东评价经营者业绩的依据,也是投资者和上市公司利益相关者评价上市公司业绩的依据,是评价上市公司业绩的重要指标。管理用财务报表的编制是针对传统报表侧重于满足纳税需要,不能满足管理需要的缺陷,主要是为上市公司内部管理者决策服务的,能够为上市公司内部管理决策提供更匹配的财务信息,为管理决策提供帮助。改进的杜邦财务分析体系是在管理用报表编制的基础上,针对传统的杜邦财务分析体系的缺陷而建立的指标更为匹配的财务分析体系,能够为上市公司内部的财务决策提供更高质量的财务信息,为决策提供更科学的财务信息。所以财务报表分析实训是财务管理实训的重要基础。

实际操作训练

一、综合财务指标分析实训——南方股份有限公司案例

表1-1-14、表1-1-15、表1-1-16是南方股份有限公司2019年度的主要财务报表,请运用已经学过的方法对该公司的财务能力、财务状况发展趋势及财务综合状况进行分析和评价。假设该公司是一家机械设备生产企业。

表1-1-14 南方股份有限公司资产负债表

2019年12月31日 单位:万元

资产	年初数	年末数	负债和股东权益	年初数	年末数
流动资产			流动负债		
货币资金	20 999	39 449	短期借款	95 865	131 036
交易性金融资产	10 599	10 196	交易性金融负债		
应收票据	0	0	应付票据		
应收账款	42 666	39 529	应付账款	22 231	41 946
预付款项	11 460	26 234	预收款项	7 052	12 183
应收利息	4 804	12 395	应付职工薪酬	528	660
应收股利	35	588	应交税费	325	−589
其他应收款	19 078	18 922	应付利息	899	783
存货	55 367	83 446	应付股利	454	3 857
一年内到期的非流动资产	0	252	其他应付款	12 515	8 679
其他流动资产	598	83	一年内到期的非流动负债	5 312	2 527
流动资产合计	165 606	231 094	其他流动负债		
非流动资产			流动负债合计	145 181	201 082
可供出售金融资产			非流动负债		
持有至到期投资			长期借款	6 400	4 500
长期应收款	248	16	应付债券		
长期股权投资	32 205	35 119	长期应付款	343	340
投资性房地产			专项应付款	42	59
固定资产	18 992	29 892	预计负债		
在建工程	7 628	798	递延所得税负债		
工程物资			其他非流动负债		

(续表)

资产	年初数	年末数	负债和股东权益	年初数	年末数
固定资产清理			非流动负债合计	6 785	4 899
生产性生物资产			负债合计	151 966	205 981
有形资产			股东权益		
无形资产	1 274	807	股本	25 715	25 715
开发支出	320	392	资本公积	33 273	33 203
商誉			减:库存股		
长期待摊费用	400	344	盈余公积	11 031	24 558
递延所得税资产			未分配利润	4 688	9 005
其他非流动资产			股东权益合计	74 707	92 481
非流动资产合计	61 067	67 368			
资产总计	226 673	298 462	负债和股东权益总计	226 673	298 462

表 1-1-15　度南方股份有限公司利润表

2019 年度　　　　　　　　　　　　　　　　　　单位:万元

项　目	上年累计	本年累计
一、营业收入	309 233	413 370
减:营业成本	283 973	377 950
营业税金及附加	1 015	964
销售费用	5 652	11 450
管理费用	5 896	6 548
财务费用	3 308	6 926
资产减值损失	452	69
加:公允价值变动(损失以"－"号填列)		
投资收益(损失以"－"号填列)	2 936	7 871
其中:对联营企业和合营企业的投资收益		
二、营业利润(损失以"－"号填列)	11 873	17 334
加:营业外收入	167	424
减:营业外支出	540	1 047
其中:非流动资产处置损失		
三、利润总额(亏损以"－"号填列)	11 500	16 711
减:所得税费用	2 891	6 494
四、净利润(亏损以"－"号填列)	8 609	10 217
五、每股收益		
(一)基本每股收益(元)	0.574	0.68
(二)稀释每股收益(元)	0.574	0.68

表1-1-16　南方股份有限公司现金流量表

2019年度　　　　　　　　　　　　　　　　　　　　　　　单位：万元

项　目	本期金额	上期金额（略）
一、经营活动产生的现金流量		
销售商品、提供劳务收到的现金	418 273	
收到的税费返还	30 044	
收到的其他与经营活动有关的现金	2 255	
经营活动现金流入小计	450 572	
购买商品、接受劳务支付的现金	447 165	
支付给职工以及为职工支付的现金	2 589	
支付的各种税费	3 643	
支付其他与经营活动有关的现金	8 063	
经营活动现金流出小计	461 460	
经营活动产生的现金流量净额	−10 888	
二、投资活动产生的现金流量		
收回投资收到的现金	17 476	
取得投资收益收到的现金	3 893	
处置固定资产、无形资产和其他长期资产收回的现金净额	162	
处置子公司及其他营业单位收到的现金净额		
收到其他与投资活动有关的现金	3 596	
投资活动流入现金小计	25 127	
构建固定资产、无形资产和其他长期资产支付的现金	6 426	
投资支付的现金	14 265	
取得子公司和其他营业单位支付的现金净额		
支付其他与投资活动相关的现金	20	
投资活动流出的现金小计	20 711	
投资活动产生的现金流量净额	4 416	
三、筹资活动产生的现金流量		
吸收投资收到的现金	3 613	
取得借款收到的现金	77 339	
收到其他与筹资活动相关的现金		
筹资活动现金流入小计	80 952	
偿还债务支付的现金	44 342	
分配股利、利润或偿付利息支付的现金	454	
支付其他与筹资活动有关的现金	10 978	
筹资活动流出现金小计	55 774	
筹资活动产生的现金流量净额	25 178	
四、汇率变动对现金及现金等价物的影响	−257	
五、现金及现金等价物净增加额	18 449	
加：期初现金及现金等价物余额	1 248	
六、期末现金及现金等价物余额	19 697	

要求：分别从偿债能力、营运能力、盈利能力、发展能力等方面对南方发展有限公司进行综合分析评价，相同的财务指标，不同的决策者会作出不同的判断，要求学生自己作出评价后，和参考答案进行对比，并展开讨论。

二、杜邦财务分析体系实际操作训练

光明玻璃股份有限公司是一个拥有30多年历史大型玻璃生产基地。该公司颇有战略头脑，十分重视新产品和新工艺的开发，重视对老设备进行技术改造，引进国外先进技术，拥有国内一流的浮法玻璃生产线。该公司生产的浮法玻璃、汽车安全玻璃以及高档铅品质玻璃器皿在国内具有较高的市场占有率。该公司还十分重视战略重组，大力推行前向一体化和后向一体化，使公司形成了一条由原材料供应到产品制造再到产品销售一条龙的稳定的价值生产链。由于该公司战略经营意识超前，管理得法，公司规模迅速扩展，销量和利润逐年递增，跃居国内排头兵位置。但由于近两年企业扩展太快，经营效率有所下降。

该公司为了把握未来，对公司未来几年面临的市场和风险进行了预测。预测结果表明，在未来的近几年里，伴随国民经济的快速发展，安居工程的启动以及汽车工业的迅猛发展，市场对各种玻璃的需求巨增，这种市场发展势头给公司带来了千载难逢的发展机会。预测结果还表明，公司未来面临的风险也在逐步加大，国内介入浮法生产线的企业逐渐增多，国外玻璃生产公司意欲打入中国市场，重油和能源的涨价等这些都会给公司的未来市场、生产经营和经济效益带来严峻的挑战。

公司为了确保在未来市场逐渐扩展的同时，经济效益稳步上升，维持行业排头兵的位置，拟对公司近两年的财务状况和经济效益情况，运用杜邦财务分析方法进行全面分析，以便找出公司在这方面取得的成绩和存在的问题，并针对问题提出改进措施，扬长避短，以利再战，实现公司的自我完善。

公司近3年的资产负债表和损益表资料如表1-1-17、表1-1-18所示。

表1-1-17 资产负债表

单位：千元

资　产				负债和所有者权益			
项目	金额			项目	金额		
	前年	上年	本年		前年	上年	本年
流动资产合计	398 400	1 529 200	1 745 300	流动负债合计	395 000	493 900	560 000
长期投资	14 200	68 600	20 900	长期负债合计	31 400	86 200	128 300
固定资产净值	313 200	332 300	473 400	负债总计	426 400	580 100	688 300
在建工程	21 510	31 600	129 500				
递延资产		6 900					
无形及其他资产		147 500	155 500	所有者权益合计	320 910	1 629 100	1 843 200
资产总计	747 310	2 209 200	2 531 500	负债和所有者权益总计	747 310	2 209 200	2 531 500

表1-1-18 损益表

单位：千元

项目	金额		
	前年	上年	本年
一、产品销售收入	881 000	948 800	989 700
减：产品销售成本	316 400	391 000	420 500
产品销售费用	9 900	52 700	43 500

(续表)

项目	金额		
	前年	上年	本年
产品销售税金	95 300	99 600	89 000
二、产品销售利润	459 400	405 500	436 700
加:其他业务利润			
减:管理费用	164 900	107 000	97 200
财务费用	13 400	3 600	18 500
三、营业利润	281 100	294 900	321 000
加:投资收益			
营业外收入			
减:营业外支出			
四、利润总额	281 100	294 900	321 000
减:所得税	84 330	88 470	96 300
五、净利润	196 770	206 430	224 700

要求:根据以上资料运用杜邦财务分析体系,完成对光明玻璃厂的财务状况和经营状况的全面评价。

三、债能力实际操作训练

某企业 2019 年年末产权比率为 0.8,流动资产占总资产的 40%。该企业资产负债表中的负债项目如表 1-1-19 所示(单位:万元)。

表 1-1-19　某公司简易资产负债表

单位:万元

负债项目	金额	负债项目	金额
流动负债:		流动负债合计	16 000
短期借款	2 000	非流动负债:	
应付账款	3 000	长期借款	12 000
预收账款	2 500	应付债券	20 000
其他应付款	4 500	非流动负债合计	32 000
一年内到期的长期负债	4 000	负债合计	48 000

要求计算下列指标:
(1) 所有者权益总额。
(2) 流动资产和流动比率。
(3) 资产负债率。
(4) 根据计算结果分析以下企业的偿债能力。

四、改进的财务分析体系实际操作训练

某公司 2019 年调整资产负债表和利润表资料如表 1-1-20、表 1-1-21 所示。

表 1-1-20 调整资产负债表

2019 年 12 月 31 日　　　　　　　　　　　　　　　　　　　　　　　　单位:万元

净经营资产	上年末	本年末	净负债和股东权益	上年末	本年末
经营资产	2 800	3 500	金融负债	1 150	1 500
经营负债	600	800	金融资产	250	300
			净负债	900	1 200
			股东权益	1 300	1 500
净经营资产合计	2 200	2 700	净负债和股东权益合计	2 200	2 700

表 1-1-21 调整利润表

2019 年度　　　　　　　　　　　　　　　　　　　　　　　　　　　　单位:万元

项目	上年金额	本年金额
经营活动:		
一、销售收入	3 000	4 000
减:销售成本	2 600	3 500
二、毛利	400	500
减:营业税金及附加	30	30
销售费用	20	20
管理费用	40	50
三、主要经营利润	310	400
加:其他营业利润	40	50
四、税前营业利润	350	450
加:营业外收支净额	50	150
五、税前经营利润	400	600
减:经营利润所得税费用	112	180
六、税后经营净利润	288	420
金融活动:		
一、税前利息费用	100	100
利息费用减少所得税	−28	−30
二、税后利息费用	72	70
税后净利润合计	216	350
备注:平均所得税税率	28.00%	30.00%

要求:

(1) 计算该企业 2019 年末的资产负债率、产权比率、权益乘数。

(2) 分别计算 2018 年和 2019 年的税后经营净利率、净经营资产周转次数、净经营资产净利率、税后利息率、经营差异率、净财务杠杆和杠杆贡献率。

(3) 用连环替代法依次分析净经营资产净利率、税后利息率、净财务杠杆变动对权益净利率变动的影响程度。

(4) 请说明经营差异率的含义及影响因素,并根据计算结果对经营差异率进行分析。

(答案如表 1-1-22 所示。)

表 1-1-22　相关答案数据表

指　　标	2018 年	2019 年
税后经营净利率(税后经营净利润÷销售收入)	9.6%	10.5%
净经营资产周转次数(销售收入÷净经营资产)	1.364	1.481
净经营资产净利率(税后经营净利润÷净经营资产)	13.091%	15.556%
税后利息率(税后利息÷净负债)	8%	5.833%
经营差异率(净经营资产净利率－税后利息率)	5.091%	9.723%
净财务杠杆(净负债÷股东权益)	0.692	0.8
杠杆贡献率(经营差异率×净财务杠杆)	3.523%	7.778%

项目二 财务计划与财务预测

★ 实训目的

熟练掌握基本的财务预测方法,正确编制财务计划。

★ 实训要求

要求学生能正确使用销售百分比法预测资金需求,利用内含增长率和可持续增长率评价公司的发展状况,预测公司的发展未来,会编制预计财务报表。

★ 实训设计

财务计划与财务预测实训课题包括两个实训任务,分别是财务预测与增长率和资金需求的预测。财务预测实训的内容主要包括根据预计的销售收入编制预计的资产负债表和预计的利润表,实现对资产和融资需求的预测。增长率与财务预测的内容主要包括实现对上市公司内含增长率和可持续增长率的预测。实训项目二的步骤如下:

[第一步] 预计公司明年销售收入。
[第二步] 估计预计流动资产和流动负债并编制公司预计资产负债表。
[第三步] 估计预计保留盈余并编制预计利润表。
[第四步] 估计所需融资额。在销售预测的基础上,根据融资需求,扣除内部融资后的余额确定外部融资额。
[第五步] 计算公司可持续增长率和内含增长率。

★ 实训内容

项目二——财务计划与财务预测的实训包括两项实训任务,即财务预测、增长率与资金需求两项内容。任务一:财务预测的内容主要是在销售收入预测的基础上通过编制预计的资产负债表和预计的利润表完成对资产和融资需求的预测。任务二:增长率与资金需求的主要内容是根据外部融资与销售增长之间的关系,进一步预测上市公司的内含增长率和可持续增长率,为决策者决策提供帮助。

★ 考核标准

实训项目二重点考核学生能否掌握销售收入的预测方法和正确编制预计的资产负债表和预计的利润表的方法,能否掌握资产需求和融资需求的预测方法及上市公司内含增长和可持续增长的预测方法。考核标准包括两部分,分别是完成实训任务和完成实训平台的任务。标准如下:实训任务一财务预测占考核成绩的30%,实训任务二增长率与资金需求占考核成绩的30%,上述两项共计占考核成绩的60%,完成实训平台的任务,占考核成绩的40%。

★ 模拟情景

王晓松和其他的新员工熟悉了企业的财务状况后,要求王晓松和其他的新员工根据他们所掌握的目前公司的状况,分析公司在外部资金环境最恶劣的情况下,公司最保守的增长率。以及在公司现有的状况下,公司合理的可持续增长率有多大。如果公司预计下一年销售收入预计在本年基础上增长20%,公司计划年度流动资产与流动负债与销售收入的比率与本年相同,保持不变,利润表中各项内容与销售收入的比率也保持不变。预计本年公司不分红,请编制公司预计资产负债表和预计利润表,并预测公司完成明年的公司销售目标所需的外部融资额(如表1-2-1、表1-2-2)。

表 1-2-1 资产负债表

编制单位:明达公司　　　　　　　　2019年12月31日　　　　　　　　　　　　　单位:元

资　产	年初余额	期末余额	负债及所有者权益	年初余额	期末余额
流动资产:			流动负债:		
货币资金	785 799 549.02	821 943 643.12	短期借款		
交易性金融资产			交易性金融负债		
应收票据	2 104 624 638.20	1 595 138 953.48	应付票据	256 148 381.2	252 100 959.4
应收账款	515 560 695.80	779 152 787.79	应付账款	1 533 213 887.57	1 126 153 849.76
预付账款	35 881 341.06	71 117 257.13	预收账款	461 627 869.9	410 006 506.79
应收利息			应付职工薪酬	45 165 708.60	47 402 160.28
应收股利			应交税费	-35 669 882.51	4 482 443.37
其他应收款	27 678 092.11	27 678 629.54	应付利息	962 975.00	962 975.00
存货	1 093 316 307.56	1 048 492 507.28	应付股利		
一年内到期的非流动资产			其他应付款	479 253 843.10	441 183 329.56
其他流动资产			一年内到期的非流动负债		
流动资产合计	4 562 860 623.75	4 343 523 778.34	其他流动负债		
非流动资产:			流动负债合计	2 740 702 782.84	2 282 292 224.14
可供出售金融资产			非流动负债:		
持有至到期投资			长期借款	7 500 000.00	7 500 000.00
长期应收款			应付债券		
长期股权投资	7 159 180.82	2 876 212.87	长期应付款		
投资性房地产	34 587 446.28	112 224 001.84	专项应付款		
固定资产	909 764 332.33	840 916 396.28	预计负债		
在建工程	55 363 735.06	30 623 953.20	递延所得税负债		
工程物资			其他非流动负债	90 114 436.50	46 867 558.69
固定资产清理	4 525 979.97	195 668.02	非流动负债合计	97 614 436.50	54 367 558.69
生产性生物资产			负债合计	2 838 317 219.34	2 336 659 782.83
有形资产			所有者权益(或股东权益):		
无形资产	93 308 363.50	100 319 071.28	实收资本	494 557 455.00	494 557 455.00
开放支出			资本公积	1 502 891 829.35	1 454 648 727.51
商誉			减:库存股		
长期待摊费用	20 812 728.18	14 426 708.29	盈余公积	382 574 090.50	411 982 342.00
递延所得税资产	36 354 289.94	38 836 669.87	未分配利润	506 396 085.64	786 094 152.65

(续表)

资　产	年初余额	期末余额	负债及所有者权益	年初余额	期末余额
其他非流动资产			所有者权益（或股东权益）合计	2 886 419 460.49	3 147 282 677.16
非流动资产合计	1 161 876 056.08	1 140 418 681.65			
资产总计	5 724 736 679.83	5 483 942 459.99	负债及所有者权益（或股东权益）总计	5 724 736 679.83	5 483 942 459.99

表 1-2-2　利　润　表

编制单位：明达股份有限公司　　　　　　2019年度　　　　　　　　　　　　　　单位：元

项　目	本期金额	上期金额
一、营业收入	14 849 635 447.00	13 508 214 357.00
减：营业成本	12 564 725 312.00	11 035 683 123.00
营业税金及附加	44 564 128.40	52 463 521.24
销售费用	1 503 895 609.00	1 710 654 251.00
管理费用	348 945 641.30	357 945 212.50
财务费用	52 411 820.60	64 512 454.22
资产减值损失	95 217 016.86	29 970 456.45
加：公允价值变动收益(损失以"—"号填列)		
投资收益(损失以"—"号填列)	48 515 104.34	554 700.32
其中：对联营企业和合营企业的投资收益		
二、营业利润(亏损以"—"号填列)	288 391 023.18	257 540 038.91
加：营业外收入	80 182 247.34	79 593 443.12
减：营业外支出	16 314 201.28	5 997 746.78
其中：非流动资产处置损失		
三、利润总额(亏损总额以"—"号填列)	352 259 069.24	331 135 735.25
减：所得税费用	58 176 554.25	49 789 456.15
四、净利润(净亏损以"—"号填列)	294 082 514.99	281 346 279.10
五、每股收益：		
(一)基本每股收益	0.59	0.57
(二)稀释每股收益	0.59	0.57

单位负责人：　　　　　　会计主管：　　　　　　复核：　　　　　　　　　　制表：

附注：
(1) 货币资金项目全部计入经营资产。
(2) 应收票据全部为不带息票据。
(3) 预付账款计入经营资产。
(4) 应付票据不含利息属于经营负债。
(5) 应付账款计入经营负债。
(6) 预收账款年初计入经营负债。
(7) 其他应付款计入经营负债。
(8) 假设公司的资产负债表中只有流动资产和流动负债与销售收入呈正比变动，其他项目不变，公司预计不分红。
(9) 明达公司普通股股数为498 444 940股。

任务一　财务预测

　　财务预测是融资计划的前提，企业要对外提供产品和服务，必须要有一定的资产销售增加时，要相应增加流动资产，甚至还需要增加固定资产。为取得扩大销售所需要增加的资产，企业要筹措资金。这些资金，一部分来自于企业的利润留存，另一部分来自于企业外部融资。企业需要预

先知道自己的财务需求,提前安排融资计划。财务预测的基本步骤如下:

[第一步]销售预测。

[第二部]估计经营资产和经营负债。

[第三步]估计各项费用和保留盈余。

[第四步]估计所需融资。

一、销售百分比法

(一) 销售百分比法基本思路

思路分析如图 1-2-1、图 1-2-2 所示。

外部融资额 =(预计净经营资产 - 基期净经营资产) - 可以动用的金融资产 - 留存收益增加

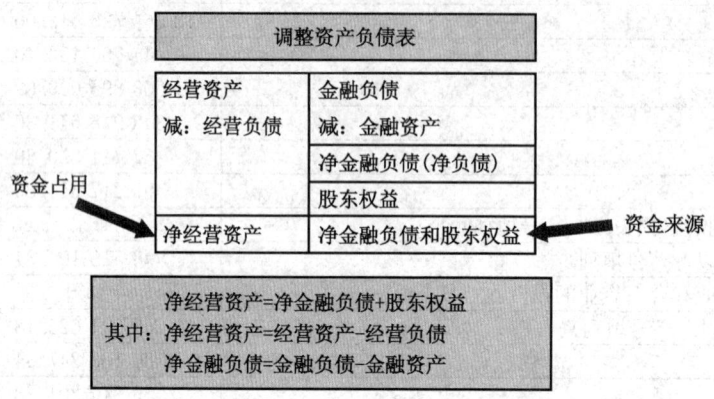

图 1-2-1 思路分析图 1

(二) 预测的步骤

1. 确定资产和负债项目的销售百分比

确定资产和负债项目的销售百分比,可以根据统一的财务报表数据预计,也可以使用经过调整的用于管理的财务报表数据预计,后者更方便,也更合理。

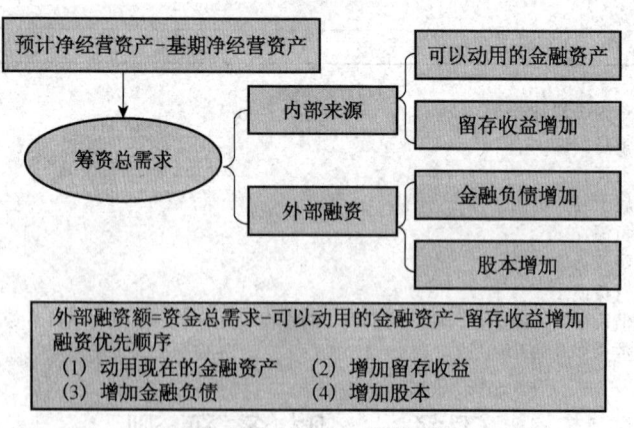

图 1-2-2 思路分析图 2

2. 预计各项经营资产和经营负债

各项经营资产(负债) = 预计销售收入 × 各项目销售收入百分比

3. 预计可以动用的金融资产

4. 预计增加的留存收益

留存收益是公司内部的筹资来源。只要公司有盈利并且不是全部支付股利，留存收益会使股东权益增长，可以满足或部分满足企业的筹资要求。这部分资金的多少，取决于收益的多少和股利支付率的高低。

$$留存收益增加 = 预计销售额 \times 计划销售净利率 \times (1 - 股利支付率)$$

5. 预计增加的借款

需要的外部筹资额，可以通过增加借款或增发股本筹集，涉及资本结构的管理问题。通常，在目标资本结构允许时企业会优先使用借款筹资。如果已经不宜再增加借款，则需要增发股本。

销售百分比法是一种比较简单的预测方法。首先，该方法假设各项经营资产和经营负债与销售额保持稳定的百分比，可能与事实不符。其次，该方法假设计划销售利润率可以涵盖借款利息的增加，也不一定合理。

（三）预测假设

逻辑关系如表 1-2-1 所示。

表 1-2-1 销售百分比法逻辑关系表

假设	各项经营资产和经营负债与销售额保持稳定的百分比
如何确定	可以根据基期的数据确定，也可以根据以前若干年度的平均数确定
应用	已知各项经营资产或经营负债的销售百分比，以及计划销售收入，可以预计计划期的各项经营资产或经营负债

【提示】 各项经营资产和各项经营负债与销售收入的百分比不变，则经营资产或经营负债总额与销售收入的销售百分比也不变。

实训内容一 销售百分比法

表 1-2-2 为明达股份有限公司的子公司的简易财务报表，运用销售百分比法预测该公司的融资需求。

表 1-2-2 明达股份公司贸易资产负债表

资产	金额	负债和所有者权益	金额
库存现金	5 000	短期借款	15 000
应收账款	15 000	应付账款	5 000
存货	30 000	预提费用	10 000
固定资产净值	20 000	公司债券	10 000
		实收资本	20 000
		留存收益	10 000
资产合计	70 000	负债和所有者权益合计	70 000

假定公司 2019 年年销售收入为 100 000 万元，销售净利率为 10%，股利支付率为 60%，公司现有生产能力尚未饱和，增加销售无需追加固定资产投资。预计 2020 年该公司销售收入将提高到 130 000 万元，企业销售净利率和利润分配政策不变，预测 2020 年对外筹资额。

实训步骤

步骤 1：确定随销售额变动而变动的资产和负债项目。

(1) 库存现金、应收账款、存货等项目：5 000＋15 000＋30 000＝50 000（万元）

(2) 随销售变动的资产与销售额的比：50 000÷100 000＝50%

步骤 2：随销售额变动的经营性负债项目包括应付票据、应付账款、预提费用等。

(不包括短期借款、短期融资券、长期负债等金融性负债)

(1) 应付票据、应付账款、预提费用等：10 000＋5 000＝15 000(万元)

(2) 随销售变动的负债与销售额的比：15 000÷100 000＝15％

步骤3：确定需要增加的筹资数量。

(1) 计算预计销售增长额：130 000－100 000＝30 000(万元)

(2) 得出销售增长率：30 000÷100 000＝30％

(3) 需要增加的资金＝新增变动资产＋新增非流动资产－新增变动负债

用增加的销售额与各个相应的增长比例相乘：

＝30 000×50％＋0－30 000×15％＝10 500(万元)

用变动资产增加额减变动负债增加额计算：

＝50 000×30％－15 000×30％＝10 500(万元)

步骤4：确定对外筹资额。

$$对外筹资额＝需要增加的资金－预计收益留存$$
$$＝需要增加的资金－预计销售额×销售净利率×(1－股利支付率)$$
$$＝10 500－[130 000×10％×(1－60％)]＝5 300(万元)$$

二、编制预计资产负债表

根据销售百分比法原理，通过编制预计的资产负债表和预计的利润表及预计的现金流量表，预计融资需求，制定财务计划。实训内容二的主要研究对象是编制预计资产负债表。

(一)预测思路

根据销售百分比法的思路，假设各项经营资产与经营负债保持稳定的比率，计划期销售净利率与基期相比保持不变。

(二)预测程序

(1) 确定经营资产和经营负债的销售百分比。确定资产和负债项目的销售百分比，可以根据统一的财务报表数据预计，也可以使用经过调整的管理用财务报表数据预计，后者更方便，也更合理。

经营资产和经营负债项目占销售收入的百分比，可以根据基期的数据确定，也可以根据以前若干年度的平均数确定。

(2) 预计各项经营资产和经营负债。

$$各项经营资产(负债)＝预计销售收入×各项目销售百分比$$
$$筹资总需求＝预计净经营资产合计－基期净经营负债合计$$

(3) 预计可动用的金融资产。

(4) 预计增加的留存收益。

$$留存收益增加＝预计销售收入×计划销售净利率×(1－股利支付率)$$
$$外部筹资额＝筹资总需求－预计可动用金融资产－留存收益增加$$

(5) 预计增加的借款。需要的外部筹资额，可以通过增加借款或增发股本筹集，涉及资本结构管理问题。通常，在目标资本结构允许时企业会优先使用借款筹资。如果已经不宜再增加借款，则需要增发股本。

实训内容二 编制明达公司预计资产负债表

实训步骤

步骤1：根据基期报表计算公司各项经营资产与销售收入的比率。

(1) 货币资金:0.06。
(2) 应收票据:0.11。
(3) 应收账款:0.05。
(4) 预付账款:0.005。
(5) 其他应收款:0.002。
(6) 存货:0.07。
(7) 假设明达公司净经营长期资产不变。

步骤2:根据基期报表计算公司各项经营负债与销售收入的比率。
(1) 应付票据:0.02。
(2) 应付账款:0.066 64。
(3) 预收账款:0.03。
(4) 应付职工薪酬:0.003。
(5) 应交税费:0.000 3。
(6) 应付利息:0.000 06。
(7) 其他应付款:0.03。
(8) 其他非流动负债0.003。

步骤3:计算预计增加的投资额。
(1) 预计货币资金=17 819 562 536.4×0.06=1 069 173 752.184。
(2) 预计应收票据=17 819 562 536.4×0.11=1 960 151 879.004。
(3) 预计应收账款=17 819 562 536.4×0.05=890 978 126.82。
(4) 预计预付账款=17 819 562 536.4×0.005=89 097 812.682。
(5) 预计其他应收款=17 819 562 536.4×0.002=35 639 125.072 8。
(6) 预计存货=17 819 562 536.4×0.07=1 247 369 377.548。
(7) 预计应付票据=17 819 562 536.4×0.02=356 391 250.728。
(8) 预计应付账款=17 819 562 536.4×0.08=1 425 565 002.912。
(9) 预计预收账款=17 819 562 536.4×0.03=534 586 876.092。
(10) 预计应付职工薪酬=17 819 562 536.4×0.003=53 458 687.609 2。
(11) 预计应交税费=17 819 562 536.4×0.000 3=5 345 868.760 92。
(12) 预计应付利息=17 819 562 536.4×0.000 06=1 069 173.752 184。
(13) 预计其他应付款=17 819 562 536.4×0.03=534 586 876.092。
(14) 预计其他非流动负债=17 819 562 536.4×0.003=53 458 687.6。

步骤4:根据预计利润和预计股利分配,确定内部资金来源。
(1) 预计明达公司保留盈余=356 391 250.728。
(2) 预计明达公司未分配利润=356 391 250.728。

步骤5:确定负债额。

明达公司预计长期借款=6 432 828 755－2 717 579 776－2 911 003 835－46 867 559
=3 474 957 361

根据明达股份有限公司的财务报表及预测假设,编制的明达股份有限公司的预计资产负债表如表1-2-3所示。

表1-2-3 预计资产负债表

编制单位：明达股份有限公司　　　2020年12月31日　　　单位：元

行次	资产类科目	本年数	预计数	行次	负债和所有者权益科目	本年数	预计数
001	流动资产：			001	流动负债：		
002	货币资金	821 943 643	1 069 173 752	002	短期借款	—	—
003	交易性金融资产	—	—	003	交易性金融负债	—	—
004	应收票据	1 595 138 953	1 960 151 879	004	应付票据	252 100 959	356 391 251
005	应收账款	779 152 788	890 978 127	005	应付账款	1 126 153 850	1 425 565 002.912
006	预付账款	71 117 257	89 097 813	006	预收账款	410 006 507	534 586 876
007	应收利息	—	—	007	应付职工薪酬	47 402 160	53 458 688
008	应收股利	—	—	008	应交税费	4 482 443	5 345 868.760 92
009	其他应收款	27 678 630	35 639 125	009	应付利息	962 975	1 069 174
010	存货	1 048 492 507	1 247 369 378	010	应付股利	—	—
011	一年内到期的非流动资产	—	—	011	其他应付款	441 183 330	534 586 976
012	其他流动资产	—	—	012	一年内到期的非流动负债	—	—
013	流动资产合计	4 343 523 778	5 292 410 073	013	其他流动负债	—	—
014	非流动资产：			014	流动负债合计	2 282 292 224	2 911 003 835
015	可供出售的金融资产	—	—	015	非流动负债：		

016	持有至到期投资	—	—	016	长期借款	7 500 000	7 500 000
017	长期应收款	—	—	017	应付债券	—	—
018	长期股权投资	2 876 213	2 876 213	018	长期应付款	—	—
019	投资性房地产	112 224 002	112 224 002	019	专项应付款	—	—
020	固定资产	840 916 396	840 916 396	020	预计负债	—	—
021	在建工程	30 623 953	30 623 953	021	递延所得税负债	—	—
022	工程物资	—	—	022	其他非流动负债	46 867 559	46 867 559
023	固定资产清理	195 668	195 368	023	非流动负债合计	54 367 559	113 766 100
024	生产性生物资产	—	—	024	负债合计	2 336 659 783	15 854 859 936
025	有形资产	—	—	025	所有者权益:		
026	无形资产	100 319 071	100 319 071	026	实收资本	494 557 455	494 557 455
027	开发支出	—	—	027	资本公积	1 454 648 728	1 454 648 728
028	商誉	—	—	028	减:库存股	—	—
029	长期待摊费用	14 426 708	14 426 708	029	盈余公积	411 982 342	411 982 342
030	递延所得税资产	38 836 670	38 836 670	030	未分配利润	786 094 153	356 391 250.728
031	其他非流动资产	—	—	031	所有者权益合计	3 147 282 677	2 717 579 776
032	非流动资产合计	1 140 418 682	1 140 418 682	032			
033	资产总计	5 483 942 460	6 432 828 755	033	负债和所有者权益总计	5 483 942 460	6 432 828 755

表1-2-4 明达股份有限公司管理用资产负债表

2020年12月31日　　　　　　　　　　　　　　　　　　　　　　　　　　　单位：元

行次	资产类科目	预计余额	本年余额	行次	负债和所有者权益科目	预计余额	本年余额
					金融性流动负债：		
1	经营性流动资产			1			
2	货币资金	1 069 173 752.00	821 943 643.12	2	短期借款	0	0
3	应收票据	1 960 151 879.00	1 595 138 953.48	3	交易性金融负债	0	0
4	应收账款	890 978 127.00	779 152 787.79	4	应付利息	1 069 174	962 975
5	预付账款	89 097 813.00	71 117 257.13	5	应付股利	0	0
6	应收股利	—	—	6	金融性流动负债合计	1 069 174	962 975
7	其他应收款	35 639 125.00	27 678 629.54	7	金融性长期负债		
8	存货	1 247 369 378.00	1 048 492 507.28	8	长期借款	7 500 000	7 500 000
9	一年内到期的非流动资产	—	—	9	长期应付债券	0	0
10	其他流动资产	—	—	10	长期金融负债	7 500 000	7 500 000
11	经营性流动资产合计	5 292 410 073.00	4 343 523 778.34	11	金融负债合计	8 569 174	8 462 975
12	减：经营性流动负债	2 909 934 661.00	2 281 329 249.14	12	减：金融资产	0	0
13	经营营运资本	2 382 475 412	2 062 194 529.20	13	净金融负债	8 569 174	8 462 975
14	经营性长期资产	0	0	14			
15	长期应收款			15			

序号	项目			序号	项目		
16	长期股权投资	2 876 213	2 876 212.87				
17	投资性房地产	112 224 002.00	112 224 001.34				
18	固定资产		840 916 396.28				
19	在建工程		30 623 953.20				
20	固定资产清理		195 668.02				
21	生产性生物资产	—					
22	有形资产	—			所有者权益:		
23	无形资产		100 319 071.28		实收资本	494 557 455.0	494 557 455.0
24	开发支出	—			资本公积	1 454 648 727.51	1 454 648 727.51
25	商誉	—			减:库存股		
26	长期待摊费用		14 426 708.29		盈余公积	411 982 343.0	411 982 343.0
27	递延所得税资产		38 836 669.87		未分配利润	356 391 250.728	786 094 152.65
28	其他经营性长期资产	—			所有者权益合计	2 717 579 776.238	3 147 282 677.15
29	经营性长期资产合计		1 140 418 681.65				
30	减:经营性长期负债		46 867 558.69				
31	净经营长期资产		1 093 551 122.96				
32	净经营资产总计	3 476 026 534.96	3 155 745 652.15		负债和所有者权益总计	3 729 600 940.78	3 155 745 652.15

附注:编制管理用预计资产负债表目的是预测融资额,各单项资产及负债单项,表中只填相应总额,不再逐个填写,实训过程中如果需要,可另行计算。

项目二　财务计划与财务预测／51

步骤6:根据预计的资产负债表调整管理用资产负债表相关指标。

计划期

(1) 基期经营资产与销售收入的比率=(43 435 237 778.34+1 140 418 681.65)÷14 849 635 447=3.002(元)

(2) 计划期销售收入=14 849 635 447×(1+20%)=17 819 562 536.4(元)

(3) 计划期预计经营资产=3.002×17 819 562 536.4=53 494 326 734.3(元)

(4) 基期经营负债与销售收入的比率=(2 281 329 249.14+46 867 558.69)÷14 849 635 447=0.16(元)

(5) 计划期预计经营负债=0.16×17 819 562 536.4=2 851 130 005.8(元)

(6) 预计净经营资产=53 494 326 734.3−2 851 130 005.8=50643196728.5(元)

(7) 明达公司计划期不分配股利。

明达公司计划期保留盈余增加=预计税后净利=17 819 562 536.4×2%=356 391 250.728(元)

(8) 计划期金融性流动负债与销售收入的比率=962 975÷14 849 635 447=0.000 065(元)

(9) 计划期预计金融性流动负债=17 819 562 536.4×0.000 065=1 155 570(元)

(10) 明达公司预计金融性长期负债=50 643 196 728.5−1 155 570−2 717 579 776.238=47 924 461 382.262(元)

(11) 明达公司股东权益与净经营负债之和=47 924 461 382.262+1 155 570+2 717 579 776.238=50 643 196 728.5(元)

三、编制预计利润表

预计利润表的编制是财务计划制定的基础之一,根据基期的财务报表和预测假设,编制预计的利润表,预计完成增大的销售收入需要增加的资产以及预计的内部资金来源和外部融资需求。假设公司预计销售利润率与上年保持不变,预计销售增长率,假设销售成本及费用与销售收入同比例增长,编制预计利润表。

预计销售收入=基期销售收入×(1+预计销售增长率)

预计销售成本费用=基期各项成本费用×(1+预计销售增长率)

预计税前利润=预计销售收入−预计销售成本费用

预计税后净利润=预计税前利润×(1−预计平均所得税税率)

实训内容三 编制明达公司预计利润表

实训步骤

步骤1:预计销售收入。

预计销售收入=14 849 635 447×(1+20%)=17 819 562 536.4(元)

步骤2:根据销售净利率预计税后净利。

明达公司销售净利率=2%

公司预计税后净利润=14 849 635 447×(1+20%)×0.2%=356 391 250.728(元)

(假设明达公司平均所得税率=16.52%)

步骤3:确定明达公司保留盈余。

明达公司预计股利支付率=0

明达公司预计保留盈余=356 391 250.728(元)

根据明达股份有限公司的相关预算及基期财务报表,编制的明达股份有限公司的预计利润表如表1-2-5所示,预计管理用利润表见表1-2-6。

表 1-2-5 预计利润表

编制公司:明达股份有限公司　　　　　　2020年度　　　　　　　　　　会企02表
　　　　　　　　　　　　　　　　　　　　　　　　　　　　　　　　　　单位:元

项　　目	本年数	预期数
一、营业收入	14 849 635 447.00	17 819 562 536.40
减:营业成本	12 564 725 312.00	
营业税金及附加	44 564 128.40	
销售费用	1 503 895 609.00	
管理费用	348 945 641.30	
财务费用	52 411 820.60	
资产减值损失		
公允价值变动损益(损失以"一"号填列)		
投资收益(损失以"一"号填列)		
其中:对联营企业和合营企业的投资收益		
二、营业利润(损失以"一"号填列)	288 391 023.18	346 069 227.82
加:营业外收入		
减:营业外支出		
其中:非流动资产处置损失		
三、利润总额(损失以"一"号填列)	352 259 069.24	
减:所得税费用	58 176 554.25	
四、净利润(损失以"一"号填列)	294 082 514.99	356 391 250.728
五、每股收益:		
(一)基本每股收益	0.59	0.71
(二)稀释每股收益	0.59	0.71
单位负责人:　　　　　会计主管:	复核:	

附注:明达公司普通股股数为498 444 940股。

步骤4:调整编制预计管理用利润表。

(1) 预计销售收入=14 849 635 447×(1+20%)=17 819 562 536.4(元)

(2) 预计的销售净利率=明达公司销售净利率=2%

(3) 预计税后净利=17 819 562 536.4×2%=356 391 250.728(元)

(4) 计划期预计不分配股利。

(5) 基期利息率=基期财务费用524÷基期金融负债=52 411 820.6÷47 924 461 382.262
　　　　　　　　=0.001 1

(6) 预计利息费用=预计金融负债×基期利息率=47 924 461 382.262×0.001 1
　　　　　　　　=52 411 820.6(元)

(7) 平均所得税率＝16.25%

(8) 税后利息费用＝52 411 820.6×(1－16.52%)＝43 753 387.8(元)

(9) 税后经营净利润＝356 391 250.728＋52 411 820.6＝4 001 446 38.582(元)

表1-2-6　明达股份有限公司预计管理用利润表

项　　目	预期金额
一、营业收入	17 819 562 536.4
减:营业成本	
营业税金及附加	
销售费用	
管理费用	
资产减值损失	
加:公允价值变动收益(损失以"－"号填列)	
投资收益(损失以"－"号填列)	
其中:对联营企业和合营企业的投资收益	
二、营业利润(亏损以"－"号填列)	
加:营业外收入	
减:营业外支出	
其中:非流动资产处置损失	
三、税后经营净利润总额	4 001 446 38.582
减:税后利息费用	43 753 387.8
四、净利润(净亏损以"－"号填列)	356 391 250.728
单位负责人:　　　　　会计主管:　　　　　复核:	

附注:

(1) 假设公司的资产负债表中只有流动资产和流动负债与销售收入呈正比变动,其他项目不变,公司预计不分红。

(2) 明达公司营业外收支、投资净损益、资产减值损失、公允价值变动损益是非经常性损益,编制预计利润表时可以不考虑。

(3) 明达公司计划期销售净利率与基期保持不变。

(4) 管理用预计利润表的编制只为预测用,只根据预计利润率计算预计税后净利润总额,各单项目实训中可以根据需要计算。

四、预计现金流量表的编制

根据预计管理用资产负债表和预计管理用利润表汇总编制预计的现金流量表,预计企业的内外部融资需求。

实训内容四　编制明达公司预计现金流量表

实训步骤

步骤1：预计营业现金毛流量。假设明达公司年折旧额为114 041 868元。

$$预计营业现金毛流量=400\ 144\ 638.582+114\ 041\ 868=514\ 186\ 506.58(元)$$

步骤2：预计增加的总投资＝(预计净经营资产－基期净经营资产)＋预计年折旧额
　　　　　　　　　　　＝(50 643 196 728.5－3 155 745 652.15)＋114 041 868
　　　　　　　　　　　＝47 601 492 944.35(元)

步骤3：预计实体流量＝预计营业现金毛流量－预计增加的总投资
　　　　　　　　　＝514 186 506.58－47 601 492 944.35
　　　　　　　　　＝－47 087 306 437.77(元)

步骤4：融资现金流量＝实体现金流量＝－47 087 306 437.77(元)
可以扣除预计的保留盈余，确定计划期增加的金融负债。

技能训练一

已知：某公司2019年销售收入为40 000万元，税后净利润2 000万元，发放了股利1 000万元，2019年12月31日的资产负债表(简表)如表1-2-7所示。

表1-2-7　2019年12月31日资产负债表(简表)

单位：万元

资产	期末余额	负债及所有者权益	期末余额
货币资金	1 000	应付账款	3 000
交易性金融资产	1 000	短期借款	1 000
应收账款	3 000	长期借款	9 000
存货	7 000	普通股股本	1 000
固定资产	7 000	资本公积	5 500
可供出售金融资产	1 000	留存收益	500
资产合计	20 000	负债及所有者权益合计	20 000

假设公司2020年股利支付率和净经营资产周转次数保持不变。假设货币资金均为经营资产，应收账款不收取利息，应付账款不支付利息。

要求：如果该公司计划销售净利率不变，预计2020年销售增长率为30%，在不保留金融资产的情况下，预测该公司外部融资需求额。

任务二　增长率与资金需求

增长率和资金需求的实训包括3项内容：建立销售增长率与外部融资之间的关系，预计上市公司的内含增长率，预计上市公司的可持续增长率，为决策者决策提供帮助。

一、销售增长率与外部融资的关系

(一) 外部融资销售增长比

外部融资销售增长比＝经营资产销售百分比－经营负债销售百分比－[(1＋增长率)÷增长率]
　　　　　　　　　×预计销售净利率×(1－预计股利支付率)

外部融资额＝外部融资销售增长比×销售增长

（二）外部融资需求的敏感分析

外部融资需求的多少，不仅取决于销售增长，还要看销售净利率和股利支付率。销售净利率越大，外部融资需求越少；股利支付率越高，外部融资需求越大。

实训内容五　根据明达公司的预计销售增长率预测明达公司的外部融资额

明达股份有限公司的子公司上年销售收入为 3 000 万元，本年计划销售收入 4 000 万元，销售增长率为 33.33%，假设经营资产销售百分比为 66.67%，经营负债销售百分比为 6.17%，且两者保持不变，可动用的金融资产为 0，预计销售净利率为 4.5%，预计股利支付率为 30%。

请完成下列预测工作：①计算外部融资销售增长比；②计算外部融资额；③如果销售增长 500 万元（即销售增长率为 16.7%），计算外部融资销售增长比和外部融资额。

实训步骤

步骤1：计算外部融资销售增长比 = 66.67% − 6.17% − 4.5% × (1+33.33%) ÷ 33.33% × (1−30%) = 0.479

步骤2：预计外部融资额 = 1 000 × 0.479 = 479（万元）

步骤3：计算外部融资销售增长比 = 66.67% − 6.17% − 4.5% × [(1+16.7%) ÷ 16.7%] × (1−30%) = 0.384 9

步骤4：预计外部融资额 = 500 × 0.384 9 = 192.45（万元）

步骤5：调整股利政策。

如果计算出来的外部融资销售增长比为负值，说明企业有剩余资金，根据剩余资金情况，企业可用于调整股利政策。

技能训练二

已知：某公司 2019 年销售收入为 10 000 万元，销售净利润率为 12%，净利润的 70% 分配给投资者。2019 年 12 月 31 日的资产负债表（简表）如表 1-2-8 所示。

表 1-2-8　资产负债表

单位：万元

资产	期末余额	负债和所有者权益	期末余额
货币资金	200	应付票据	200
应收账款	1 800	应付账款	2 800
应收票据	500	长期借款	700
存货	3 500	实收资本	1 000
固定资产	2 500	资本公积	2 000
无形资产	1 500	留存收益	3 300
资产总计	10 000	负债和所有者权益（股东权益）总计	10 000

如果预计 2020 年销量增加 30%，通货膨胀率为 5%，股利支付率为 60%，流动资产和流动负债与销售收入同比例增长，同时需要增加长期资产投资 100 万元，长期负债不变，所有者权益中只有留存收益增加，销售净利率为 15%，计算 2020 年的外部融资额。

二、内含增长率

销售增长引起的资金需求增长,有两种途径满足:一是增加内部留存收益;二是外部融资(包括借款和股权融资,但不包括经营负债的自然增长)。如果不能或不打算从外部融资,则只能靠内部积累,这将限制销售的增长。此时的销售增长率称为"内含增长率"。根据以下公式计算内含增长率。

经营资产销售百分比－经营负债销售百分比－计划销售净利率
×[(1＋增长率)÷增长率]×收益留存率＝0

实训内容六 预测明达公司的内含增长率

明达股份有限公司的子公司上年销售收入为3 000万元,本年计划销售收入4 000万元,销售增长率为33.33%,假设经营资产销售百分比为66.67%,经营负债销售百分比为6.17%,且两者保持不变,可动用的金融资产为0,预计销售净利率为4.5%,预计股利支付率为30%。

实训步骤

步骤1:根据上述公司相关资料计算其内含增长率如下:

0＝66.67%－6.17%－4.5%×[(1＋内含增长率)÷内含增长率×(1－30%)]

内含增长率＝5.5%

步骤2:分析,明达实业股份有限公司子公司的内含增比率为5.5%,公司的销售收入增长不超过5.5%,公司的增长就不需要外部融资,内部资金还有剩余,公司的销售收入增长达到5.5%,内部资金来源也就是保留盈余刚好可以满足销售收入增长的需求,如果公司的销售收入的增长超过5.5%,内部资金不能满足销售收入增长的需要,公司需要外部融资。公司内部资金来源,也就是保留盈余能够支撑公司的最大销售增长率为5.5%,这也是公司最保守的,不依赖外部资金的最低增长率。

技能训练三

已知:某公司2019年销售收入为10 000万元,销售净利润率为12%,净利润的70%分配给投资者。2019年12月31日的资产负债表(简表)如表1-2-9所示。

表1-2-9 资产负债表(简表)

单位:万元

资产	期末余额	负债和所有者权益	期末余额
货币资金	200	应付票据	200
应收账款	1 800	应付账款	2 800
应收票据	500	长期借款	700
存货	3 500	实收资本	1 000
固定资产	2 500	资本公积	2 000
无形资产	1 500	留存收益	3 300
资产总计	10 000	负债和所有者权益总计	10 000

如果预计 2020 年销量增加 30%,通货膨胀率为 5%,股利支付率为 60%,流动资产和流动负债与销售收入同比例增长,长期负债不变,销售净利率为 15%,计算 2020 年的内含增长率(不考虑通胀因素)。

三、可持续增长率

(一) 可持续增长率的意义

可持续增长率是指保持目前经营效率和财务政策不变的条件下公司销售所能增长的最大比率(不增发新股)。

(二) 可持续增长率的计算

1. 根据期初股东权益计算可持续增长率

可持续增长率＝股东权益增长率
　　　　　　＝期初权益本期净利率×本期利润留存率
　　　　　　＝销售净利润×总资产周转次数×期初权益期末总资产乘数×利润留存率

应注意,此处的"权益乘数"是用"期初股东权益"而非"期末股东权益"计算,其余比率均采用本期数据计算。

2. 根据期末股东权益计算的可持续增长率

$$R = \frac{abcd}{1-abcd}$$

$$可持续增长率 = \frac{销售净利率 \times 总资产周转率 \times 权益乘数 \times 收益留存率}{1 - 销售净利率 \times 总资产周转率 \times 权益乘数 \times 收益留存率}$$

$$\left(R = 销售净利率(a) \times 资产周转率(b) \times 利润留存率(c) \times \frac{期末总资产}{期末股东权益} \times \frac{期末股东权益}{期初股东权益}\right) = 销售净利率 \times 资产周转率 \times 利润留存率 \times 权益乘数(d) \times \frac{期末权益}{期初权益}$$

(三) 可持续增长率与实际增长率

1. 分析企业经营效率和财务政策

具体分析企业经营效率和财务政策有何变化。

2. 高速增长所需的资金来源

(1) 计算超常增长的销售收入。

持续增长销售收入＝上年销售收入×(1+可持续增长率)

超常增长销售收入＝实际销售收入−可持续增长销售收入

(2) 计算超常增长所需的资金。

持续增长所需资金＝持续增长销售收入÷上年总资产周转次数

超常增长所需资金＝实际销售收入÷本年总资产周转次数

超常增长所需的额外资金＝超常增长所需资金−持续增长所需资金

(3) 分析超常增长的资金来源。

超常增长提供的额外利润留存＝实际利润留存−持续增长利润留存

3. 增长潜力分析

超常增长不是维持财务比率的结果,而是"提高"财务比率的结果。

财务杠杆是重要的财务政策,不可能随便提高,更不可能无限提高。销售净利率、总资产周转次数和股利支付率与财务杠杆一样,也不可能无限提高,这些都限制了企业的增长率。因此,超常增长是不可持续的。

(四) 可持续增长率与实际增长率的关系

可持续增长率与实际增长率是两个不同的概念。可持续增长率是指保持当前经营效率和财务政策，并且不增发新股或回购股票的情况下，销售所能增长的最大比率，而实际增长率是本年销售额与上年销售额相比的增长百分比。

在不增发新股或回购股票的前提下，可持续增长率与实际增长率之间的关系如表1-2-10所示。

表1-2-10 实际增长率可持续增长率关系表

经营效率与财务政策	可持续增长率与实际增长率的关系
不变	实际增长率＝本年可持续增长率＝上年可持续增长率
一个或多个增加	①实际增长率＞上年可持续增长率 ②本年可持续增长率＞上年可持续增长率
一个或多个减少	①实际增长率＜上年可持续增长率 ②本年可持续增长率＜上年可持续增长率
如果4个比率已经达到极限，只有通过发行新股增加资金，才能提高销售增长率	

【分析基础】

(1) 满足5个假设，实际增长率＝可持续增长率(定义)。

(2) 可持续增长率计算涉及4个变量，这4个变量均与可持续增长率呈同向变动关系(不增发新股)。

实训内容七 明达公司可持续增长率分析

公司是一家上市公司，是明达股份有限公司的子公司，该公司2018年和2019年的主要财务数据以及2020年的财务计划数据如表1-2-11所示。

表1-2-11 某公司比较财务报表

单位：万元

项　　目	2018年实际	2019年实际	2020年计划
销售收入	1 000.00	1 411.80	1 455.28
净利	200.00	211.77	116.42
股利	100.00	105.89	58.21
本年收益留存	100.00	105.89	58.21
总资产	1 000.00	1 764.75	2 910.57
负债	400.00	1 058.87	1 746.47
股本	500.00	500.00	900.00
年末未分配利润	100.00	205.89	264.10
所有者权益	600.00	705.89	1 164.10

假设公司产品的市场前景很好，销售额可以大幅增加，贷款银行要求公司的资产负债率不得超过60%。董事会决议规定，以权益净利率高低作为管理层业绩评价的尺度。

要求：

(1) 计算该公司上述3年的资产周转率、销售净利率、权益乘数、利润留存率、可持续增长率和权益净利率,以及2019年和2020年的销售增长率(计算时资产负债表数据用年末数)。

表1-2-12 某公司财务比率表

项目	2018年实际	2019年实际	2020年计划
资产周转率	1	0.80	0.50
销售净利率	20%	15%	8%
权益乘数	1.67	2.50	2.50
利润留存率	50%	50%	50%
可持续增长率	20%	17.65%	5.26%
权益净利率	33.33%	30.00%	10.00%
销售增长率	—	41.18%	3.08%

(2) 分析2019年可持续增长率与上年相比有什么变化,其原因是什么。
(3) 分析2019年公司是如何筹集增长所需资金的,财务政策与上年相比有什么变化。
(4) 假设2020年预计的经营效率是符合实际的,分析2020年的财务计划有无不当之处。

实训步骤

步骤1:计算相关指标如表1-2-13所示。

表1-2-13 某公司财务比率表

项目	2018年实际	2019年实际	2020年计划
资产周转率	1	0.80	0.50
销售净利率	20%	15%	8%
权益乘数	1.67	2.50	2.50
利润留存率	50%	50%	50%
可持续增长率	20%	17.65%	5.26%
权益净利率	33.33%	30.00%	10.00%
销售增长率	—	41.18%	3.08%

步骤2:指出2019年可持续增长率与上年相比有什么变化,其原因是:2019年可持续增长率与上年相比下降了,原因是资产周转率下降和销售净利率下降。

步骤3:指出2019年公司是如何筹集增长所需资金的,财务政策与上年相比有什么变化:2019年公司是靠增加借款来筹集增长所需资金的,财务政策与上年相比财务杠杆提高了。

步骤4:假设2020年预计的经营效率是符合实际的,指出2020年的财务计划有无不当之处:并无不当之处。

由于董事会决议规定,以权益净利率高低作为管理层业绩评价的尺度,而公司经营效率是符合实际的,说明销售净利率、资产周转率是合适的,而贷款银行要求公司的资产负债率不得超过60%,2020年的资产负债率已经达到60%(1 746.47÷2 910.57)了,说明权益净利率已经是最高了,无论是追加股权投资还是提高留存收益率,都不可能提高权益净利率,所以,2020年的财务计划并无不当之处。

步骤5:指出公司今后提高权益净利率的途径是:提高销售净利率和资产周转率。

小 结

项目二——财务计划与财务预测包括两个实训任务,分别是财务预测增长率和资金需求。

财务预测实训的主要内容是以销售百分比法为基础,通过编制预计的资产负债表、预计利润表和预计的现金流量表实现对上市公司的资金需求进行预测。上市公司资金需求的预测是建立在企业全面预算的基础上的,所以,通过资金需求的预测可以提高上市公司的预见性。通过增长率与资金需求的实训,建立销售增长与外部融资之间的关系,进一步分析上市公司的内含增长率和可持续增长率,提高上市公司的经营安全性和可持续性。

实际操作训练

一、可持续增长率实际操作训练

已知:某公司2019年销售收入为10 000万元,销售净利润率为12%,净利润的70%分配给投资者。2019年12月31日的资产负债表(简表)如表1-2-14所示。

表1-2-14 某公司简易资产负债表

单位:万元

资产	期末余额	负债和所有者权益	期末余额
货币资金	200	应付票据	200
应收账款	1 800	应付账款	2 800
应收票据	500	长期借款	700
存货	3 500	实收资本	1 000
固定资产	2 500	资本公积	2 000
无形资产	1 500	留存收益	3 300
资产总计	10 000	负债和所有者权益总计	10 000

如果预计2020年销量增加30%,通货膨胀率为5%,股利支付率为60%,流动资产和流动负债与销售收入同比例增长,长期负债不变销售净利率为15%,计算2020年的可持续增长率(不考虑通胀因素)。假设2020年销售净利率、总资产周转次数、权益乘数、保留盈余率不变,总资产周转次数、权益乘数按资产负债表中数据计算,不必调整为管理用报表。

二、销售增长与资金需求关系实际操作训练

甲公司上年度财务报表主要数据如表1-2-15所示。

表1-2-15 甲公司简易利润表

单位:万元

销售收入	2 000
税后利润	200
股 利	40
收益留存	160
年末负债	1 200
年末股东权益	800
年末总资产	2 000

要求:
(1) 计算上年的销售净利率、资产周转率、收益留存率、权益乘数和可持续增长率。
(2) 假设本年符合可持续增长的全部条件,计算本年的销售增长率以及销售收入。
(3) 假设本年销售净利率提高到12%,收益留存率降低到0.4,不增发新股或回购股票,保持其他财务比率不变,计算本年的销售收入、销售增长率、可持续增长率和股东权益增长率。
(4) 假设本年销售增长率计划达到30%,不增发新股或回购股票,其他财务比率指标不变,计算资产周转率应该提高到多少。
(5) 假设本年销售增长率计划达到30%,不增发新股或回购股票,其他财务比率指标不变,计算销售净利率应该提高到多少。
(6) 假设本年销售增长率计划达到30%,不增发新股或回购股票,其他财务比率指标不变,计算年末权益乘数应该提高到多少。

三、财务计划编制实际操作训练

蝶翼制衣是一家制衣行业的上市公司,请根据各业务预算编制蝶翼制衣厂2020年全年的预计利润表、预计资产负债表及预计的现金流量表(采用变动成本法编制成本预算,工厂的企业所得税率是20%)。蝶翼制衣的相关预算的辅助资料及预计报表的编制如表1-2-16至表1-2-30所示。

表1-2-16 蝶翼制衣销售预算
销 售 预 算
2020年度
金额单位:元

摘 要		第一季度	第二季度	第三季度	第四季度	全年
预计销售数量(件)		10 000	15 000	20 000	18 000	63 000
销售单价(元/件)		200	200	200	200	200
预计销售金额		2 000 000	3 000 000	4 000 000	3 600 000	12 600 000
预计现金收入计算表	期初应收账款	620 000				620 000
	第一季度销售收入	1 200 000	800 000			2 000 000
	第二季度销售收入		1 800 000	1 200 000		3 000 000
	第三季度销售收入			2 400 000	1 600 000	4 000 000
	第四季度销售收入				2 160 000	2 160 000
	现金收入合计	1 820 000	2 600 000	3 600 000	3 760 000	11 780 000

表1-2-17 蝶翼制衣产品成本计算
产品成本预算
2020年度
金额单位:元

项目	单位成本			生产成本 (64 000件)	期末存货成本 (2 000件)	销货成本 (63 000件)
	单价	用量	成本			
直接材料	100元/千克	0.2千克/件	20元/件	1 280 000	40 000	1 260 000
直接人工	4元/小时	10小时/件	40元/件	2 560 000	80 000	2 520 000
变动制造费用	—	—	10元/件	640 000	20 000	630 000
固定制造费用	—	—	—	1 020 000	0	1 020 000
合计	—	—	70元/件	5 500 000	140 000	5 430 000

表 1-2-18 蝶翼制衣销售及管理费用预算

销售及管理费用预算

2020 年度　　　　　　　　　　　　　　　　　　　　　　　　　　　金额单位:元

摘要	一季度	二季度	三季度	四季度	全年
预计销售量/(件)	10 000	15 000	20 000	18 000	63 000
单位变动	20	20	20	20	20
预计变动	200 000	300 000	400 000	360 000	1 260 000
预计固定	330 000	380 000	350 000	380 000	1 440 000
人员工资	250 000	250 000	250 000	250 000	1 000 000
广告费	45 000	45 000	45 000	45 000	180 000
保险费		40 000		40 000	80 000
折旧费	15 000	15 000	15 000	15 000	60 000
其他	20 000	30 000	40 000	30 000	120 000
销售及管理费用合计	530 000	680 000	750 000	740 000	2 700 000
减:折旧费	15 000	15 000	15 000	15 000	60 000
现金支付数	515 000	665 000	735 000	725 000	2 640 000

表 1-2-19 蝶翼制衣利息费用预算

利息费用预算

摘要	第一季度	第二季度	第三季度	第四季度	全年
期初借款余额	6 000 000	7 000 000	6 600 000	8 800 000	6 000 000
利率	5.4%	5.4%	5.4%	5.4%	5.4%
本期期初借款	1 000 000	0	2 200 000	0	3 200 000
本期期末还款	0	400 000	0	0	400 000
本期利息费用	94 500	94 500	118 800	118 800	426 600
期末借款余额	7 000 000	6 600 000	8 800 000	8 800 000	8 800 000

表 1-2-20 蝶翼制衣简易资产负债表

简易资产负债表

2019 年 12 月 31 日　　　　　　　　　　　　　　　　　　　　　　　　　　　单位:元

资产	期末数	负债和所有者权益	期末数
货币资金	700 000	应付账款	142 500
应收账款	620 000	应付股利	1 000 000
存货	116 500	长期借款	6 000 000
持有至到期投资	230 000	负债合计	7 142 500
固定资产	12 000 000	股本	5 000 000
减:累计折旧	4 000 000	盈余公积	2 000 000
固定资产净值	8 000 000	未分配利润	3 524 000
长期股权投资	8 000 000	所有者权益合计	10 524 000
资产合计	17 666 500	负债和所有者权益合计	17 666 500

项目二　财务计划与财务预测

表 1-2-21 蝶翼制衣销售预算

销售预算
2020 年度　　　　　　　　　　　　　　　　　　　　　　　金额单位:元

摘要		第一季度	第二季度	第三季度	第四季度	全年
预计销售数量(件)		10 000	15 000	20 000	18 000	63 000
销售单价(元/件)		200	200	200	200	200
预计销售金额		2 000 000	3 000 000	4 000 000	3 600 000	12 600 000
预计现金收入计算表	期初应收账款	620 000				620 000
	第一季度销售收入	1 200 000	800 000			2 000 000
	第二季度销售收入		1 800 000	1 200 000		3 000 000
	第三季度销售收入			2 400 000	1 600 000	4 000 000
	第四季度销售收入				2 160 000	2 160 000
	现金收入合计	1 820 000	2 600 000	3 600 000	3 760 000	11 780 000

表 1-2-22 蝶翼制衣采购预算

采 购 预 算
2020 年度　　　　　　　　　　　　　　　　　　　　　　　金额单位:元

摘要		第一季度	第二季度	第三季度	第四季度	全年
预计生产量(件)		10 500	15 500	19 800	18 200	64 000
单位产品材料消耗定额(千克/件)		0.2	0.2	0.2	0.2	0.2
预计生产需要量(千克)		2 100	3 100	3 960	3 640	12 800
加:期末存料量		310	396	364	400	400
预计需要量合计(千克)		2 410	3 496	4 324	4 040	13 200
减:期初存料量		300	310	396	364	300
预计购料量(千克)		2 110	3 186	3 928	3 676	12 900
材料计划单价(元/千克)		100	100	100	100	100
预计购料金额		211 000	318 600	392 800	367 600	1 290 000
预计现金支出计算表	期初应付账款	142 500				142 500
	第一季度购料支出	105 500	105 500			211 000
	第二季度购料支出		159 300	159 300		318 600
	第三季度购料支出			196 400	196 400	392 800
	第四季度购料支出				183 800	183 800
	现金支出合计	248 000	264 800	355 700	380 200	1 248 700

表 1-2-23 蝶翼制衣制造费用预算

制造费用预算

2020 年度　　　　　　　　　　　　　　　　　　　　　　　　　　金额单位:元

摘要	第一季度	第二季度	第三季度	第四季度	合计
预计生产量(件)	10 500	15 500	19 800	18 200	64 000
单位变动制造费用	10	10	10	10	10
变动制造费用总额	105 000	155 000	198 000	182 000	640 000
其中:间接材料	21 000	31 000	39 600	36 400	128 000
间接人工	42 000	62 000	79 200	72 800	256 000
其他变动费用	42 000	62 000	79 200	72 800	256 000
固定制造费用总额	272 500	287 500	321 000	319 000	1 200 000
其中:折旧费	50 000	50 000	75 000	75 000	250 000
管理人员工资	175 000	175 000	175 000	175 000	700 000
其他固定费用	47 500	62 500	71 000	69 000	250 000
制造费用合计	377 500	442 500	519 000	501 000	1 840 000
减:折旧费	50 000	50 000	75 000	75 000	250 000
资金支出的费用	327 500	392 500	444 000	426 000	1 590 000

表 1-2-24 蝶翼制衣销售及管理费用预算

销售及管理费用预算

2020 年度　　　　　　　　　　　　　　　　　　　　　　　　　　金额单位:元

摘要	第一季度	第二季度	第三季度	第四季度	全年
预计销售量(件)	10 000	15 000	20 000	18 000	63 000
单位变动	20	20	20	20	20
预计变动	200 000	300 000	400 000	360 000	1 260 000
预计固定	330 000	380 000	350 000	390 000	1 450 000
人员工资	250 000	250 000	250 000	250 000	1 000 000
广告费	45 000	45 000	45 000	45 000	180 000
保险费		40 000		40 000	80 000
折旧费	15 000	15 000	15 000	25 000	70 000
其他	20 000	30 000	40 000	30 000	120 000
销售及管理费用合计	530 000	680 000	750 000	750 000	2 710 000
减:折旧费	15 000	15 000	15 000	25 000	70 000
现金支付数	515 000	665 000	735 000	725 000	2 640 000

表 1-2-25　蝶翼制衣专门决策预算(一次性专门业务)

专门决策预算

(一次性专门业务)

2020 年度　　　　　　　　　　　　　　　　　　　　　　　金额单位:元

专门业务名称	支付对象		日期				本金	利率	利息
	来源	去向	第一季度	第二季度	第三季度	第四季度			
筹措资金	开户银行		800 000	0	1 800 000	0	2 600 000	5.4%	91 800
归还借款		开户银行	0	200 000	0	300 000	500 000	5.4%	24 600

表 1-2-26　谍翼制衣专门决策预算(资本性支出)

专门决策预算

(资本性支出预算)

2020 年度　　　　　　　　　　　　　　　　　　　　　　　单位:元

项目	第一季度	第二季度	第三季度	第四季度	全年
生产设备	0	0	3 000 000	0	3 000 000
办公设备	0	0	0	800 000	800 000
合计	0	0	3 000 000	800 000	3 800 000

表 1-2-27　蝶翼制衣产品成本预算

产品成本预算

2020 年度　　　　　　　　　　　　　　　　　　　　　　　金额单位:元

项目	单位成本			生产成本 (64 000 件)	期末存货成本 (2 000 件)	销货成本 (63 000 件)
	单价	用量	成本			
直接材料	100 元/千克	0.2 千克/件	20 元/件	1 280 000	40 000	1 260 000
直接人工	4 元/小时	10 小时/件	40 元/件	2 560 000	80 000	2 520 000
变动制造费用	—		10 元/件	640 000	20 000	630 000
固定制造费用			18.75 元/件	1 200 000	37 500	1 179 000
合计			88.75 元/件	5 680 000	177 500	5 589 000

表 1-2-28　蝶翼制衣利息费用预算

利息费用预算　　　　　　　　　　　　　　　　　　　　　　　金额单位:元

摘要	第一季度	第二季度	第三季度	第四季度	全年
期初借款余额	6 000 000	6 800 000	6 600 000	8 400 000	6 000 000
利率	5.4%	5.4%	5.4%	5.4%	5.4%
本期期初借款	800 000	0	1 800 000	0	2 600 000
本期期末还款	0	200 000	0	300 000	500 000
本期利息费用	91 800	91 800	113 400	113 400	410 400
期末借款余额	6 800 000	6 600 000	8 400 000	8 100 000	8 100 000

表 1-2-29 蝶翼制衣专门决策预算(一次性)

专门决策预算
(一次性预算)
2020 年度
单位:元

专门业务名称	支付对象	支付日期				合计
		第一季度	第二季度	第三季度	第四季度	
预付所得税	税务局	0	300 000	0	300 000	600 000
预付股利	股东	1 000 000	0	0	0	1 000 000

表 1-2-30 蝶翼制衣现金

现金预算
2020 年度
单位:元

摘要	第一季度	第二季度	第三季度	第四季度	全年
期初现金金额	700 000	717 700	783 600	743 500	700 000
加:现金收入	—	—	—	—	—
应收账款收回及销售收入	1 820 000	2 600 000	3 600 000	3 760 000	11 780 000
可运用现金合计	2 520 000	3 317 700	4 383 600	4 503 500	12 480 000
减:现金支出	—	—	—	—	—
采购直接材料	248 000	264 800	355 700	380 200	1 248 700
支付直接人工	420 000	620 000	792 000	728 000	2 560 000
制造费用	327 500	392 500	444 000	426 00	1 590 000
销售及管理费用	515 000	665 000	735 000	725 000	2 640 000
购置固定设备	0	0	3 000 000	8 000 000	3 800 000
支付所得税	0	300 000	0	300 000	600 000
支付股利	1 000 000	0	0	0	1 000 000
现金支付合计	2 510 500	2 242 300	5 326 700	3 359 200	13 438 700
现金结余(或不足)	9 500	1 075 400	−943 100	1 144 300	−958 700
融资:	—	—	—	—	—
向银行借款(期初)	800 000	0	1 800 000	0	2 600 000
归还借款(期末)	0	200 000	0	300 000	500 000
支付利息(5.4%)	91 800	91 800	113 400	113 400	410 400
融资合计	708 200	−291 800	1 686 600	−413 400	1 689 600
期末现金余额	717 700	783 600	743 500	730 900	730 900

实训任务　预计资产负债表(◎);

请根据材料为蝶翼制衣厂编制 2020 年的预计资产负债表,制衣附注材料见图 1-2-3。

其他事项:

(1) 不考虑除所得税外的其他税费,所得税预算是指预缴 2020 年的所得税。

(2) 工厂的贷款全部是长期贷款。

(3) 2020 年的股本和长期股权投资都没有变化。

(4) 2020 年决定将 30 000 元持有至到期投资重新划分为交易性金融资产。

图 1-2-3　蝶翼制衣附注材料

提示:用销售百分比法编制预计财务报表,学生在课本中所学习的是简略的方法,也就是根据资产、负债与销售收入的比率进行综合的预计,而实践中需要对资产、负债、收入、成本、费用等各项目进行详细的预测,并编制详细预算,根据预算编制预计财务报表。在这一仿真练习中,要求学生掌握预计财务报表与各预算之间的关系。

项目三 货币时间价值与风险价值

★ 实训目的

通过查找银行存、贷款利率及模拟实训案例资料,能够正确理解货币时间价值的基本原理和计算方法,熟练掌握货币时间价值计算的实用操作技术。树立风险价值观念,并熟练掌握风险价值的衡量和应用。

★ 实训要求

通过模拟实训和案例分析,能够正确理解货币时间价值的基本原理和计算方法,能够准确运用货币时间价值进行相关决策,并熟练掌握风险价值的计算和应用,使同学们能够在教师的指导下,结合案例分析资料,拓展思维能力。

★ 实训设计

货币时间价值与风险价值实训包括3个任务,任务一货币时间价值、任务二货币时间价值指标的分析与应用、任务三风险价值的衡量和应用。

[第一步] 首先结合实例引入货币时间价值在企业中的巨大作用,明确货币时间价值是指货币经历一定时间的投资和再投资所增加的价值,也即资金的时间价值,同时了解货币时间价值是通过哪些指标表现的。

[第二步] 理解货币时间价值的概念、指标的计算与应用。货币时间价值一般是用"现值"和"终值"两个指标来表示的。通过查找银行存、贷款利率及模拟实训案例资料,能够正确理解货币时间价值的基本原理和计算方法,熟练掌握货币时间价值计算的实用操作技术。

[第三步] 货币时间价值是在无风险情况下进行投资所要求的最低报酬率,没有考虑风险问题。而在实际工作中,企业的任何经济活动,只要存在不确定性因素,就存在着风险,因此在企业实践中还必须考虑风险因素,衡量风险价值。

★ 实训内容

实训内容包括查找银行存、贷款利率及模拟实训案例资料,对货币时间价值的指标进行计算及分析应用;对企业的投资风险价值进行衡量。

★ 考核标准

能够完成复利的终值与现值指标、单利的终值与现值指标、年金的终值与现值指标、风险的衡量指标及标准差与变化系数等的计算与在企业实践中的分析等任务,并能够熟练地运用这些指标。其中:任务一货币时间价值的初步应用占10%,任务二货币时间价值的分析和应用占30%,任务三风险价值的分析与应用占20%,此项考核共占60%,另外通过财务管理实训教学软件进行考核占40%。

★ 模拟情景

光明公司总经理林盛曾预测其女儿(目前正读高中一年级)3年后能够顺利考上北京大学计算

机专业,届时需要一笔学费,预计为3万元,他问会计张红:如果按目前存款年利率4%给女儿存上一笔钱,以备上大学之需,现在要一次存入多少钱?

光明公司4年后将有一笔贷款到期,需一次性偿还2 000万元,为此公司拟设置偿债基金,银行存款年利率为6%。那么光明公司每年年末应存入多少偿债基金数额?

光明公司拟购买一台柴油机,以更新目前的汽油机。柴油机价格较汽油机高出4 000元,每年可节约燃料费用1 000元。当光明公司必要收益率要求为10%时,柴油机应至少使用多少年,对企业而言才有利?

任务一　货币时间价值

货币时间价值是指货币经历一定时间的投资和再投资所增加的价值,也称资金的时间价值。随着时间的延续,货币总量在循环和周转中按几何级数增长,使得货币具有时间价值。

货币的时间价值可以有两种表现形式:一是相对数,即利率;二是绝对数,即利息额。在财务管理实务中,更多地采用相对数来表示货币的时间价值,经济生活中经常提到的银行存款利率、贷款利率、国库券利率一般是指前者即相对数。

由于货币的时间价值的存在,目前的5 000元和1年后的5 000元是不等值的。所以不同时间的货币收入不宜直接进行比较,需要把它们折算到相同的时间基础上,然后才能进行大小的比较和比率的计算,在换算时广泛使用复利计算的各种方法。

目前将5 000元存入银行,在银行利息率10%的情况下,1年以后会得到5 500元,多出的500元利息就是5 000元本金经过1年时间的投资所增加的价值,即货币的时间价值。从量的规定性来看,货币的时间价值是没有风险和没有通货膨胀条件下的社会平均资金利润率的货币表现。在实际工作中,货币的时间价值往往作为评价投资方案的基本标准。

实训内容一　复利在货币时间价值中的巨大作用

以下案例说明了什么?

拿破仑1797年3月在卢森堡第一国立小学演讲时说了这样一番话:"为了答谢贵校对我,尤其是对我夫人约瑟芬的盛情款待,我不仅今天呈上一束玫瑰花,并且在未来的日子里,只要我们法兰西存在一天,每年的今天我将亲自派人送给贵校一束价值相等的玫瑰花,作为法兰西与卢森堡友谊的象征。"时过境迁,拿破仑穷于应付连绵的战争和此起彼伏的政治事件最终惨败而流放到圣赫勒拿岛,把卢森堡的诺言忘得一干二净。可卢森堡这个小国对这位欧洲巨人与卢森堡孩子亲切、和谐相处的一刻念念不忘,并载入他们的史册。1984年年底,卢森堡旧事重提,向法国提出违背赠送玫瑰花诺言案的索赔:要么从1797年起,用3路易作为一束玫瑰花的本金,以5厘复利(即利滚利)计息全部清偿这笔玫瑰账;要么法国政府在法国各大报刊上公开承认拿破仑是个言而无信的小人。起初,法国政府准备不惜重金赎回拿破仑的声誉,但却又被电脑算出的数字惊呆了:原本3路易的许诺,本息竟高达1 375 596法郎。苦思冥想后,法国政府斟词琢句的答复是:"以后,无论在精神上还是物质上,法国将始终不渝地对卢森堡大公国的中小学教育事业予以支持与赞助,来兑现我们的拿破仑将军那一诺千金的玫瑰花信誉。"这一措辞最终得到了卢森堡人民的谅解。

这个例子就说明了复利在货币时间价值中的巨大作用!拿破仑绝不会想到:3路易的一束玫瑰花,将其作为本金,以5厘复利计算下来,从1797年起到1984年年底,本息竟高达1 375 596法郎。

技能训练一

案例见图1-3-1。

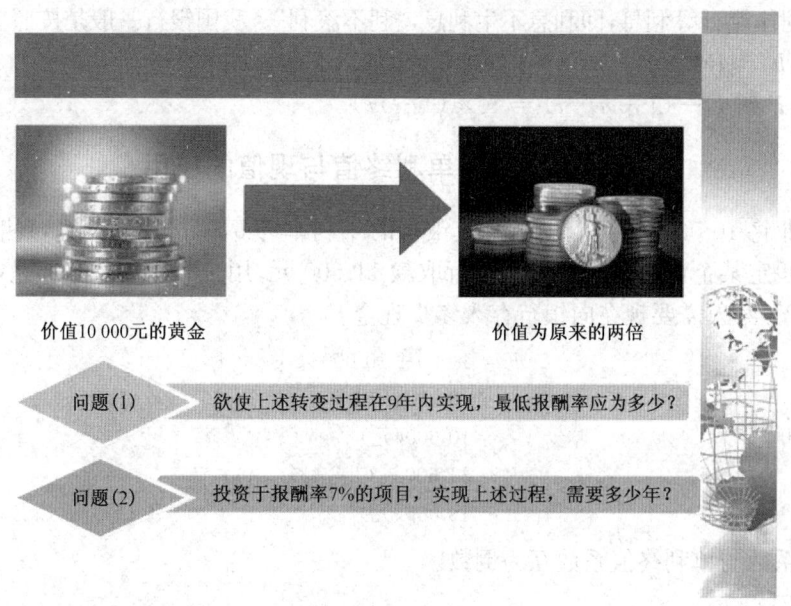

图 1-3-1 案例图

复利报酬表和复利期见表 1-3-1。

表 1-3-1 复利报酬率和复利期计算表

问题(1)采用内插法计算，答案 i 用百分比形式表示，并保留 4 位小数		
P 对应数值(元)	F 对应数值(元)	N 对应数值(年)
将上述数值代入 $(F/P, i, n) = F/P$，得 F/P 的值为：	查表得 $(F/P, 8\%, 9)$ 对应的系数：	查表得 $(F/P, 9\%, 9)$ 对应的系数：
由 $[(F/P, 9\%, 9) - (F/P, 8\%, 9)] \div (9\% - 8\%) = [2 - (F/P, 8\%, 9)] \div (i - 8\%)$ 得 i 为		
问题(2)采用内插法计算，答案 n 用整数表示，除不尽的采用进一法		
P 对应数值(元)	F 对应数值(元)	i 对应数值(百分比)
将上述数值代入 $(F/P, i, n) = F/P$，得到 F/P 的值为：	查表得 $(F/P, 7\%, 10)$ 对应的系数：	查表得 $(F/P, 7\%, 11)$ 对应的系数：
$[(F/P, 7\%, 11) - (F/P, 7\%, 10)] \div (11 - 10) = [2 - (F/P, 7\%, 10)] \div (n - 10)$ 得 n：		
—		

任务二　货币时间价值指标的分析与应用

一、单利终值与现值的分析

终值又称将来值，是指现在一定量现金在未来某一时点上的价值，通常记作 F，俗称"本利和"。现值，是指未来某一时点上的一定量现金折合到现在的价值，通常记作"P"俗称"本金"。

单利是只对本金计算利息,即利息不生利息,“利不滚利”。我国银行一般是按照单利计算利息。

单利终值:$F = P \times (1 + n \times i)$

单利现值:$P = F \div (1 + n \times i) = F \times (1 + ni)^{-1}$

实训内容二　单利终值与现值的应用

假定某企业将 10 000 元存入银行,假定银行的年利率为 6%,按单利计算,1 年后可得到的本利和是多少?假定某企业想在 4 年后从银行取款 11 600 元,用来归还欠款。那么,在利率为 4%,单利计算方式下,某人需要现在向银行存入多少现金?

$$\begin{aligned} F &= 1\,000 + 10\,000 \times 6\% \times 1 \\ &= 10\,000 \times (1 + 6\% \times 1) \\ &= 10\,600(\text{元}) \\ P &= 11\,600 \div (1 + 4\% \times 4) \\ &= 10\,000(\text{元}) \end{aligned}$$

单利现值系数与单利终值系数互为倒数。

技能训练二

案例见图 1-3-2。

王明假期到餐馆打工，取得收入800元整，欲将该笔资金存入工商银行，以备5年后使用。他从工商银行网站上查得人民币存款利率表(见附件)，但对具体计息方式不甚了解。于是他拨打了工商银行的免费热线电话 95588,在客服人员的帮助下,王明对此整存整取5年期、1年期存款，最后决定将该笔资金以5年整存整取方式存入银行,试判断王明相应计算过程(见附件)及决策结果的准确性。

定期存款利息计算方式：在存款期内按单利计息；到期后办理相应手续后可转存，即将该存款期内的利息计入本金作为下一期的本金计算复利

图 1-3-2　案例图

人民币存款利率见表 1-3-2。

表 1-3-2　人民币存款利率表

日期:2009-3-1

项　　目	年利率
一、城乡居民及单位存款	
(一) 活期	0.36%
(二) 定期	
1. 整存整取	
3 个月	1.71%
半年	1.98%
1 年	2%
2 年	2.79%

(续表)

项　　　目	年利率
3年	3.33%
5年	4%
2. 零存整取、整存零取、存本取息	
1年	1.71%
3年	1.98%
5年	3%
3. 定活两便	按1年以内定期整存整取同档次利率打6折
二、协定存款	1.17%
三、通知存款	
1天	0.81%
7天	1.35%

注：人民银行历次存款利息调整对照表。

二、复利终值与复利现值的分析

（一）复利终值

复利是指每经过一个计息期，要将所生利息加入本金再计利息，逐期滚算，俗称"利滚利""驴打滚"。

复利终值计算公式：

$$F = P \times (1+i)^n$$

其中，$(1+i)^n$ 称为复利终值系数，用符号 $(F/P, i, n)$ 表示。

实训内容三　复利终值与现值的分析

假定某企业将 10 000 元存入银行，若年利率为 6%，按复利计算，3 年后的本利和将为多少？

实训步骤

步骤1：把数值带入上述公式（方法一）：

$$\begin{aligned} F &= 10\,000 \times (1+6\%)^3 \\ &= 10\,000 \times 1.191\,0 \\ &= 11\,910(元) \end{aligned}$$

方法一是利用有统计功能的计算器，确定复利终值系数，即计算 $(1+i)$ 的 n 次方。如上例，计算 $(1+6\%)$ 的 3 次方，即 $(1+6\%)^3 = 1.191\,0$，然后再计算出复利终值 $F = 10\,000 \times 1.191\,0 = 11\,910$(元)。

步骤2：$F = 10\,000 \times (F/P, 6\%, 3) = 10\,000 \times (F/P, 6\%, 3)$（方法二）。

方法二是利用"复利终值系数表"（本书末附表），查出复利终值系数，该表第一行是利率 i，第一列是期数 n，$(1+i)^n$ 的值就在利率和期数的相交处。例如通过该表可以查出上例中 $(F/P, 6\%, 3) = 1.191\,0$，然后再计算出复利终值。

（二）复利现值

复利现值是指未来一定量的货币的现时总价值，是复利终值的逆运算。

复利现值的计算公式为：

$$P = F \times (1+i)^{-n}$$

式中的 $(1+i)^{-n}$ 称为"复利现值系数"，用符号 $(P/F, i, n)$ 表示，其数值可查阅复利现值系数表。

$$P = F \times (P/F, i, n)$$

实训内容四　复利现值的应用之一

如模拟情景中:光明公司总经理林盛曾预测其女儿(目前正读高中一年级)3 年后能够顺利考上北京大学计算机专业,届时需要一笔学费,预计为 3 万元,他问会计张红:如果按目前存款年利率 4%给女儿存上一笔钱,以备上大学之需,现在要一次存入多少钱?

$$P = F \times (P/F, 4\%, 3)$$
$$= 3 \times 0.889\ 0$$
$$= 2.667(万元)$$

总经理林盛现在需要一次存入 2.667 万元,这个模拟情景利用的就是复利现值的计算。

实训内容五　复利现值的应用之二

假定某人希望 5 年后获得 10 000 元本利,银行利率为 5%,现在应存入银行多少资金?

$$P = F \times (1+i)^{-n} = 10\ 000 \times (1+5\%)^{-5}$$
$$= 10\ 000 \times 0.783\ 5 = 7\ 835(元)$$

或者
$$P = F \times (P/F, 5\%, 5)$$
$$= 10\ 000 \times 0.783\ 5 = 7\ 835(元)$$

技能训练三

案例见图 1-3-3。

图 1-3-3　案例图

三、年金终值和现值的分析

年金是指一定时期内,每隔相同的时间,收入或支出相同金额的系列款项。例如折旧、租金、等额分期付款、养老金、保险费、零存整取等都属于年金问题。年金根据每次收付发生的时点不同,可分为普通年金、预付年金、递延年金和永续年金,不加说明,一般是指普通年金。

(一)普通年金

普通年金是指在每期的期末,间隔相等时间,收入或支出相等金额的系列款项。每一间隔期,有期初和期末两个时点,由于普通年金是在期末这个时点上发生收付,故又称后付年金。

1. 普通年金终值的分析

普通年金的终值是指每期期末收入或支出的相等款项,按复利计算,在最后一期所得的本利和。每期期末收入或支出的款项用 A 表示,利率用 i 表示,期数用 n 表示,那么每期期末收入或支出的款项,折算到第 n 年的终值公式如下:

$$F = A\frac{(1+i)^n - 1}{i}$$

实训内容六 普通年金终值的应用

某公司准备购买一条自动生产线,采用分期付款方式,每年年末付款 100 万元,5 年付清,银行利率为 6%,第五年年末该公司购买这条自动生产线,共计支付多少款项?

这实际上是一个年金终值的问题,已知 $A=100$(万元),$i=6\%$,$n=5$,则按复利计算的年金终值 F 为:

$$\begin{aligned} F &= A(F/A, i, n) \\ &= 100 \times 5.637\ 1 \\ &= 563.71(万元) \end{aligned}$$

技能训练四

案例见图 1-3-4。

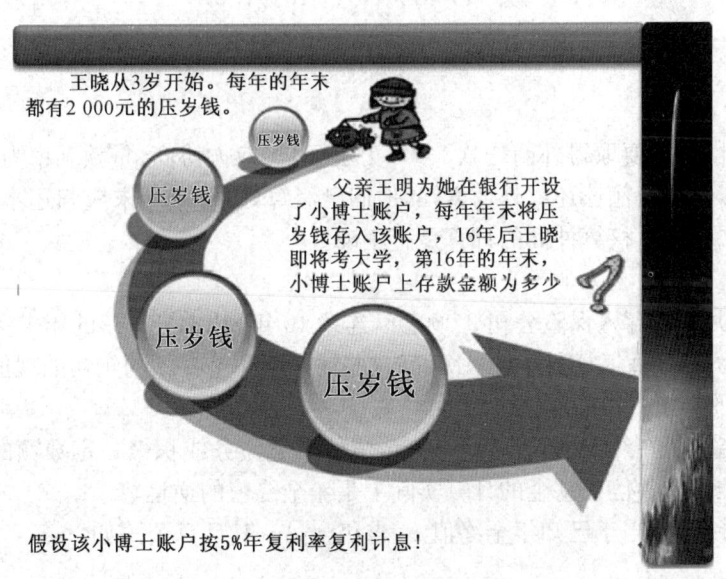

图 1-3-4 案例图

16 年后财务存款见表 1-3-3。

表 1-3-3 16 年后账户存款计算表

计算项目	对应数值
每年年末存款额:A(元)	
连续存款年数:n(年)	
年复利率:i(百分比形式)	
查得的普通年金终值系数:$(F/A, i, n)$	
16 年后账户上存款额:$A \times (F/A, i, n)$(元)	

2. 普通年金现值的分析

普通年金现值简称年金现值,是指各期普通年金 A 的现值之和,是按复利计息方法计算的若干相同间隔期末收到或付出的系列等额款项的现时总价值。

设每年的支付金额为 A,利率为 i,期数为 n,则按复利计算的年金现值 P 为:

$$P = A \frac{1-(1+i)^{-n}}{i}$$

公式中的 $\frac{1-(1+i)^{-n}}{i}$ 是普通年金为 1 元,利率为 i,期数为 n 期的年金现值系数,记作 (P/A, i, n),可据此编制"年金现值系数表"。

实训内容七 普通年金现值的应用

某企业计划现在存入一笔款项,以便在将来的 5 年内每年年终向有突出贡献的科研人员发放 10 000 元春节慰问金,若银行年利率为 5%,现在应存入的款项为多少?

实训步骤

步骤 1:利用有统计功能的计算器确定普通年金现值系数,然后再计算出普通年金现值。

步骤 2:利用"普通年金现值系数表",查出普通年金现值系数,然后再计算出普通年金现值。

$$P = 10\ 000(P/A, 5\%, 5)$$
$$= 10\ 000 \times 4.329\ 5$$
$$= 43\ 295(元)$$

技能训练五

为实施某项计划,需要取得外商贷款 1 000 万美元,经双方协商,贷款利率为 8%,按复利计息,贷款分 5 年于每年年末等额偿还。外商告知,他们已经算好,每年年末应归还本金 200 万美元,支付利息 80 万美元。要求:核算外商的计算是否正确。

技能训练六

某人每年 12 月 1 日存入保险公司 2 000 元,连续 10 年,其中第三年的年末多存款 5 000 元,设保险公司回报率为 6%,每年复利计息一次,问这些钱在第一笔存款的年初的现值总和为多少?

3. 偿债基金的分析

偿债基金是指为了在约定的未来某一时点,清偿某笔债务或积聚一定数额的资金而必须分次等额提取的存款准备金。偿债基金的计算实际上是年金终值的逆运算。

偿债基金的计算,相当于已知年金终值 F,求年金 A。其计算公式如下:

$$A = F \frac{i}{(1+i)^n - 1}$$

此时 A 称为年偿债基金,是指为使年金终值达到既定金额,每期应支付的年金数额。

式中的 $\frac{i}{(1+i)^n - 1}$ 是年金终值系数的倒数,称偿债基金系数,记作 (A/F, i, n)。它可以把年金终值折算为每期需要支付的金额。

实训内容八 偿债基金的应用之一

某企业 5 年后需偿还一笔长期借款计 200 万元,该企业为了保证到期能偿还该笔债务,计划从现在起每年年末向银行存入一笔钱,设立偿债基金,若银行存款利率为 5%,问每年应存入多少钱,才能保证到期偿还债务?

解：
$$A = 200 \div (F/A, 5\%, 5)$$
$$= 200 \div 5.525\ 6$$
$$= 36.195(万元)$$

实训内容九　偿债基金的应用之二

某企业拟建立一项基金，利率若为 10%，10 年后此项基金本利和为 15 937 400 元，每年需要存入基金多少元？

$$A = 15\ 937\ 400 \div (F/A, 6\%, 10)$$
$$= 1\ 000\ 000(元)$$

偿债基金通常是存入选定的一家银行作为信托管理人，由信托管理人利用这笔基金进行各种投资，投资收益则增加偿债基金。

实训内容十　偿债基金的应用之三

模拟情景：光明公司 4 年后将有一笔贷款到期，需一次性偿还 2 000 万元，为此公司拟设置偿债基金，银行存款年利率为 6%。那么光明公司每年年末应存入多少偿债基金数额？

$$A = 2\ 000 \div (F/A, 6\%, 4)$$
$$= 2\ 000 \div 4.374\ 6$$
$$= 457.18(万元)$$

光明公司每年末应存入 457.18 万元的偿债基金。

技能训练七

案例见图 1-3-5。

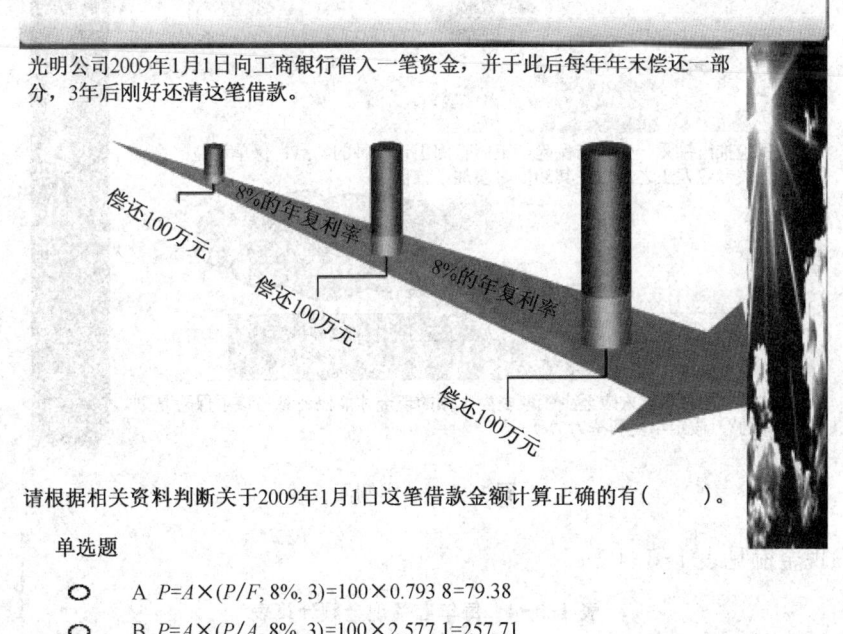

请根据相关资料判断关于2009年1月1日这笔借款金额计算正确的有（　　）。

单选题

○　A　$P=A \times (P/F, 8\%, 3)=100 \times 0.793\ 8=79.38$
○　B　$P=A \times (P/A, 8\%, 3)=100 \times 2.577\ 1=257.71$
○　C　$F=A \times (F/A, 8\%, 3)=100 \times 2.577\ 1=257.71$
○　D　$F=A \times (F/P, 8\%, 3)=100 \times 0.793\ 8=79.38$

图 1-3-5　案例图

4. 年资本回收额的分析

资本回收是指在给定的年限内等额回收或清偿初始投入的资本或所欠的债务。其中未收回部分要按复利计息构成偿债的内容,年资本回收额是年金现值的逆运算。相当于已知年金现值 P,求年金 A。

$$A = P \frac{i}{1-(1+i)^{-n}}$$

式中, $\frac{i}{1-(1+i)^{-n}}$ 称作"回收系数",记作 $(A/P, i, n)$,是年金现值系数的倒数,可查表获得,也可利用年金现值系数的倒数来求得。

实训内容十一 年资本回收额的应用

某人购入一套商品房,须向银行按揭贷款 100 万元,准备 20 年内于每年年末等额偿还,银行贷款利率为 5%。每年应归还多少元?

$$\begin{aligned} A &= PA \times (A/P, i, n) = 100 \times (A/P, 5\%, 20) \\ &= 100 \times [1 \div (P/A, 5\%, 20)] \\ &= 100 \times 1 \div 12.462\ 2 \\ &= 8.024\ 3(万元) \end{aligned}$$

每年应归还 8.024 3 万元。

技能训练八

案例见图 1-3-6。

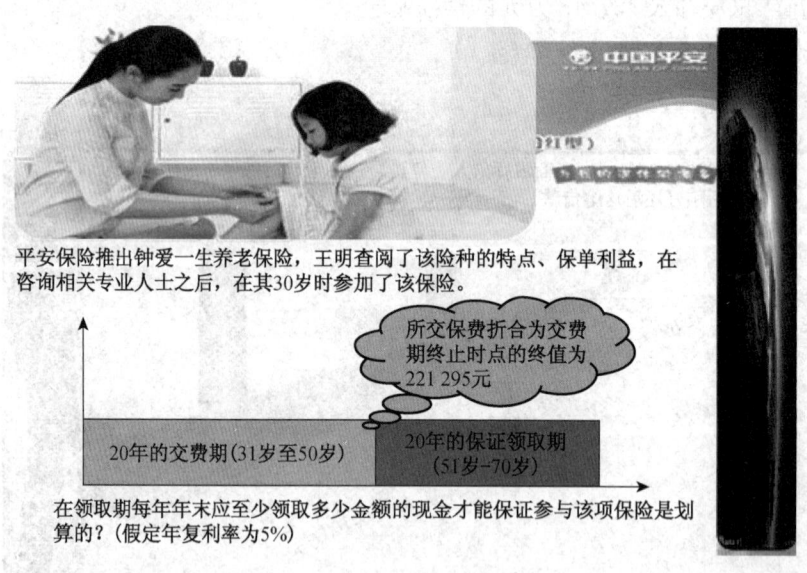

平安保险推出钟爱一生养老保险,王明查阅了该险种的特点、保单利益,在咨询相关专业人士之后,在其30岁时参加了该保险。

所交保费折合为交费期终止时点的终值为 221 295元

20年的交费期(31岁至50岁)　20年的保证领取期(51岁~70岁)

在领取期每年年末应至少领取多少金额的现金才能保证参与该项保险是划算的?(假定年复利率为5%)

图 1-3-6 案例图

每年应领现金额见表 1-3-4。

表 1-3-4 每年应领现金额计算表

以交费期终止点为起点,相当于求投资额 221 295 元的年资本回收额	
参数	对应数值
初始投资额:P(元)	

(续表)

复利率:i(百分比形式)	
回收期:n(年)	
年金现值系数:$(P/A, i, n)$	
把P值和$(P/A, i, n)$值代入公式$P=A\times(P/A, i, n)$得到方程:	
求得A为:　　　　(元)	

(二) 预付年金

凡在每期期初发生的年金称为预付年金,又称先付年金、即付年金、期初年金。

1. 预付年金终值的分析

其终值是指各期预付年金A的终值之和,是按复利计息方法计算的若干相同间隔期期初收到或付出的系列等额款项的未来总价值。

计算公式如下:

$$F = A\left[\frac{(1+i)^{n+1}-1}{i}-1\right]$$

实训内容十二　预付年金终值的应用

某企业出租一台设备,每年年初可收到租金20 000元,若银行存款利率为5%,问5年后该笔租金的本利和共有多少?

$$F = 20\ 000 \times [(F/A, 5\%, 5+1)-1]$$
$$= 20\ 000 \times (6.801\ 9 - 1)$$
$$= 116\ 038(元)$$

或

$$F = 20\ 000 \times (F/A, 5\%, 5) \times (1+5\%)$$
$$= 20\ 000 \times 5.525\ 6 \times 1.05$$
$$= 116\ 037.6(元)$$

技能训练九

2012年年末存款金额见表1-3-5。

表1-3-5　2012年年末存款金额计算

计算项目	预付年金终值(F)
计算公式	$F=A\times[(F/A, i, n+1)-1]$
预付年金A(元)	
i(百分比)	
n(年)	
预付年金终值系数$[(P/A, i, n+1)-1]$	
计算结果(元)	

案例及资料见图 1-3-7。

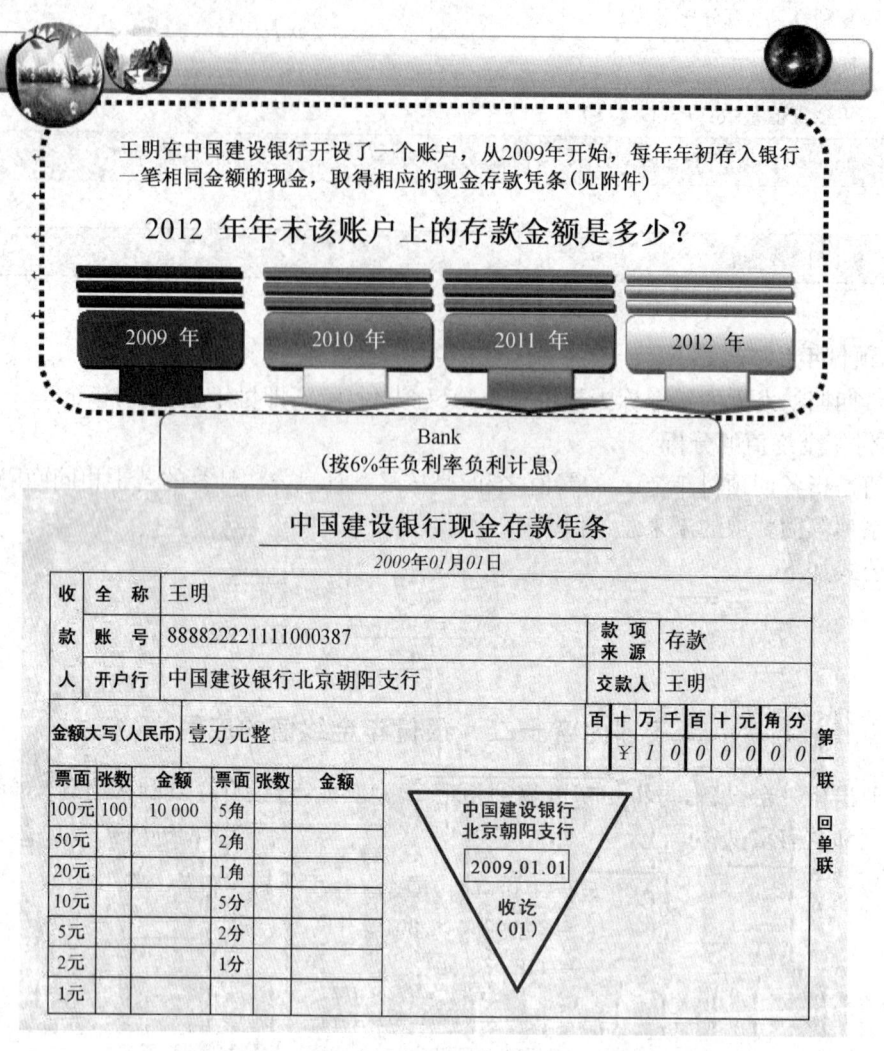

图 1-3-7 案例及资料图

2. 预付年金现值的分析

预付年金现值是指各期预付年金的现值之和。是按复利计息方法计算的若干相同间隔期期初收到或付出的等额系列款项的现时总价值。

其计算公式：

$$P = A\left[\frac{1-(1+i)^{-(n-1)}}{i}+1\right]$$

实训内容十三 预付年金现值的应用

某人分期付款购买汽车一辆，预计每年年初需付款 30 000 元，5 年付清，若银行年利率为 5%，问该辆汽车相当于现在一次付款多少元？

$$P = 30\,000 \times [(P/A, 5\%, 5-1)+1]$$
$$= 30\,000 \times (3.546\,0+1)$$
$$= 136\,380(元)$$

或
$$P = 30\ 000 \times (P/A, 5\%, 5) \times (1+5\%)$$
$$= 30\ 000 \times 4.329\ 5 \times 1.05$$
$$= 136\ 379.25(元)$$

技能训练十

某人每年年初存入银行 2 500 元,连续 10 年,第 11 年的年末存款 6 000 元,设银行存款利率为 8%,问这些钱的现值总和为多少?

(三)递延年金

前两种年金的第一次收付时间都发生在整个收付期的第一期,要么在第一期期末,要么在第一期期初。但有时会遇到第一次收付不发生在第一期,而是隔了几期后才在以后的每期期末发生一系列的收支款项,这种年金形式就是递延年金,它是普通年金的特殊形式。因此,凡是不在第一期开始收付的年金,称为递延年金。

1. 递延年金终值的计算

凡不是从第 1 年年末开始的普通年金都是递延年金。递延年金的终值和普通年金终值的计算没有什么两样。

$$F = A(F/A, i, n)$$

实训内容十四　递延年金终值的应用

某企业于年初投资一项目,估计从第 5 年开始至第 10 年,每年年末可得收益 10 万元,假定年利率为 5%。计算投资项目年收益的终值。

$$F = A \times (F/A, i, n)$$
$$= 10 \times (F/A, 5\%, 6)$$
$$= 10 \times 6.801\ 9$$
$$= 68.019(万元)$$

2. 递延年金现值的计算

把递延年金视为 n 期的普通年金,求出年金在递延期期末 m 点的现值,再将 m 点的现值调整到第一期期初。

$$P = A \times (P/A, i, n) \times (P/F, i, m)$$

或者先假设递延期也发生收支,则变成一个 $(m+n)$ 期的普通年金,算出 $(m+n)$ 期的年金现值,再扣除并未发生年金收支的 m 期递延期的年金现值,即可求得递延年金现值。

$$P = A \times [(P/A, i, m+n) - (P/A, i, m)]$$

实训内容十五　递延年金现值的应用

某企业年初投资一个项目,希望从第 5 年开始每年年末取得 10 万元收益,投资期限为 10 年,假定年利率 5%。该企业年初最多投资多少元才有利。

实训步骤

步骤 1:

$$P = A \times (P/A, i, n) \times (P/F, i, m)$$
$$= 10 \times (P/A, 5\%, 6) \times (P/F, 5\%, 4)$$
$$= 10 \times 5.075\ 7 \times 0.822\ 7$$
$$= 41.76(万元)$$

步骤2：
$$P = A \times [(P/A, i, m+n) - (P/A, i, m)]$$
$$= 10 \times [(P/A, 5\%, 10) - (P/A, 5\%, 4)]$$
$$= 10 \times (7.7217 - 3.5460)$$
$$= 41.76(万元)$$

技能训练十一

某系列现金流量如表 1-3-6 所示，折现率为 9%，求这一系列现金流量的现值。

表 1-3-6　某系列现金流量

期　数	现金流量	期　数	现金流量
1	1 000	6	2 000
2	1 000	7	2 000
3	1 000	8	2 000
4	1 000	9	2 000
5	2 000	10	3 000

技能训练十二

光明公司准备购买一套办公用房，有两个付款方案可供选择：甲方案，从现在起每年年初付款 200 万元，连续支付 10 年，共计 2 000 万元；乙方案，从第 5 年起每年年初付款 250 万元，连续支付 10 年，共计 2 500 万元。假定该公司的资金成本率 10%，通过计算说明应选择哪个方案。

（四）永续年金

永续年金是指无限期的收入或支出相等金额的年金，也称永久年金。由于永续年金的期限趋于无限，没有终止时间，因而没有终值，只有现值。

永续年金的现值只要利用普通年金现值公式，令 $n \rightarrow \infty$ 便可得到：

$$P = A/i$$

实训内容十六　永续年金的应用

拟建立一项永久性的奖学金，每年计划颁发 10 000 元奖金。若利率为 10%，现在应存入多少钱？

$$P = 10\ 000 \div 10\% = 100\ 000(元)$$

技能训练十三

某同学在成了知名的民营企业家以后，为了感谢学校的培养，决定在母校设立以其名字命名的奖学金，在设立之初就发放奖金总额 20 万元，该基金将长期持续下去，其需要在基金设立之初，为基金投资多少钱？（当前的市场利率 5%）。

任务三　风险价值的分析与应用

一、风险的分析

货币时间价值是在无风险情况下进行投资所要求的最低报酬率，在实际工作中，企业的任何经济活动,只要存在不确定性因素,就存在着风险,因此在企业实践中还必须考虑风险因素,衡量风险价值。

从财务的角度来说,风险主要指无法达到预期报酬的可能性。

风险是预期结果的不确定性。风险不仅包括负面效应的不确定性,还包括正面效应的不确定性。

要注意区分风险和危险。危险专指负面效应,是损失发生及其程度的不确定性。风险的另一部分即正面效应,可以称为"机会"。风险的新概念,反映了人们对财务现象更深刻的认识,也就是危险与机会并存。

投资人是否去冒风险及冒多大风险,是可以选择的,是主观决定的。在什么时间、投资于什么样的资产,各投资多少,风险是不一样的。

如果不考虑通货膨胀,投资者冒着风险进行投资所希望得到的投资报酬率是无风险报酬率与风险报酬率之和。即:

$$投资报酬率 = 无风险报酬率 + 风险报酬率$$

无风险报酬率就是资金的时间价值,是在没有风险状态下的投资报酬率,是投资者投资某一项目,能够肯定得到的报酬,具有预期报酬的确定性,可用政府债券利率或存款利率表示。风险报酬率是风险价值,是超过资金时间价值的额外报酬,具有预期报酬的不确定性,与风险程度和风险报酬斜率的大小有关,并呈正比关系。

$$风险报酬率 = 风险报酬斜率 \times 风险程度$$

风险与收益是一种对等关系,从整个资本市场平均看,等量风险会带来等量收益,即风险与收益的均衡。

实训内容十七 投资报酬率的构成

资金的时间价值为5%,某项投资的风险报酬率为10%,在不考虑通货膨胀时,计算投资报酬率。

投资报酬率 = 无风险报酬率 + 风险报酬率
     = 5% + 10% = 15%

技能训练十四

案例见图1-3-8。

二、风险的衡量

由于风险具有普遍性和广泛性,那么正确地衡量风险就十分重要。由于风险是与各种可能的结果及其概率分布相联系的,是可能值对期望值的偏离,因而利用概率统计中的方差、标准差、标准离差率等反映实际结果与期望结果偏离程度的指标,往往被用来计算与衡量风险的大小。

图1-3-8 案例图

概率是指随机事件发生的可能性,在完全相同的条件下,某一事件可能发生也可能不发生,可能出现这种结果也可能出现另外一种结果,这类事件称为随机事件,概率就是用来反映随机事件发生的可能性大小的数值,一般用 X 表示随机事件,X_i 表示随机事件的第 i 种结果,P_i 表示第 i 种结果出现的概率。随机事件的概率在 0 与 1 之间,即 $0 \leqslant P_i \leqslant 1$,$P_i$ 越大,表示该事件发生的可能性越大,反之,P_i 越小,表示该事件发生的可能性越小。所有可能的 n 种结果出现的概率之和一定为 1,即 $\sum P_i = 1$。肯定发生的事件概率为 1,肯定不发生的事件概率为 0。

期望值是一个概率分布中的所有可能结果,以各自相应的概率为权数计算的加权平均值。通常用符号 E 表示,根据概率统计知识,一个随机变量的期望值如下:

$$E = \sum_{i=1}^{n} X_i P_i$$

(三)标准差

标准差是用来衡量概率分布中各种可能值对期望值的偏离程度,反映风险的大小,标准差用 σ 表示。

标准差的计算公式如下:

$$\sigma = \sqrt{\sum_{i=1}^{n} (x - E)^2 \times P_i}$$

标准差用来反映决策方案的风险,是一个绝对数。在若干个方案的情况下,若期望值相同,则标准差越大,表明各种可能值偏离期望值的幅度越大,结果的不确定性越大,风险也越大;反之,标准差越小,表明各种可能值偏离期望值的幅度越小,结果的不确定性越小,则风险也越小。

实训内容十八 预期投资收益率的期望值与标准差的应用

某企业准备投资开发新产品,现有甲、乙两个方案可供选择,经预测,甲、乙两个方案的预期投资收益率如表 1-3-7 所示。

表 1-3-7 甲乙方案预期收益率

市场状况	概率	预期投资收益率	
		甲方案	乙方案
繁荣	0.4	32%	40%
一般	0.4	17%	15%
衰退	0.2	-3%	-15%

要求:
(1) 计算甲、乙两个方案的预期收益率的期望值。
(2) 计算甲、乙两个方案预期收益率的标准差。

实训步骤

步骤1:预期收益率的期望值分别如下:

甲方案收益率的期望值 = 32%×0.4+17%×0.4+(−3%)×0.2 = 19%
乙方案收益率的期望值 = 40%×0.4+15%×0.4+(−15%)×0.2 = 19%

步骤 2：预期收益率的标准差分别如下：

甲方案标准差 = $\sqrt{(32\%-19\%)^2 \times 0.4 + (17\%-19\%)^2 \times 0.4 + (-3\%-19\%)^2 \times 0.2}$ = 12.88%

乙方案标准差 = $\sqrt{(40\%-19\%)^2 \times 0.4 + (15\%-19\%)^2 \times 0.4 + (-15\%-19\%)^2 \times 0.2}$ = 20.35%

技能训练十五

已知某公司 5 年的报酬率的历史数据，计算报酬率的预期值、方差、标准差和变化系数，历史报酬率见表 1-3-8。

表 1-3-8　某公司历史报酬率

年度	收益	报酬率
19×1	20	40%
19×2	−5	−10%
19×3	17.5	35%
19×4	−2.5	−5%
19×5	7.5	15%
平均数	7.5	15%
标准差		22.6%

（四）变化系数

标准差作为反映可能值与期望值偏离程度的一个指标，可用来衡量风险，但它只适用于在期望值相同条件下风险程度的比较，对于期望值不同的决策方案，则不适用，于是，我们引入变化系数这个概念。

变化系数是指标准差与期望值的比值，也称离散系数，用 q 表示，计算公式如下：

$$q = \frac{\sigma}{E}$$

变化系数是一个相对数，在期望值不同时，标准差系数越大，表明可能值与期望值偏离程度越大，结果的不确定性越大，风险也越大；反之，标准差系数越小，表明可能值与期望值偏离程度越小，结果的不确定性越小，风险也越小。

有了期望值和标准差系数，我们可利用这两个指标来确定方案风险的大小，选择决策方案。对单个方案，可将标准差（系数）与设定的可接受的此项指标最高限值比较，对于多个方案，选择标准差低、期望值高的方案，具体情况还要具体分析。

技能训练十六

案例见图 1-3-9。

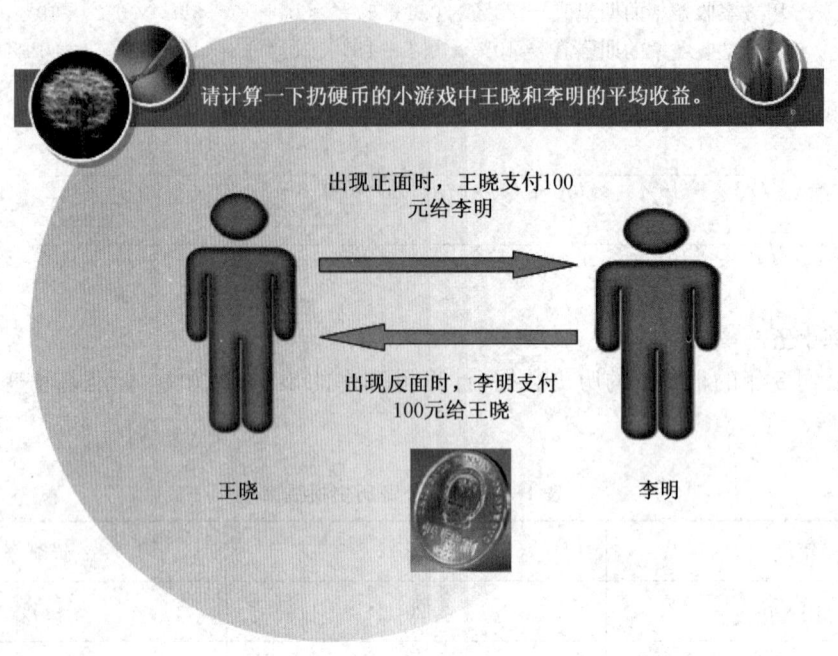

图 1-3-9 案例图

平均收益的计算见表 1-3-9。

表 1-3-9 平均收益的计算

计算项目	对应数值
出现正面的概率	
出现反面的概率	
出现正面时王晓的收益(元)	
出现反面时王晓的收益(元)	
王晓的平均收益(元)	
出现正面时李明的收益(元)	
出现反面时李明的收益(元)	
李明的平均收益(元)	

三、证券投资组合风险和报酬的应用

投资组合指两种或两种以上的资产构成的组合。一般用证券组合来表述投资组合。这里的"证券"是"资产"的代名词,它可以是任何产生现金流的东西,例如生产性实物资产、一条生产线或者是一个企业。

(一) 证券组合的预期报酬率

两种或两种以上证券的组合,其预期报酬率可以直接表示如下:

$$r_P = \sum_{j=1}^{m} r_j A_j$$

式中，r_j——第 j 种证券的预期报酬率；

A_j——第 j 种证券在全部投资额中的比重；

m——组合中的证券种类总数。

证券组合的期望报酬率就是根据投资权重，对投资组合中各项投资的期望报酬率的加权平均。

(二) 证券组合报酬率的标准差——即投资组合的风险衡量

1. 证券组合报酬率的标准差

证券组合的标准差，并不是单个证券标准差的简单加权平均。证券组合的风险不仅取决于组合内的各证券的风险，还取决于各个证券之间的关系。

两项资产组合的收益率的方差满足以下关系式：

$$\sigma_P^2 = A_1^2\sigma_1^2 + A_2^2\sigma_2^2 + 2A_1A_2r_{12}\sigma_1\sigma_2$$

式中，σ_p——表示资产组合收益率的标准差；

σ_1 和 σ_2——分别表示组合中两项资产收益率的标准差；

A_1 和 A_2——分别表示组合中两项资产所占的价值比例；

r_{12}——组合中两项资产的相关系数。

2. 投资组合理论

投资组合理论认为，若干种证券组成的投资组合，其报酬是这些证券报酬的加权平均数，但其风险不是这些证券风险的加权平均风险，投资组合能降低风险。

实训内容十九 投资组合的应用

股票 A 和股票 B 的部分年度资料如表 1-3-10 所示。

表 1-3-10 A、B 股票部分年度资料

年度	A 股票收益率	B 股票收益率
1	26%	13%
2	11%	21%
3	15%	27%
4	27%	41%
5	21%	22%
6	32%	32%

要求：

(1) 分别计算投资于股票 A 和股票 B 的平均收益率和标准差；

(2) 如果投资组合中，股票 A 占 40%，股票 B 占 60%，该组合的期望收益率和标准差是多少？

实训步骤

步骤 1：股票的平均收益率即为各年度收益率的简单算术平均数。

A 股票平均收益率 = (26% + 11% + 15% + 27% + 21% + 32%) ÷ 6 = 22%

B 股票平均收益率 = (13% + 21% + 27% + 41% + 22% + 32%) ÷ 6 = 26%

步骤2:投资组合的期望收益率是以投资比例为权数,各股票的平均收益率的加权平均数。

投资组合期望收益率 $= 22\% \times 0.4 + 26\% \times 0.6 = 24.4\%$

投资组合的标准差 $= \sqrt{A_1^2\sigma_1^2 + A_2^2\sigma_2^2 + 2A_1A_2r_{12}\sigma_1\sigma_2}$
$= [0.4 \times 0.4 \times (7.90\%)^2 + 0.6 \times 0.6 \times (9.72\%)^2 + 2 \times 0.4 \times 0.6 \times 0.35 \times 7.90\% \times 9.72\%]^{1/2}$
$= 7.54\%$

技能训练十七

案例见图 1-3-10。

王明2009年购买北方工业集团的股票,他通过《中国证券报》、巨潮资讯网等报刊、杂志、网站多处来源查找得到如下的数据:

预计收益率:10%
标准差:0.04
风险价值系数:30%

请根据以上数据计算该股票的风险报酬率。

图 1-3-10 案例图

股票风险报酬率的计算见表 1-3-11。

表 1-3-11 股票风险报酬率的计算表

计算项目	计算公式	把上述数值代入公式	计算结果(百分比形式)
股票的风险报酬率	风险报酬率=标准离差率×风险价值系数		

技能训练十八

案例见图 1-3-11。

篮子翻倒的可能性为1%
篮子一旦翻倒,里面鸡蛋全部损失

王明把10 000个鸡蛋放在同一个篮子

王海把10 000个鸡蛋平均分成100份装在100个篮子里面

请计算两人平均损失的鸡蛋个数。

图 1-3-11 案例图

平均鸡蛋损失见表1-3-12。

表1-3-12 平均鸡蛋损失计算表

计算项目	计算过程	计算结果（个）
王明平均损失的鸡蛋个数		
王海平均损失的鸡蛋个数		

技能训练十九

案例见图1-3-12。

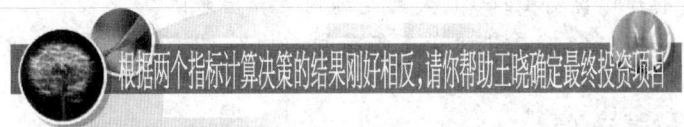

图1-3-12 案例图

投资选择决策表见表1-3-13。

表1-3-13 投资选择决策表（以标准离差率作为选择的依据）

（1）债券标准离差率的计算		
债券的期望收益（万元）	债券对应标准差（百分比形式）	债券标准离差率（百分比形式）
（2）股票标准离差率的计算		
股票的期望收益（万元）	对应标准差（百分比形式）	标准离差率（百分比形式）
（3）投资选择		
选择依据	选择结果（股票 or 债券）	—
选择标准离差率小者		—

★ 案例分析

瑞士田纳西镇居民的巨额账单

如果你突然收到一张事先不知道的1 260亿美元的账单，你一定会大吃一惊。而这样的事件却发生在瑞士的田纳西镇的居民身上。纽约布鲁克林法院判决田纳西镇应向美国投资者支付这笔钱。最初，田纳西镇的居民以为这是一件小事，但当他们收到账单时，他们被这张巨额账单惊呆了。他们的律师指出，若高级法院支持这一判决，为偿还债务，所有田纳西镇的居民在其余生中不得不靠吃麦当劳等廉价快餐度日。田纳西镇的问题源于1966年的一笔存款。斯兰黑不动产公司在内部交换银行（田纳西镇的一个银行）存入一笔6亿美元的存款。存款协议要求银行按每周1%的利率（复利）付息（难怪该银行第二年破产）。1994年，纽约布鲁克林法院作出判决：从存款日到田纳西镇对该银行进行清算的7年中，这笔存款应按每周1%的复利计息，而在银行清算后的21年中，每年按8.54%的复利计息。

要求：对以下内容进行分析和计算：

(1) 请用你学的知识说明1 260亿美元是如何计算出来的？

(2) 如利率为每周1%，按复利计算，6亿美元增加到12亿美元需多长时间？增加到1 000亿美元需多少时间？

(3) 本案例对你有何启示？

案例内容计算和分析如下：

(1) 根据复利终值公式计算：

$$FV = 6 \times (1+1\%)^{\frac{365}{7} \times 7} \times (1+8.54\%)^{21} = 1\,260(亿美元)$$

(2) 设需要 n 周的时间才能增加12亿美元，则

$$12 = 6 \times (1+1\%)^n$$

计算：$n = 69.7(周) \approx 70(周)$

设需要 n 周时间才能增加到1 000亿美元，则

$$1\,000 = 6 \times (1+1\%)^n$$

$n \approx 514(周) \approx 9.9(年)$

(3) 这个案例的启示主要有两点：货币时间价值是财务管理中一个非常重要的价值观念，我们在进行经济决策时必须考虑货币时间价值因素的影响。

时间越长，货币时间价值因素的影响就越大。因为资金的时间价值一般都是按复利的方式进行计算的，"利滚利"使得时间越长，终值与现值之间的差额越大。而且，在不同的计息方式下，其时间价值有非常大的差异。在该案例中，我们看到，一笔6亿美元的存款在28年之后变成了1 260亿美元，金额是原来的210倍。所以，在进行长期经济决策时，必须考虑货币时间价值因素的影响。并且，在进行相关的时间价值计算时，必须准确判断资金时间价值产生的期限，否则就会作出错误的决策。

小　结

货币时间价值是指货币经历一定时间的投资和再投资所增加的价值，也称资金的时间价值。在现实经济生活中它是客观存在的，资金时间价值也是企业财务管理的一个重要价值观念，在企业筹资、投资以及财务决策中都需要认真考虑这一因素，它对企业编制财务预算、进行预测与决策，提高资金使用效益都有重要作用。通过查找银行存、贷款利率及模拟实训和案例分析，能够正确理解货币时间价值的基本原理和计算方法，熟练掌握网上理财计算器在货币时间价值中的实用操作技术，能够准确运用货币时间价值进行相关决策。

货币时间价值是在无风险情况下进行投资所要求的最低报酬率，并没有考虑风险问题。在实

际工作中,企业的任何经济活动,只要存在不确定性因素,就存在着风险,因此在财务管理实践中必须考虑风险价值。从财务的角度来说,风险主要指无法达到预期报酬,而发生损失的可能性。从公司本身来看,风险可分为经营风险(商业风险)和财务风险(筹资风险)两类。由于企业的经营成果最终体现在公司财务报表上,因此企业的经营风险、财务风险最终也影响到企业的财务成果。因此,同学们通过模拟实训和案例分析必须树立风险价值观念,并熟练掌握风险价值的计算和应用。

实际操作训练

一、货币时间价值实训

(1) 某院士,一日接到一家上市公司的邀请函,邀请他担任公司的技术顾问,指导开发新产品,邀请函的具体条件有如下几点:

每个月来公司指导工作一次。

每年聘金 10 万元。

提供公司所在该市住房一套,价值 100 万元。

在公司至少工作 5 年。

该院士对上述工作待遇很感兴趣,对公司开发的新产品也很有研究,决定接受这份工作,但他不想接受住房,因为每月工作一天,只需要住公司招待所就可以了,因此,他向公司提出,能否将住房改为住房补贴。公司研究了该院士的请求,决定在每年年初给该院士 25 万元住房补贴。

收到公司的通知后,该院士又犹豫起来,如果向公司要住房,可以将其出售,扣除售价 5% 的契税和手续费,他可以获得 95 万元,而若接受住房补贴,则可于每年年初获得 25 万元。

实训要求:

假设每年存款利率为 2%,则该院士该如何选择呢?

如果该院士本身是一个企业的业主,其企业投资回报率为 32%,则该院士又应如何选择呢?

附:$(P/A, 2\%, 4) = 3.8077$ $(P/A, 32\%, 4) = 2.0957$

(2) 某公司拟购置一处房产,房主提出 3 种付款方案:

从现在起,每年年初支付 20 万元,连续支付 10 次,共 200 万元;

从第五年开始,每年年末支付 25 万元,连续支付 10 次,共 250 万元;

从第五年开始,每年年初支付 24 万元,连续支付 10 次,共 240 万元。

实训要求:

假设该公司的资金成本率(即最低报酬率)为 10%,你认为该公司应选择哪个方案?

附:$(P/A, 10\%, 9) = 5.7590$ $(P/A, 10\%, 10) = 6.1446$

$(P/F, 10\%, 4) = 0.6830$ $(P/A, 10\%, 13) = 7.1034$

$(P/A, 10\%, 3) = 2.4869$ $(P/A, 10\%, 14) = 7.3667$

$(P/A, 10\%, 4) = 3.1699$

(3) 假设某人正在考虑两个买房子的方案,按 A 方案,必须首期支付 10 000 元,以后 30 年每年年末支付 3 500 元;按 B 方案,必须首期支付 13 500 元,以后 20 年每年年末支付 3 540 元。

实训要求:

假设折现率为 10%,该买房人应如何选择?

附:$(P/A, 10\%, 30) = 9.4269$ $(P/A, 10\%, 20) = 8.5136$

(4) 假设某公司拥有 100 万元,现利用这笔资金建设一个化工厂,这个厂投资建成 10 年后将全部换置,其残值与清理费用相互抵销,问该厂 10 年内至少能为公司提供多少收益才值得投资?假定年利率 10%,按复利计算。

附:$(F/P, 10\%, 10) = 2.5937$

(5) 假定以出包方式准备建设一个水利工程,承包商的要求是:签约之日付款 5 000 万元,到第 4 年年初续付 2 000 万元,5 年完工再付 5 000 万元,为确保资金落实,于签约之日将全部资金准备好,其未支付部分存入银行,以备到时支付。设银行存款年利率为 10%,问举办该项工程需筹资多少?

附:$(P/F, 10\%, 3) = 0.7513$ $(P/F, 10\%, 5) = 0.6209$

(6) 一个新近投产的公司,准备每年年末从其盈利中提出 1 000 万元存入银行,提存积累 5 年的一笔款项新建办公大楼,按年利率 5% 计算,到第 5 年年末总共可以积累多少资金?

附:$(F/A, 5\%, 5) = 5.5256$

(7) 如果向外商购入一个已开采的油田,该油田尚能开采 10 年,10 年期间每年能提供现金收益 5 000 万元,10 年后油田枯竭废弃时,残值与清理费用相互抵销,由于油田风险大,投资者要求至少相当于 24% 的利率,问购入这一油田愿出的最高价是多少?

附:$(P/A, 24\%, 10) = 3.6819$

(8) "想赚 100 万元吗? 就这样做……从所有参加者中选出一个获胜者将获得 100 万元。"这就是最近在一项比赛中的广告。比赛规则详细描述了"百万元大奖"的事宜:"在 20 年中每年支付 50 000 元的奖金,第一笔将在 1 年后支付,此后款项将在接下来的每年同一时间支付,共计支付 100 万元"。若以年利率 8% 计算,这项"百万元奖项"的真实价值是多少?

附:$(P/A, 8\%, 20) = 9.8181$

(9) 王先生最近购买彩票中奖,获得了 10 000 元奖金,他想在 10 年后买一辆车,估计 10 年后该种车价将为 25 937 元,你认为王先生必须以多高利率进行存款才能使他 10 年后能买得起这种车子。附:$(F/P, 10\%, 10) = 2.5937$

(10) 某企业年初借款 100 万元,每年年末归还借款 20 万元,到第 10 年年末还清借款本息,问该项借款的年利率是多少?

附:$(P/A, 15\%, 10) = 5.0188$ $(P/A, 16\%, 10) = 4.8332$

二、风险价值实训

(1) 某企业有甲、乙两个投资项目,计划投资额均为 1 000 万元,其收益率的概率分布如表 1-3-14 所示。

表 1-3-14 概率分布表

市场状况	概率	甲项目	乙项目
好	0.3	20%	30%
一般	0.5	10%	10%
差	0.2	5%	−5%

实训要求:

分别计算甲、乙两个项目收益率的期望值。

分别计算甲、乙两个项目收益率的标准差、标准离差率。

若你是该项目的决策者,你会选择哪个方案?

(2) 北方公司现陷入经营困境,原有柠檬饮料因市场竞争激烈,消费者喜好产生变化等开始滞销。为改变产品结构,开据新的市场领域,拟开发两种新产品。

开发洁清纯净水。

面对全国范围内的节水运动及限制供应,尤其是北方十年九旱的特殊环境,开发部认为洁清纯净水将进入百姓的日常生活,市场前景看好,有关预测如表1-3-15所示。

表 1-3-15 预 测 表

市场销路	概率	预计年利润(万元)
好	60%	150
一般	20%	60
差	20%	-10

经过专家测定该项目的风险系数为0.5。

开发消渴啤酒。

北方人有豪爽、好客、畅饮的性格,亲朋好友聚会的机会日益增多,北方气温大幅度升高,并且气候干燥;北方人的收入明显增多,生活水平日益提高。开发部据此提出开发消渴啤酒方案,有关市场预测如表1-3-16所示。

表 1-3-16 市场预测表

市场销路	概率	预计年利润(万元)
好	50%	180
一般	20%	85
差	30%	-25

据测算,该项目的风险系数为0.7。

实训要求:

(1) 对两个产品开发方案的收益与风险予以计量。

(2) 对两个方案进行评价。

模块二

投资决策

项目一　投资决策基础——资本成本

★ 实训目的

资本成本是制定筹资决策的基础,也是企业投资决策的基础。通过实训让学生在开展筹资决策时正确估计和合理降低资本成本。

★ 实训要求

通过专业知识的应用和实际案例分析,明晰企业筹资的特点,掌握权益资本成本、债务资本成本的计算和加权平均资本成本的计算,了解影响资本成本的因素。

★ 实训设计

投资决策基础的实训包括 3 个任务:任务一债务资本成本、任务二权益资本成本、任务三加权平均资本成本。

[第一步] 初步认知资本成本。

了解资本成本,明确由于公司所经营的业务不同(经营风险不同)、资本结构不同(财务风险不同),公司的普通股、优先股和债务这几种常见的资本来源的资本成本也是不同的。

[第二步] 掌握债务资本成本的计算。

简化的债务成本是用相对数表示的资本成本率,掌握银行存款和债券资本成本简化的计算方法。

掌握长期债务资本成本计算的其他方法。

要求掌握到期收益率法、可比公司法和风险调整法 3 种估计方法。如果公司目前有上市的长期债券,则可以使用到期收益率法计算债务的税前成本;如果需要计算债务成本的公司没有上市债券,就需要找一个拥有可交易债券的可比公司作为参照物,计算可比公司长期债券的到期收益率,作为本公司的长期债务成本;如果本公司没有上市的债券,而且找不到合适的可比公司,那么就需要使用风险调整法估计债务成本。

[第三步] 掌握权益资本成本的计算。

未来筹集股权资金可以通过发行新的优先股、普通股,另外还可以通过留存收益增加普通股资金。掌握留存收益资本成本、均衡的股利增长率模型、非均衡的股利增长率模型、资本资产定价模型这几种权益资本成本的计算方法。

[第四步] 掌握加权平均资本成本的计算。

公司在筹资时往往采取多种筹资方式,因此要求掌握加权平均资本成本的计算。在计算资金成本时,一方面要确定每一种资本要素的成本,另一方面要确定公司总资本结构中各要素的权重。掌握 3 种可选择的权重方法,即账面价值加权、实际市场价值加权和目标资本结构加权。

★ 实训内容

实训内容包括债务资本成本的计算、权益资本成本的计算、加权平均资本成本的计算。

★ **考核标准**

日常教学过程中考核学生对基本知识和基本方法的理解和应用能力，包括学生能否正确计算债务资本成本、权益资本成本，加权平均资本成本法在个别项目评估中的应用。该项目任务一债务资本成本占比20%，任务二权益资本成本占比20%，任务三加权平均资本成本占比20%，此项考核占60%，另外通过实训教学软件进行考核占40%。

★ **模拟情景**

目前有普通股、优先股和债务3种筹资来源，每一种资本要素要求的报酬率被称为要素成本，每一种筹资来源的要素成本是不一样的。为了增加股东财富，大名公司只能投资于报酬率高于其资金成本率的项目，正确估计资本成本是制定投资决策的基础。财务人员需要计算公司的权益资本成本和债务资本成本，根据组成公司资本结构的各种资金来源，计算各资本要素成本的加权平均值。该公司目前有144 606 987元的长期借款，占总资本的2.61%，成本为5.04%，5 388 965 877元的股东权益，占总资本的97.4%，成本为6.73%，该公司的加权资本成本为6.67%。其6.67%的资本成本对于该公司意味着什么。对于一个目前经营多元化的公司，可投的项目很多，那么资本成本就可以作为评价一个项目投资可行性的标准。如果某项目带来的回报率高于6.67%，则该公司可以考虑去投资。因此，财务人员计算获得公司资本成本后，将为公司的投资决策、融资决策提供评判依据，也为公司估值中的折现率确定提供了标准。

任务一 债务资本成本

一般来说，资本成本是指投资资本的机会成本。资本成本也称为最低期望报酬率、投资项目的取舍率、最低可接受的报酬率。由于公司所经营的业务不同（经营风险不同），资本结构不同（财务风险不同），因此各公司的资本成本不同。

个别资本成本是指各种筹资方式所筹资金的成本。主要包括银行借款成本、债券成本、优先股成本、普通股成本和留存收益成本。以下先讨论债务资本成本。

一、简化的债务资本成本计算方法

资本成本包括资金筹集费和资金占用费两部分。筹资费用通常是在筹措资金时一次支付的，在用资过程中不再发生，可视为筹资总额的一项扣除。资金占用费主要包括资金时间价值和投资者要考虑的投资风险报酬两部分，如向银行借款所支付的利息，发放股票的股利等。资金占用费与筹资金额的大小、资金占用时间的长短有直接联系。

资本成本用相对数表示即资本成本率，它是资金占用费与筹资净额的比率，一般讲资本成本多指资本成本率。其计算公式如下：

$$资本成本率 = 资金占用费 \div (筹资总额 - 资金筹集费)$$

（一）银行借款资本成本

银行借款资本成本的计算公式如下：

$$K_1 = \frac{I_1(1-t)}{P_1(1-f_1)} = \frac{i_1(1-t)}{1-f_1}$$

式中，K_1——银行借款资本成本；

I_1——银行借款年利息；

P_1——银行借款筹资总额；

t——所得税税率；

f_1——银行借款筹资费率；

i_1——银行借款年利息率。

（二）债券资本成本

债券资本成本的计算公式如下：

$$K_2 = \frac{I_2(1-t)}{P_2(1-f_2)} = \frac{B \times i_2(1-t)}{P_2(1-f_2)}$$

式中，K_2——债券资本成本；

I_2——债券年利息；

P_2——债券筹资总额；

t——所得税税率；

f_2——债券筹资费率；

B——债券面值总额；

i_2——债券年利息率。

实训内容一　债券资本成本分析

大名科技产业股份有限公司是华中地区一家由高校产业重组上市的高科技公司。20世纪的最后10年是我国高新技术及其产业发展最快的10年，它抓住了适合自己发展的机遇，制定了公司的发展战略、发展方向以及详细的运营计划，这就需要大量的资金供应，公司债券筹资的决策就是在这样的情况下作出的。公司为了筹资，发行债券1 000万元，面额1 000元，按溢价1 100元发行，票面利率9%，所得税税率25%，发行筹资费率1%。则该债券资本成本率如下：

$$K_2 = 1\ 000 \times 9\% \times (1-25\%) \div 1\ 100 \times (1-1\%) = 6.20\%$$

技能训练一

海明公司2020年1月1日发行债券。面值500万元人民币，票面利率为12%。发行费用为5%。所得税税率为15%。不考虑时间价值，计算该债券的资本成本，见表2-1-1。

表2-1-1　资本成本计算表

项　目	数值
票面利息（万元）	
税后票面利息（万元）	
发行费用（万元）	
发行债券扣除发行费后的现金流入（万元）	
债券的资本成本（%）	

技能训练二

资本成本是公司筹资行为最根本的决定因素。云台公司发行面值1 000元的债券，票面利率为8%。发行费用为4%。所得税税率为25%。不考虑时间价值，分别计算该债券在平价发行和溢价1 100元的价格发行下的资本成本，见表2-1-2。

表 2-1-2 债券资金成本计算表

平价发行		
债券面值(元)	票面利率(%)	票面利息
税后利息(元)	发行费用(元)	发行净现金流入(元)
平价发行资本成本(%)		
1 100 元溢价发行		
债券面值(元)	票面利率(%)	票面利息
税后利息(元)	发行费用(元)	发行净现金流入(元)
溢价 1 100 元发行资本成本(%)		

二、长期债务资本成本计算的其他方法

估计债务成本就是确定债权人要求的收益率,一般债务资金的提供者承担的风险低于股东,所以其期望的报酬率低于股东,债务筹资成本低于权益筹资成本。债务成本分为长期债务和短期债务。由于加权平均资本成本主要用于资本预算,涉及的债务是长期债务,因此通常的做法是只考虑长期债务,而忽略各种短期债务。值得注意的是,有时候公司无法发行长期债券或取得长期银行借款,被迫采用短期债务筹资并将其不断续约,这种债务,实质上是一种长期债务。这种债务是不能被忽略的。

(一) 到期收益率法

如果公司目前有上市的长期债券,则可以使用到期收益率法计算债务的税前成本。

根据债券估价的公式,到期收益率是使下式成立的 K_d:

$$P_0 = \sum_{t=1}^{n} \frac{利息}{(1+k_d)^t} + \frac{本金}{(1+k_d)^n}$$

式中,P_0——债券的市价;

K_d——到期收益率即税前债务成本;

n——债务的期限,通常以年表示。

求解 K_d,需要使用"逐步测试法"。

实训内容二 到期收益率法的应用

大名公司 8 年前发行了面值为 1 000 元、期限 30 年的长期债券,利率是 7%,每年付息一次,目前市价为 900 元。则大名公司发行的该债券的税前成本为多少?

实训步骤

步骤 1:以 8% 作为折现率进行测试。

$$900 = 1\,000 \times 7\% \times (P/A, K_d, 22) + 1\,000 \times (P/F, K_d, 22)$$

设折现率=8%，

$$1\,000\times 7\%\times(P/A,8\%,22)+1\,000\times(P/F,8\%,22)=897.95(元)$$

步骤2：以7%作为折现率进行测试。

设折现率=7%，

$$1\,000\times 7\%\times(P/A,7\%,22)+1\,000\times(P/F,7\%,22)=1\,000(元)$$

步骤3：采用内插法。

可求得：$K_d=7.98\%$

（二）可比公司法

如果需要计算债务成本的公司没有上市债券，就需要找一个拥有可交易债券的可比公司作为参照物。通过计算可比公司长期债券的到期收益率，作为本公司的长期债务成本。可比公司应当与目标公司处于同一行业，具有类似的商业模式。最好两者的规模、负债比率和财务状况也比较类似。

（三）风险调整法

如果本公司没有上市的债券，而且找不到合适的可比公司，那么就需要使用风险调整法估计债务成本。按照这种方法，债务成本通过同期限政府债券的市场收益率与企业的信用风险补偿相加求得：

$$税前债务成本 = 政府债券的市场回报率 + 企业的信用风险补偿率$$

信用风险的大小可以用信用级别来估计。具体做法如下：

(1) 选择若干信用级别与本公司相同的上市公司债券。
(2) 计算这些上市公司债券的到期收益率。
(3) 计算与这些上市公司债券同期（到期日相同）的长期政府债券到期收益率（无风险利率）。
(4) 计算上述两个到期收益率的差额，即信用风险补偿率。
(5) 计算信用风险补偿率的平均值，并作为本公司的信用风险补偿率。

实训内容三　风险调整法的应用

大名公司平价发行5年期的长期债券。目前新发行的5年期政府债券的到期收益率为3.85%。该公司的信用级别为AAA级，目前上市交易的AAA级公司债券有3种。这3种公司债券及与其到期日接近的政府债券的到期收益率如表2-1-3所示。

表2-1-3　政府债券到期收益率表

债券发行公司	上市债券到期日	上市债券到期收益率	政府债券到期日	政府债券到期收益率
甲	2018年7月1日	6.8%	2018年6月30日	3.6%
乙	2019年8月1日	6.4%	2019年8月1日	3.05%
丙	2020年8月1日	6.9%	2020年7月1日	3.3%

要求：计算发行债券的税前资本成本。

无风险利率 = 3.85%
信用风险补偿率 = [(6.8% − 3.6%) + (6.4% − 3.05%) + (6.9% − 3.3%)] ÷ 3 = 3.38%
税前债务成本 = 3.85% + 3.38% = 7.23%

(四)财务比率法

如果目标公司没有上市的长期债券,也找不到合适的可比公司,并且没有信用评级资料,那么可以使用财务比率估计债务成本。

按照该方法,需要知道目标公司的关键财务比率,根据这些比率可以大体上判断该公司的信用级别,有了信用级别就可以使用风险调整法确定其债务成本。

技能训练三

ABC 公司的信用级别为 B 级。为估计其税前债务成本,收集了目前上市交易的 B 级公司债券 4 种。不同期限债券的利率不具可比性,期限长的债券利率较高。对于已经上市的债券来说,到期日相同则可以认为未来的期限相同,其无风险利率相同,两者的利率差额是风险不同引起的。寻找到期日完全相同的政府债券和公司债券几乎不可能。因此,还要选择 4 种到期日分别与 4 种公司债券近似的政府债券,进行到期收益率的比较。有关数据如表 2-1-4 所示。假设当前的无风险利率为 3.5%,要求计算 ABC 公司的税前债务成本。

表 2-1-4　上市公司的 4 种 B 级公司债券有关数据表

债券发行公司	上市债券到期日	上市债券到期收益率	政府债券到期日	政府债券(无风险)到期收益率
甲	2019-1-28	4.80%	2019-1-4	3.97%
乙	2019-9-26	4.66%	2019-7-4	3.75%
丙	2020-8-15	4.52%	2020-10-15	3.47%
丁	2020-9-25	5.65%	2020-11-15	4.43%

任务二　权益资本成本

一、优先股资本成本

优先股资本成本的计算公式如下:

$$K_3 = \frac{D}{P_3(1-f_3)}$$

式中,K_3——优先股资本成本;
　　　D——优先股年股利额;
　　　P_3——优先股筹资总额;
　　　f_3——优先股筹资费率。

二、普通股资本成本的计算

(一)均衡股利增长率模型的普通股资本成本

如果企业的收益每年按一个固定的比率增长,并采用固定股利分配政策,则股利也会每年按一个固定的比率增长,则普通股资本成本的计算如下：

$$K_4 = \frac{D_1}{P_4(1-f_4)} + G$$

式中, K_4——普通股资本成本;

D_1——预期第1年普通股股利;

P_4——普通股筹资总额;

f_4——普通股筹资费率;

G——普通股年股利增长率。

实训内容四　均衡股利增长率模型的应用

大名公司发行股票筹资有两种方案：第一种是发行优先股筹资,每股12元,年支付股利1.2元,发行费率3%。第二种是发行普通股,每股面值10元,溢价12元发行,筹资费率4%,第1年年末预计股利率10%,以后每年增长2%。则大名公司两种股票筹资方式下各自的资本成本率是多少？

实训步骤

步骤1:计算优先股资本成本率。

$$K_3 = \frac{1.2}{12 \times (1-3\%)} \times 100\% \approx 10.31\%$$

步骤2:计算普通股资本成本率。

$$K_4 = \frac{(10 \times 10\%)}{12 \times (1-4\%)} \times 100\% + 2\% = 10.68\%$$

技能训练四

与债务筹资必须还本付息的"硬约束"相比,股权资金成本主要只是一种机会成本,并不具有强制性约束力。上市公司管理层自然将股权筹资作为一种长期的、无需还本付息的低成本资金来源。南方集团公司2009年发行股票,发行价格及发行费用见南方集团公司股票发行公告书部分内容所示。南方集团预计第1年分派的现金股利为1.5元/股,以后每年股利增长率为5%,要求计算该公司2009年发行股票的资本成本,并填列表2-1-5。

华欧证券　　　　　　　　　　　　　　　　　　　　　　　　　　　　股票发行公告

南方集团股票发行公告书

一、重要提示

1. 南方集团公司(以下简称"南方集团")本次公开发行人民币普通股(A股)股票12 000万股的申请已获中国证券监督管理委员会证监发行字〔2009〕110号文件核准。
2. 本次股票发行由保荐机构(主承销商)华欧证券有限责任公司承销。
3. 沪市、深市二级市场投资者均可参加本次发行新股的配售。
4. 本公告仅对本次A股发行的有关事宜向社会公众作扼要说明,投资者欲了解本次发行的一般情况,请仔细阅读刊登在2009年8月10日的《中国证券报》《上海证券报》《证券时报》和《证券日报》上的《南方集团公司发行股票招股说明书摘要》。

二、释　义

1. 发行人:指南方集团公司
2. 本次发行:指本次公开发行境内上市人民币普通股12 000万股
3. 中国证监会:指中国证券监督管理委员会

4. 保荐机构(主承销商):指华欧证券有限责任公司
5. 上证所:指上海证券交易所
6. 深交所:指深圳证券交易所
7. 沪市:指上海证券发行与交易市场
8. 深市:指深圳证券发行与交易市场
9. 二级市场投资人:指在上海证券交易所或深圳证券交易所开立账户的境内自然人和法人
10. 元:如无特别说明,指人民币元

三、发行基本情况

1. 发行数量:12 000 万股
2. 发行价格:15 元/股
3. 发行方式:本次发行采用网下向询价对象配售与网上向社会公众投资者定价发行相结合的方式
4. 募集资金总额:180 000 万元
5. 发行费用总额:36 000 万元

表 2-1-5　2009 年发行股票的资本成本

项目	对应值	
第 1 年每股股利		资本成本计算结果:
每股发行价格		
每股筹资费用		
股利增长率%		

技能训练五

华光机电公司是生产销售自动控制设备的机电公司,该公司的财务数据如表 2-1-6 所示,根据有关资料计算普通股的筹资成本(普通股每股面值 1 元,股票发行费率 5%)。

表 2-1-6　资产负债表有关数据　　　　　　　　　　单位:万元

项　目	2020 年年末
应付股利	29 862
股本	149 310

该公司以后每年股利增长率为 2%。

表 2-1-7　利 润 分 配 表

分配项目	金额(万元)
净利润	48 539.13
加:年初未分配利润	216 660.99
可供分配的利润	265 200.12
减:提取法定盈余公积	4 853.91
可供股东分配的利润	260 346.21
提取任意盈余公积	1 941.57
应付普通股股利	29 862.00
转作股本的普通股股利	0.00
未分配利润	228 542.64

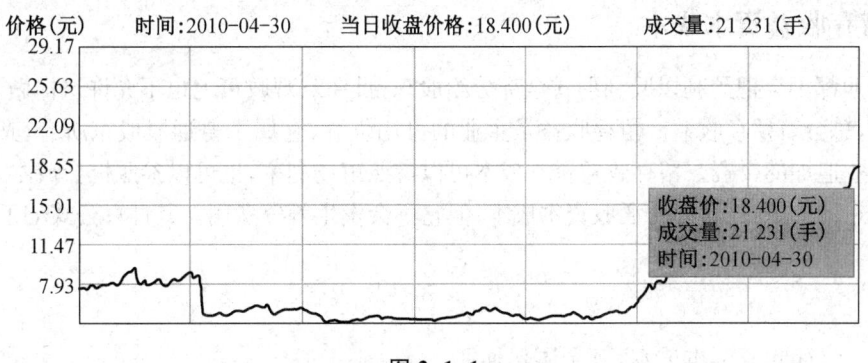

图 2-1-1

表 2-1-8 普通股资本成本

项　　目	数　　值
2010 年每股收益(元)	
2010 年每股股利(元)	
报告日每股市价(元)	
股利年增长率%	
普通股成本%	

(二) 非均衡的股利增长率模型

如果企业的股利每年不是按一个固定的比率增长,则根据不均匀的增长率直接计算股权成本可以理解为股票收益率计算时的非固定增长情况。比如两阶段模型。假设当前的股价为 P_0,权益资本成本为 K_s,前 n 年的股利增长率是非恒定的,n 年后的股利增长率是恒定的 g。则有:

$$P_0 = \frac{D_1}{1+K_s} + \frac{D_2}{(1+K_s)^2} + \cdots + \frac{D_n}{(1+K_s)^n} + \frac{\frac{D_n(1+g)}{k_s - g}}{(1+k_s)^n}$$

根据上式,运用逐步测试法,然后用内插法即可求得权益资本成本 K_s。

实训内容五　非均衡股利增长率模型的应用

假设大名公司普通股 2019 年度当前每股市价为 23 元,派发现金股利 2 元/股,证券分析师预测未来 5 年的股利每年逐年递减,第 5 年及其以后年度增长率稳定在 5%,如表 2-1-9 所示。

表 2-1-9 未来增长率

年度	0	1	2	3	4	5
股利	2	2.180 0	2.354 4	2.519 2	2.670 4	2.803 9

解:权益资本成本 K_s:

$$23 = \frac{2.180\ 0}{1+K_s} + \frac{2.354\ 4}{(1+K_s)^2} + \frac{2.519\ 2}{(1+K_s)^3} + \frac{2.670\ 4}{(1+K_s)^4} + \frac{\frac{2.803\ 9}{K_s - 5\%}}{(1+K_s)^4}$$

$$K_s = 14.91\%$$

三、留存收益资本成本

一般企业都不会把盈利以股利形式全部分给股东,且在宏观政策上也不允许这样做。因此,企业只要有盈利,总会有留存收益。留存收益是企业的可用资金,它属于普通股股东所有,其实质是普通股股东对企业追加的投资。留存收益资本成本可以参照市场利率,也可以参照机会成本,更多的是参照普通股股东的期望收益,即普通股资本成本,但它不会发生筹资费用。其计算公式如下:

$$K_5 = \frac{D_1}{P_4} + G$$

式中,K_5——留存收益资本成本,其余同普通股。

技能训练六

明达公司为了满足未来财务需求,拟增发 300 万股新的普通股,每股发行价格为 10 元,发行费用 4%。同时从当年实现的税后净利润中留存 500 万元,预期每股股利为 1 元,股利增长率为 4%,则计算明达公司发行普通股资本成本和留存收益的资本成本。

四、资本资产定价模型

资本资产定价模型实质上是一种将股东预期的投资收益率作为企业资金成本的方法。对于股东来说它是投资收益,对于企业来说它是资本成本。

$$权益资本成本 = 无风险利率 + 风险溢价$$
$$K_s = R_f + \beta \times (R_m - R_f)$$

式中,R_f——无风险报酬率;

β——该股票的贝塔系数;

R_m——平均风险股票报酬率;

$(R_m - R_f)$——权益市场风险溢价;

$\beta \times (R_m - R_f)$——该股票的风险溢价。

某公司普通股 β 值为 1.3,市场无风险报酬率为 11%,平均风险股票报酬率 14%,则该公司的普通股的成本如下:

$$K_s = 11\% + 1.3 \times (14\% - 10\%) = 16.2\%$$

(一)无风险报酬率的估计

通常认为,政府债券没有违约风险,可以代表无风险报酬率。

(二)贝塔值的估计

贝塔系数(β)是衡量股票收益相对于业绩评价基准收益的总体波动性,是一个相对指标。它反映了一种证券收益相对于整个市场平均收益水平的变动性或波动性。各个股票的风险是不同的,某股票相对于整个市场平均收益水平的变动性或波动性大,则贝塔系数大于 1;反之,就小于 1。

(三)市场风险溢价的估计

1. 市场风险溢价的含义

$$市场风险溢价 = R_m - R_f$$

通常被定义为在一个相当长的历史时期里,权益市场平均收益率与无风险资产平均收益率之间的差异。

2. 权益市场收益率的估计

在选择时间跨度上，由于股票收益率非常复杂多变，影响因素很多，因此较短的期间所提供的风险溢价比较极端，无法反映平均水平，因此应选择较长的时间跨度。既要包括经济繁荣时期，也包括经济衰退时期。在计算方法上，有算术平均数和几何平均数两种方法，多数人倾向于采用几何平均法。

某证券市场相关数据见表 2-1-10 所示。

表 2-1-10　其证券市场的相关数据

时间(年末)	价格指数	市场收益率
0	2 500	
1	4 000	(4 000－2 500)÷2 500＝60％
2	3 000	(3 000－4 000)÷4 000＝－25％

$$算术平均收益率 = [60\% + (-25\%)] \div 2 = 17.5\%$$

$$几何平均收益率 = \sqrt{\frac{3\,000}{2\,500}} - 1 = 9.54\%$$

技能训练七

东方贸易股份有限公司准备发行新股。其中公司股票的贝塔系数为 0.8，无风险收益率和风险溢价率见背景资料《证券交易相关数据》。根据资本资产定价模型计算公司股票的成本。

东方贸易股份有限公司
新增发行招股说明书概要
重要提示

本公司全体董事保证本招股说明书的内容真实、完整、准确，政府及国家证券管理部门对本次发行所作出的任何决定，均不表明其对发行人所发行的股票的价值或投资人的收益作出实质性判断或者保证声明均属虚假不实陈述。

本招股说明书概要的目的仅为尽可能广泛、迅速地向公众提供有关本次发行的简要情况。招股说明书的全文方为本次发售股票的正式法律文件。投资人在作出认购本公司股票的决定之前，应首先仔细阅读本文，并以全文作为投资决策的依据。新增发行情况如表 2-1-11 所示。

表 2-1-11　新增发行情况

	面值	发行价	发行费用	筹集资金
每股	1.00	5.35	0.35	5.00
合计	4 000 000	21 400 000	1 400 000	20 000 000

本次股票的发行期为 2008 年 12 月 05 日至 2008 年 12 月 15 日。
本公司已申请将本次发行的股票于近期在上海证券交易所挂牌交易。
主承销机构：润飞信托投资公司
上市推荐人：金兴证券有限公司润飞信托投资公司
招股说明书签署：2008 年 11 月 28 日

表 2-1-12　2008 年证券交易相关数据

类型	成交总额(亿元)	平均收益率	风险溢价率
国债	26 344.55	4.30％	—
股票	180 429.95	14.00％	9.70％

(续表)

类型	成交总额（亿元）	平均收益率	风险溢价率
基金	3 700.23	7.00%	2.70%
权证	59 621.21	16.00%	11.70%
其他	1 746.09	6.00%	1.70%
合计	271 842.03	13.35%	9.05%

表 2-1-13　股票资本成本

无风险收益率	风险溢价	贝塔系数	股票资本成本

任务三　加权平均资本成本

普通股、优先股和债务是常见的 3 种来源。公司的资本成本是构成企业资本结构中各种资金来源成本的组合，即各要素成本的加权平均值。由于公司所经营的业务不同（经营风险不同），资本结构不同（财务风险不同），因此各公司的资本成本不同。公司的经营风险和财务风险大，投资人要求的报酬率就会较高，公司的资本成本也就较高。

加权平均资本成本是个别资本成本的加权平均数，权数是各种资本占全部资本的比重。其中的权数可以有 3 种选择，即账面价值加权、实际市场价值加权和目标资本结构加权。

账面价值加权根据企业资产负债表上显示的会计价值来衡量每种资本的比例。实际市场价值加权是根据当前负债和权益的市场价值比例衡量每种资本的比例。目标资本结构加权指根据市场价值计量的目标资本结构衡量每种资本要素的比例。目前大多数公司在计算资本成本时采用按平均市场价值计量的目标资本结构作为权重。

为了估计公司资本成本，需要估计资本的要素成本，然后根据各种要素所占的百分比，计算出加权平均值。

加权平均资本成本的计算公式如下：

$$WACC = \sum_{j=1}^{n} K_j W_j$$

式中，$WACC$——加权平均资本成本；

K_j——第 j 种个别资本成本；

W_j——第 j 种个别资本占全部资本的比重（权数）；

n——表示不同种类的筹资。

实训内容六　加权平均资本成本的计算

作为不同性质的融资方式，债务筹资的主要成本是必须在预定期限内支付的利息，而且到期必须偿还本金；而股权筹资的主要成本则是目前的股息支付和投资者预期的未来股息增长。假设大名公司按平均市场价值计量的目标资本结构是银行借款占 5%，长期债券占 25%，普通股占 50%，优先股占 15%，留存收益占 5%；各种来源资金的资本成本率分别为 7%、8%、11%、9%、

10%。则明达公司的加权平均资本成本率：

$$加权平均资本成本率 = 5\% \times 7\% + 25\% \times 8\% + 50\% \times 11\% + 15\% \times 9\% + 5\% \times 10\%$$
$$= 9.7\%$$

技能训练八

天明公司筹集 1 000 万元长期资金，根据以下资金来源计算综合资本成本率。具体情况如表 2-1-14、表 2-1-15 所示。

表 2-1-14 资金来源表

资金来源	金额（万元）	资金成本率
长期债券	300	6%
优先股	100	11%
普通股	500	12%
留存收益	100	10%

表 2-1-15 综合资本成本计算表

资金来源	所占比率
长期债券	
优先股	
普通股	
留存收益	
综合资本成本=	

技能训练九

宏大集团准备筹资 1 000 万元，现有甲、乙两个方案。

甲方案：普通股筹资 500 万元，资本成本为 12%，公司债券筹资 300 万元，资本成本 10%，长期借款筹资 200 万元，资本成本 9%。

乙方案：普通股筹资 620 万元，资本成本为 12%，公司债券筹资 200 万元，资本成本 10.5%，长期借款筹资 180 万元，资本成本 9%。

按照综合资本成本计算甲方案和乙方案的综合资本成本，对比两个方案综合资本成本的高低并选择低者，见表 2-1-16、表 2-1-17。

表 2-1-16 甲方案资本成本

普通股	公司债券	长期借款	综合资本成本

表 2-1-17 乙方案资本成本

普通股	公司债券	长期借款	综合资本成本

技能训练十

根据下列资料计算综合资本成本。

案例见图 2-1-3。

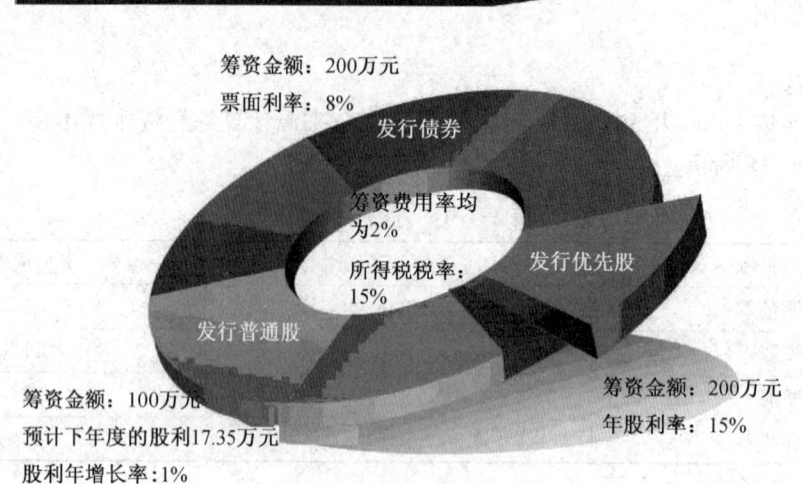

图 2-1-3 案例图

综合资本成本见表 2-1-18。

表 2-1-18 综合资本成本

项目	债券	普通股	优先股
资本成本			
资金来源比率			
综合资金成本			

投资项目的资本成本是指项目本身所需投资资本的机会成本。公司资本成本是投资人针对整个公司要求的报酬率,或者说是投资者对于企业全部资产要求的最低报酬率。项目资本成本是公司投资于资本支出项目所要求的报酬率。

每个项目有自己的机会资本成本,因为不同投资项目的风险不同,所以它们要求的最低报酬率不同。风险高的投资项目要求的报酬率较高,风险低的项目要求的报酬率较低。作为投资项目的资本成本即项目的最低报酬率,其高低主要取决于资本运用于什么样的项目,而不是从哪些来源筹资。

★ 案例分析

书克公司:资本成本案例分析

和大部分的公司一样,书克公司的资本主要来源于债务资本和权益资本,因此可以采用加权平均资本成本的方法来计算其资本成本。为此,需要先知道书克公司的资本结构中负债和权益的比重以及所得税税率。

通过公司 2019 年的资产负债表,可以发现书克公司的资本结构如下:

应付票据　　　855.3
长期负债　　　435.9
负债合计　　1 291.2　　　　　占总资本的 27%
所有者权益净值总额　　3 494.5　占总资本的 73%

首先,确定书克公司的债务资本成本,在公司的现金流量表中,我们可以发现书克公司2019年的利息支出为5 870万美元,这里的利息支出既包含偿还长期负债(可能来自银行贷款)的利率支出,也包含书克公司发行的债券每半年支付6.75%的利息。由于案例中未给出长期负债的利率,所以无法分开计算这两项债务的成本,只能以书克公司2010年的总利息支出除以其当年的债务资本总额从而得出其债务资本成本。即5 870÷129 120×100%=4.55%。

考虑到对公司来说,利息是可以抵税的,因此书克公司税后的债务资本成本应为:

税后债务资本成本=4.55%×(1-Tc),Tc为公司的所得税税率。

而通过现金流量表,可以得到2010年的所得税税率为36%,因此公司税后的债务资本成本=4.55%×(1-36%)=2.9%。

其次,确定公司的权益资本成本来自公司股东的权益资本同样也有成本。股东不会为需要资本的公司提供资本,除非这样做他们可以得到回报。这个回报就是公司使用权益资本的成本。股东提供权益资本预期的报酬包括两部分:①各种股利;②股票市场价值的增值。他们当然不希望股利就是全部的报酬;相反,他们期望将其投资所得到的部分收益留存于公司,而这些留存于公司的收益所创造的收益以及其他因素将带来公司股票市场价值的增值。

于是分别使用股票股利增长模型和资本资产定价模型估计书克公司的内部股权资本成本。利用股利增长模型包含两部分:$r = \dfrac{d}{p} + g$,第一部分是比率股利收益率,书克公司现有的股价为42.09美元,而$EPS = Div = 2.32$(美元),则股利收益率=2.32÷42.09=5.51%;而另一部分g为股利增长率,书克公司的股利增长率历史及预期为5.50%,所以可得到公司的权益资本成本:r=5.51%+5.50%=11.01%。

利用股利增长模型计算r,是估计g而不是精确地计算出g,而对g的估计则是建立在一系列的假设之上,例如要假设留存收益的再投资回报率与历史的资本回报率是相同的,还得假设未来的留存收益比率等于过去的留存收益比率。如果这些假设是错误的,那么对g的估计也将是错误的。而且最重要的是利用股利增长模型估计的r高度信赖于g,因此对用这种方法估计出来的r持有一种合理的怀疑态度。

利用资本资产定价模型来计算公司的权益资本成本:

$$K_s = R_f + \beta \times (R_m - R_f)$$

一般采用1年期国库券的收益来估计无风险资产的收益率,美国国债1年期的收益率为3.59%,而未来风险溢价的最佳估计值是过去风险溢价的平均值即7.5%,β系数可采用历史β值的平均值即0.80,所以利用CAPM模型可得到书克公司的权益资本成本:

$$K_s = 3.59\% + 0.80 \times 7.5\% = 9.59\%$$

相比较股利增长模型而言,CAPM模型确定的权益资本成本更可靠。

最后,计算公司的资本成本,利用加权平均资本成本公式:

$$WACC = \sum_{j=1}^{n} K_j W_j$$

$$73\% \times 9.59\% + 27\% \times 2.9\% = 7.78\%$$

你认为以上用于估计书克公司资本成本的方法正确吗?

小 结

正确估计资本成本是制定投资决策的基础。目前有债务、普通股、优先股3种筹资来源,每一种筹资来源的要素成本是不一样的。在债务筹资方面,银行借款和短期债券资本成本可采用简化的计算方法,长期债务资本成本的计算方法有到期收益率法、可比公司法和风险调整法3种估计方法。股权资金的筹集可以通过发行新的优先股、普通股,另外还可以通过留存收益增加股权资金。该实训介绍了留存收益资本成本、均衡的股利增长率模型、非均衡的股利增长率模型、资本资产定价模型这几种权益资本成本的计算方法。公司在筹资时往往采取多种筹资方式,因此要求掌握加权平均资本成本的计算。在计算加权资金成本时,一方面要确定每一种资本要素的成本,另一方面要确定公司总资本结构中各要素的权重。在确定权重时有3种可选择的权重方法,即账面价值加权、实际市场价值加权和目标资本结构加权。

该实训通过实际案例分析,明晰企业筹资的特点,让学生了解影响资本成本的因素,掌握权益资本成本、债务资本成本的计算和加权平均资本成本的计算,在开展筹资决策时能正确估计和合理降低资本成本。

实际操作训练

一、债券资金成本的实训

某企业发行面值为500元,票面利率为10%,偿还期为5年的长期债券。该债券的筹资费率为2%,所得税税率为25%。

要求:计算此债券的资本成本率。

二、股票资金成本的实训

(1)某企业发行面值为50元,年股利率为15%的优先股股票,发行该优先股股票的筹资费率为4%。

要求:计算优先股的资本成本率。

(2)某企业发行普通股股票,每股发行价格为10元,筹资费率为5%,预计第1年年末股利为1元,年股利增长率为2%。

要求:计算普通股的资本成本率。

三、综合资金成本的实训

某企业拟筹资2 000万元。其中溢价发行债券1 100万元,债券面值1 000万元,筹资费率2%,债券年利率10%,所得税税率25%;优先股500万元,每股10元,年股息1元,筹资费率为3%;普通股400万元,每股20元,筹资费率为4%,刚支付的股利每股2元,以后各年增长5%。

试计算:①该筹资方案的个别资金成本。②该筹资方案的综合资金成本。

项目二 资本预算

★ 实训目的

借助实训案例资料,结合有关理论知识,通过资本预算的实训,加强学生对项目投资决策方法的理解,提高专业知识的运用。

★ 实训要求

理解项目投资的相关理论,掌握项目年度现金净流量的计算、项目评估的基本方法;能够用所学专业知识分析固定资产更新决策问题。在教师的指导下,结合案例分析资料,拓展思维能力。

★ 实训设计

资本预算的实训包括4个任务,任务一项目现金流量的估计、任务二投资项目财务可行性评价指标的测算、任务三项目投资决策方法的应用、任务四项目风险的分析。

[第一步] 首先了解项目投资的有关知识,明确项目投资是一种以特定项目为对象,直接与新建项目或更新改造项目有关的长期投资行为,同时了解项目投资的程序。

[第二步] 在进行项目投资决策时,首要环节就是估计投资项目的预算现金流量。掌握项目产生现金流入量、现金流出量和现金净流量的计算。注意在确定项目投资的现金流量时,应遵循的基本原则是:只有增量现金流量才是与投资项目相关的现金流量。

[第三步] 项目投资决策评价指标是衡量和比较投资项目可行性并据以进行方案决策的定量化标准与尺度。掌握项目投资决策的非贴现指标投资回收期和会计收益率,以及贴现指标净现值、净现值率、现值指数、内含报酬率等的计算方法。

[第四步] 掌握项目投资决策方法的应用,正确决策独立投资方案和互斥投资方案。如果独立方案评价指标满足以下任一条件: $NPV \geqslant 0$、$NPVR \geqslant 0$、$PI \geqslant 1$、$IRR \geqslant i$,则项目具有财务可行性。对于互斥决策,以方案的获利数额作为评价标准,一般采用净现值法和年等额净现值法进行选优决策。

[第五步] 投资活动充满了风险性。如果风险影响方案的选择,那么就应对它们进行计量并在决策时加以考虑。掌握项目风险处置的方法:调整现金流量法和风险调整折现率法。

★ 实训内容

实训内容包括项目产生现金流入量、现金流出量和现金净流量的计算;投资项目财务可行性评价指标的测算;项目投资决策方法的应用,以及独立投资方案和互斥投资方案的决策;项目投资决策中投资风险的计量。

★ 考核标准

日常教学过程中考核学生能否正确计算和运用静态项目投资决策评价指标(静态投资回收期和投资利润率)、动态的项目投资决策评价指标(净现值、净现值率、获利指数和内部收益率)衡量和比较投资项目的可行性。该项目中任务一项目现金流量的估计占比10%,任务二投资项目财务可行性评价指标的测算占比20%,任务三项目投资决策方法的应用占比20%,任务四项目风险的分析占比10%,此项考核占60%,另外通过实训教学软件进行考核占40%。

★ 模拟情景

明达公司是生产高科技电子产品的中型企业,该厂生产的电子产品质量优良,价格合理,长期以来供不应求。为扩大生产能力,厂家准备2019年新建一条生产线。负责这项投资工作的总会计师经过调查研究后,得到如下有关资料。

该项目投资总额为128万元,其中固定资产投资100万元,建设期为2年,于建设期分2年平均投入,第2年年末项目完工可以试投产使用。无形资产投资20万元,于建设起点投入。投产后每年可生产新型电子产品1 000台,投资项目可使用10年,残值10万元,流动资金投资8万元,于投产开始垫付,这笔资金在项目结束时可全部收回。

经营副总认为,在项目投资和使用期间,通货膨胀率大约在10%,将对投资项目各有关方面产生影响;基建处长认为,由于受物价变动的影响,初始投资将增长10%,投资项目终结后,设备残值也将增加到37 500元;生产处长认为,由于物价变动的影响,材料费用每年将增加14%,人工费用也将增加10%;财务处长认为,扣除折旧后的制造费用,每年将增加4%;销售处长认为,产品销售价格预计每年增加10%。如何对项目投资进行合理的估计呢?总会计师认为应根据厂部中层干部的意见,首先分析、确定影响明达投资项目决策的各因素,然后根据影响明达投资项目的各因素,重新计算投资项目的现金流量、净现值,以便为厂领导提供更为有力的决策依据。

任务一 项目现金流量的估计

一、投资项目

投资包括用于机器、设备、厂房的购建与更新改造等生产性资产的投资,简称项目投资,也包括购买债券、股票等有价证券的投资和其他类型的投资。工业企业投资项目主要包括新建项目(含单纯固定资产投资项目和完整工业投资项目)和更新改造项目两种类型,见图2-2-1、图2-2-2。

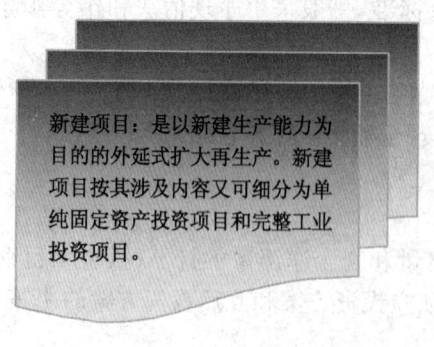

图2-2-1 新建项目

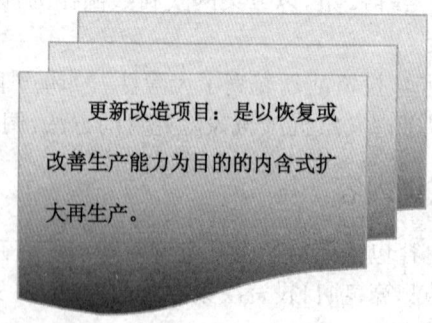

图2-2-2 更新改造项目

单纯固定资产投资项目在投资中只包括为取得固定资产而发生的垫支资本投入而不涉及周转资本的投入。

完整工业投资项目不仅包括固定资产投资,而且涉及流动资金投资,甚至包括无形资产等其他长期资产投资。不能将项目投资简单地等同于固定资产投资。

模拟情景中明达公司为扩大生产能力,厂家准备2019年新建一条生产线,属于新建项目。该项目建设期为2年,第2年年末项目完工可以试投产使用。投产后每年可生产新型电子产品1 000台,投资项目可使用5年。案例中明达公司项目的建设期为2年,该项目的生产经营期为5年,该项目的计算期为7年。项目计算期包括建设期和生产经营期,从项目投产日到终结点的时间间隔称为生产经营期,也叫寿命期,而生产经营期包括试产期和达产期。所以,现金净流量可分为建设期的现金净流量和经营期的现金净流量。

实训内容一　项目投资的理解

以下两个项目属于什么投资项目?

(1) 大名公司拟引进一条流水线,投资额110万元,分2年投入。第1年年初投入60万元,第2年年初投入50万元,建设期为2年,净残值10万元,折旧采用直线法。在投产初期投入流动资金20万元,项目使用期满仍可全部回收。该项目可使用10年,每年销售收入为64万元,总成本50万元。该项目属于新建项目。

(2) B公司目前生产一种产品,该产品的适销期预计还有6年,公司计划6年后停产该产品。生产该产品的设备已使用5年,比较陈旧,运行成本(人工费、维修费和能源消耗等)和残次品率较高。目前市场上出现了一种新设备,其生产能力、生产产品的质量与现有设备相同。设备虽然购置成本较高,但运行成本较低,并且可以减少存货占用资金、降低残次品率。除此以外的其他方面,新设备与旧设备没有显著差别。B公司正在研究是否应将现有旧设备更换为新设备。该项目属于更新改造项目。

在进行项目投资决策时,首要环节就是估计投资项目的预算现金流量。现金流量是指投资项目在其计算期内因资金循环而引起的现金流入和现金流出增加的数量。

明达公司正在开会研讨准备新建一条生产线,对下列收支发生争论,见图2-2-3,你认为下列现金流量在项目评价时应该考虑吗?

图2-2-3　案例图

项目的现金流量：

A 中营运资金不需要筹集，不增加公司的现金流出，所以 A 不考虑。

B 中公司规定不得将生产设备出租，所以 B 不考虑。

C 中因为无论是否生产新产品，都会有新产品推出，所以 C 不考虑。

D 中的利息支出属于筹资范畴，不属于投资项目应该考虑的；再者利息费用在折现率中已经考虑了，所以在现金流中不考虑。

二、现金流入量的估算

一个项目产生的现金流量包括现金流入量、现金流出量和现金净流量。现金流入量是投资项目实施后在项目计算期内所引起的企业现金收入的增加额，例如，明达企业购置一条生产线通常会引起一定的现金流入。包括营业收入、固定资产的余值、回收流动资金、其他现金流入量。营业收入是指项目投产后每年实现的全部营业收入。营业收入是经营期主要的现金流入量项目。固定资产的余值是投资项目的固定资产在终结报废清理时的残值收入，或中途转让时的变价收入。回收流动资金是指投资项目在项目计算期结束时，收回原来投放在各种流动资产上的营运资金。固定资产的余值和回收流动资金统称为回收额。其他现金流入量是指以上 3 项指标以外的现金流入量项目。

实训内容二　经营期现金流入量分析

模拟情景中明达公司项目 2019 年投资总额为 128 万元，建设期为 2 年，其中固定资产投资 100 万元，于建设起点分 2 年平均投入，无形资产投资 20 万元，流动资金投资 8 万元，于投产开始垫付。该项目经营期 5 年，预计项目投产后，每年的销售数量如表 2-2-1 所示。

> 固定资产投资 100 万元，建设期为 2 年，于建设起点分 2 年平均投入。该项目经营期 5 年，固定资产按直线法计提折旧，期满有 10 万元净残值，

> 无形资产投资 20 万元，于建设起点投入。流动资金投资 8 万元，于投产开始垫付。无形资产于投产开始分 4 年平均摊销；流动资金在项目终结时可一次全部收回，

表 2-2-1　新型电子产品销售预测

年度	2021	2022	2023	2024	2025
销售数量(台)	600	700	750	700	600
单价(元/台)	1 000	980	970	960	950

实训步骤

步骤 1：确定该项目的类型和计算期。该项目属于新建项目，项目的建设期为 2 年，经营期为 5 年，项目计算期为 7 年。

步骤 2：根据经营期内每年的销售数量和单价，计算项目的营业收入。

步骤 3：计算项目终结点现金流入量，主要是固定资产的余值和回收的流动资金。

表 2-2-2 经营期现金流入量计算表

经营期	现金流入量(元)
现金流入量(2021 年)	600 000
现金流入量(2022 年)	686 000
现金流入量(2023 年)	727 500
现金流入量(2024 年)	672 000
现金流入量(2025 年)	570 000
终结点现金流入量(2025 年)	100 000＋80 000＝180 000

三、计算现金流出量

现金流出量是投资项目实施后在项目计算期内所引起的企业现金流出的增加额。例如企业购置一条生产线通常会引起的现金流出包括建设投资、垫支的流动资金、付现成本(或经营成本)、所得税额等。购置生产线的价款,即固定资产投资,包括固定资产的购置成本或建造成本、运输成本、安装成本等,可能是一次性支出,也可能分几次支出。无形资产投资,也是建设期发生的主要现金流出量。垫支的流动资金是指投资项目建成投产后为开展正常经营活动而投放在流动资产(存货、应收账款等)上的营运资金。由于生产线扩大了企业的生产能力,引起对流动资产的需求增加。建设投资与垫支的流动资金合称为项目的原始总投资。

付现成本是指在经营期内为满足正常生产经营而需用现金支付的成本,它是生产经营期内最主要的现金流出量,成本中不需要支付现金的部分称为非付现成本,其中主要是折旧费。

如无形资产摊销额,则:

$$付现成本 = 总成本 - 折旧额及摊销额$$

实训内容三　项目经营期内付现成本分析

模拟情景中明达公司投资该生产线项目运营期每年的总成本费用有外购原材料及燃料、工资及福利费、固定资产折旧费、无形资产摊销费和其他的付现费用。其中:外购原材料、燃料估算额、工资及福利费、销售费用以及其他费用为付现成本。另外,制造费用为固定资产折旧费成本。成本分析与预测见表 2-2-3、表 2-2-4。

表 2-2-3 新型电子产品成本分析表

年度	2021	2022	2023	2024	2025
销售数量(台)	600	700	750	700	600
变动成本(元/台)	100	120	135	140	150
材料费(元/台)	60	70	70	75	80
人工费(元/台)	40	50	65	65	70
固定成本:					
制造费用 (固定资产折旧费)	180 000	180 000	180 000	180 000	180 000
销售费用	80 000	90 000	95 000	100 000	100 000

(续表)

年度	2021	2022	2023	2024	2025
管理费用（无形资产摊销费）	50 000	50 000	50 000	50 000	
其他费用	20 000	30 000	30 000	40 000	20 000

表 2-2-4　新型电子产品成本预测表

年度	2021	2022	2023	2024	2025
销售数量（台）	600	700	750	700	600
项目总成本（元）	390 000	434 000	456 250	478 000	390 000

实训步骤

步骤1：计算固定资产折旧额和无形资产摊销。

经营期每年固定资产年折旧额 = (1 000 000 − 100 000) ÷ 5 = 180 000(元)

经营期无形资产年摊销额 = 200 000 ÷ 4 = 50 000(元)

步骤2：计算该项目经营期内每年的付现成本。

2021年付现成本 = 390 000 − 180 000 − 50 000 = 160 000(元)

2022年付现成本 = 434 000 − 180 000 − 50 000 = 204 000(元)

2023年付现成本 = 456 250 − 180 000 − 50 000 = 226 250(元)

2024年付现成本 = 478 000 − 180 000 − 50 000 = 248 000(元)

2025年付现成本 = 390 000 − 180 000 = 210 000(元)

四、计算现金净流量

现金净流量是指投资项目在项目计算期内现金流入量和现金流出量的差额，由于投资项目的计算期超过1年，现金净流量通常指的是年内现金净流量。现金净流量(NCF)是年现金流入量减去年现金流出量。

当流入量大于流出量时，净流量为正值；反之，净流量为负值。由于在建设期没有现金流入量，所以建设期的总现金净流量为负值。建设期现金净流量还取决于投资额的投入方式是一次投入还是分次投入，若投资额是在建设期一次全部投入的，该年投资额即为原始总投资。经营期营业现金净流量是投资项目投产后，在经营期内由于生产经营活动而产生的现金净流量。

现金净流量 = 营业收入 − 付现成本

经营期的终结现金净流量可根据营业现金净流量加上回收额就可得出。

现金净流量 = 营业现金净流量 + 回收额

实训内容四　现金净流量的分析

计算模拟情景中明达公司投资该生产线项目每年的现金净流量，见表2-2-5。

实训步骤：

步骤1：计算建设期现金净流量，建设期的现金净流量总为负值。

建设期现金净流量：

$$NCF_0 = -500\,000 - 200\,000 = -700\,000(元)$$
$$NCF_1 = -500\,000(元)$$
$$NCF_2 = -80\,000(元)$$

步骤 2：计算经营期现金净流量。

经营期现金净流量：

$$NCF_3 = 600\,000 - 160\,000 = 440\,000(元)$$
$$NCF_4 = 686\,000 - 204\,000 = 482\,000(元)$$
$$NCF_5 = 727\,500 - 226\,250 = 501\,250(元)$$
$$NCF_6 = 672\,000 - 248\,000 = 424\,000(元)$$

步骤 3：经营期终结现金净流量。

$$NCF_7 = 750\,000 - 210\,000 = 540\,000(元)$$

表 2-2-5　现金净流量计算表　　　　　　　　　　　　　　　　单位：元

项　　目	现　金　流　量
初始现金流量（第 0 年）	−700 000
初始现金流量（第 1 年）	−500 000
初始现金流量（第 2 年）	−80 000
营业现金净流量（第 3 年）	440 000
营业现金净流量（第 4 年）	482 000
营业现金净流量（第 5 年）	501 250
营业现金净流量（第 6 年）	424 000
终结现金净流量（第 7 年）	540 000

技能训练一

中鼎化工有限公司拟投资一个新项目，需构建一项固定资产，建设起点预计需要一次投入资金 1 000 万元，建设期为 2 年，建设期满后需要投入流动资金 200 万元，流动资金于项目终结时一次收回。该固定资产估价可使用 10 年，净残值 100 万元，用直线法计提折旧，预计投产后每年可为企业多创造利润 100 万元，不考虑所得税。

进行项目投资决策时，首要环节就是估计投资项目的现金流量。

要求计算项目产生现金流入量、现金流出量和现金净流量，并填入表 2-2-6 中。

表 2-2-6　现金净流量计算表

单位：万元

项　　目	现金净流量
初始现金流量（第 0 年）	
初始现金流量（第 1 年）	
初始现金流量（第 2 年）	
营业现金净流量（第 3 到第 11 年各年）	
终结现金净流量（第 12 年）	

技能训练二

大明有限责任公司 2018 年年初拟投资新的生产线生产医疗设备，在建设起点开始投资，历经 2 年后投产，生产线总投资 12 000 万人民币，其中垫支的流动资金 2 000 万元在 2019 年年末投入，2022 年收回流动资金 100 万元，2023 年收回流动资金 500 万元，2024 年收回流动资金 1 400 万元；该项目的建设期为 2 年，该项目的生产经营期为 5 年，经营期结束预计固定资产设备残值为 1 000 万元。投产后新型产品销售预测如表 2-2-7 所示。

表 2-2-7　新型产品销售预测表

年度	2020	2021	2022	2023	2024
销售数量（个）	320	360	500	500	400
单价（万元/个）	50	50	40	40	40

要求：(1) 预测经营期每年的营业收入。
　　　(2) 计算项目计算期内各年的现金净流量，不考虑所得税，填列表 2-2-8 中。

表 2-2-8　投资项目预计现金流量表

单位：万元

年份	期初投资	流动资金	销售收入	付现成本	设备残值	净现金流量
2018	−7 500					
2019	−2 500	−2 000				
2020				−9 000		
2021				−9 000		
2022		100		−9 000		
2023		500		−9 000		
2024		1 400		−9 000		

五、计算包含所得税的现金净流量

以上现金流量都没有考虑所得税因素，但实际上所得税对企业来说是一种现金流出，由利润和税率决定，而利润大小又受折旧的影响，因此，讨论所得税对现金流量的影响时，必然要考虑折旧问题。

$$\text{所得税前净现金流量} = \text{该年息税前利润} + \text{该年折旧} + \text{该年摊销} + \text{该年回收额}\\ - \text{该年维持运营投资} - \text{该年流动资金投资}$$

税后现金流量：

1. 建设期现金净流量

在考虑所得税因素之后，建设期的现金净流量的计算要根据投资项目的类型分别考虑。如果是新建项目，所得税对现金净流量没有影响。

$$\text{建设期现金净流量} = -\text{该年投资额}$$

如果是更新改造项目，固定资产的清理损益就应考虑所得税问题。

2. 经营期现金净流量

经营期现金净流量有以下 3 种算法：

现金净流量 ＝ 营业收入 － 付现成本 － 所得税

根据年末经营成果计算：

$$现金净流量 ＝ 税后利润 ＋ 折旧额$$

根据所得税对收入和折旧的影响计算：

现金净流量 ＝ 税后收入 － 税后成本 ＋ 折旧抵税额
　　　　　＝ 营业收入 ×（1 － 所得税税率）－ 付现成本 ×（1 － 所得税税率）＋ 折旧额 × 所得税税率

技能训练三

根据技能训练二的资料，计算大明有限责任公司计算期内各年的税后现金净流量，并填列表2-2-9中，所得税税率为 25％。

表 2-2-9　大名公司项目税后现金净流量　　　　　　　　　　　　　　　　　　单位：万元

经营期各年税后现金净流量	2020 年	2021 年	2022 年	2023 年	2024 年

实训内容五　税后净现金流量的分析

明锐公司的一个 A 生产线所生产的电子产品型号由于产品销路不畅，市场前景黯淡，同时由于超负荷运转，目前公司的冰箱生产线已经严重老化，生产效率明显降低，维护成本急剧上升，继续维持该生产线的运行也与公司业务重心转型的战略导向不符。因此该公司部门申请更新生产线。公司拟投资建设 B 生产线，无建设期，经营期从 2020 年至 2025 年。预计方案投产后 B 生产线每年销售产品 200 个，单价 0.5 万元。每年的总成本费用有外购原材料、燃料和动力费共 40 万元，工资及福利费为 23 万元，折旧费为 12 万元，其他费用为 5 万元，该项目无财务费用。要求根据资料分析填列表格并计算下列指标。

实训步骤

步骤1：计算 2015 年该项目的销售收入、总成本和息税前利润，见表 2-2-10。

表 2-2-10　2015 年度财务数据

销售收入	100 万元
总成本	80 万元
息税前利润	20 万元

该年息税前利润 ＝ 100 － 80 ＝ 20（万元）

或

该年息税前利润 ＝ 100 －（40＋23＋12＋5）＝ 20（万元）

步骤2：计算该年付现的经营成本、该年调整所得税、该年所得税前净现金流量和该年所得税后净现金流量。

（1）该年付现的经营成本 ＝ 40＋23＋5 ＝ 68（万元）

或　　　该年付现的经营成本 ＝ 80－12 ＝ 68（万元）

（2）该年所得税前净现金流量 ＝ 20＋12 ＝ 32（万元）

或　　　该年所得税前净现金流量 ＝ 100－68 ＝ 32（万元）

（3）该年该项目的所得税 ＝ 20×25％ ＝ 5（万元）

（4）该年所得税后净现金流量＝32－5＝27（万元）

或　　　该年所得税后净现金流量＝100×（1－25％）－68×（1－25％）+12×25％＝27（万元）

技能训练四

甲公司金卤灯项目经营期现金流量的计算。

金卤灯是继白炽灯、卤素灯之后当今世界崛起的第三代绿色照明光源，具有光效高、显色性好、使用寿命长等优势，不仅成为高档轿车、背投电视等光源的首选，还可广泛应用于军事、探险、水下作业、野外搜救等领域。与普通白炽灯相比，金卤灯节能效果惊人，市场空间巨大。为配合我国"十一五"期间提出的绿色照明工程，甲公司决定引进金卤灯项目建设，全面建设金卤灯生产线。甲公司于2015年投产的金卤灯项目，已取得可观收益。因此，经董事会决定：2019年再建设10条金卤灯生产线，预计初始投资高达2亿元。

项目生产能力及产品方案：

预计每条生产线的年生产和销售300万只。经各方研究决定：该项目于2019年正式投产，建设期为2年，建设期期初，每条生产线预计投入2 500万元用于设备购买和安装，建设期结束后，2021年正式投产经营，在该年年初每条生产线预计需投入500万元营运资本。该生产线使用期预计为6年，预计净残值率为4％。每条生产线均以6年为期按直线法计提折旧。预计在终结点收回所投入的全部营运资金。生产期结束后，进行固定资产清理和营运资本回收。本次项目建设符合公司长期发展要求，项目建成后将会为公司的发展带来新的生机和活力。

公司在2018年12月被认定为高新技术企业公司，公司自2018年1月1日起减按15％税率计缴企业所得税。

要求：根据销售预测以及有关成本估算该企业2021—2026年的现金净流量，并填列表2-2-11、表2-2-12。

表 2-2-11　金卤灯销售预测表

年度	2021	2022	2023	2024	2025	2026
单价（元/只）	200.00	210.00	215.00	217.00	218.00	220.00
变动成本：	100.00	112.00	120.00	125.00	130.00	135.00
材料（元/只）	52.00	62.00	68.00	70.00	74.00	78.00
人工费（元/只）	48.00	50.00	52.00	55.00	56.00	57.00
固定成本：	4 800.00	4 820.00	4 870.00	4 885.00	4 905.00	5 935.00
制造费用（万元）	4 700.00	4 710.00	4 750.00	4 760.00	4 775.00	4 800.00
销售费用（万元）	100.00	110.00	120.00	125.00	130.00	135.00

表 2-2-12　金卤灯经营期现金净流量表　　　　　　　　　　　　　单位：万元

年度	2021	2022	2023	2024	2025	2026
销售收入						
总成本						
税前利润						
税后利润						
折旧						
营业现金净流量						

任务二 投资项目财务可行性评价指标的测算

项目投资决策评价指标是衡量和比较投资项目可行性并据以进行方案决策的定量化标准与尺度,它由一系列综合反映投资效益、投入产出关系的量化指标构成的。项目投资决策评价指标根据是否考虑资金的时间价值,可分为非贴现指标和贴现指标两大类。非贴现指标主要包括投资回收期、会计收益率等;贴现指标主要是考虑时间价值的因素,主要包括净现值、净现值率、现值指数、内含报酬率等。

一、计算非贴现指标

静态投资回收期和投资利润率作为非贴现指标在项目投资决策分析时只起辅助性作用。

(一)静态投资回收期

静态投资回收期是收回全部投资总额所需要的时间,是以投资项目经营净现金流量抵偿原始投资所需要的全部时间,其分为包括建设期的投资回收期和不包括建设期的投资回收期两种情况。

投资回收期是一个非贴现的反指标,回收期越短,方案就越有利。它的计算可分为两种情况:经营期年现金净流量相等和经营期年现金净流量不相等。

如果投资项目投产后若干年(假设为 M 年)内,每年的经营现金净流量相等,其计算公式如下:

$$\text{不包括建设期的回收期}(PP') = \frac{\text{建设期发生的原始投资合计}}{\text{运营期内前若干年每年相等的净现金流量}}$$

$$\text{包括建设期的回收期} PP = PP' + \text{建设期}$$

如果经营期年现金净流量不相等,则需计算逐年累计的现金净流量,然后用插入法计算出投资回收期。

模拟情景中明达公司准备投资另一条新的生产线生产高科技电子产品,各年的预计净现金流量分别为:$NCF_0 = -70(万元)$,$NCF_1 = -50(万元)$,$NCF_2 = -80(万元)$,$NCF_3 = 44(万元)$,$NCF_4 = 48.2(万元)$,$NCF_5 = 50.125(万元)$,$NCF_6 = 42.4(万元)$,$NCF_7 = 54(万元)$,见表 2-2-13,则该项目包括建设期的静态投资回收期为:包括建设期的静态投资回收期=6+15.275÷54=6.28(年)

表 2-2-13 预计净现金流量表

单位:万元

年	0	1	2	3	4	5	6	7
NCF	−70	−50	−80	44	48.2	50.125	42.4	54
累计 NCF	−70	−120	−200	−156	−107.8	−57.675	−15.275	38.725

静态投资回收期的优点是能够直观地反映原始投资的返本期限,但是没有考虑资金时间价值因素和回收期满后继续发生的净现金流量,不能正确反映投资方式不同对项目的影响。因此,该类指标一般只适用于方案的初选,或者投资后各项目间经济效益的比较。

技能训练五

某投资项目各年的预计净现金流量分别为:$NCF_0 = -200(万元)$,$NCF_1 = -50(万元)$,$NCF_{2\sim3} = 100(万元)$,$NCF_{4\sim11} = 250(万元)$,$NCF_{12} = 150(万元)$。根据表 2-2-14 资料,计算该方案的投资回收期。

表 2-2-14　各年的预计净现金流量表

单位：万元

年	0	1	2	3	4	5～12
NCF	−200	−50	100	100	250	(略)
累计 NCF	−200	−250	−150	−50	200	(略)

该方案的投资回收期＝3＋50÷250＝3.2(年)

(二) 投资利润率

投资利润率又称投资报酬率(记作 ROI)，是指达产期正常年份的年息税前利润或运营期年均息税前利润占项目总投资的百分比。投资利润率的决策标准是：投资项目的投资利润率越高越好，低于无风险投资利润率的方案为不可行方案。

投资利润率的计算公式如下：

$$投资利润率(ROI) = \frac{年息税前利润或年均息税前利润}{项目总投资} \times 100\%$$

模拟情景中明达公司投资项目的原始投资额为 128 万元，资本化利息为 10 万元，预计达产后运营期内每年平均的息税前利润为 50 万元，适用的企业所得税税率为 25%，则该项目的总投资收益率如下：

$$总投资收益率 = 50 \div (128 + 10) \times 100\% = 36.23\%$$

技能训练六

大名集团决定投资一条新生产线，目前有 3 个方案，请根据以下数据进行分析(单位：万元)，分别计算 3 个方案的投资利润率(以百分比表示，需要四舍五入，保留两位小数)，并作出决策，见图 2-2-4、表 2-2-15。

3个方案具体情况：

年份	A方案 净收益	A方案 现金净流量	B方案 净收益	B方案 现金净流量	C方案 净收益	C方案 现金净流量
0	—	(40 000)	—	(18 000)	—	(18 000)
1	3 600	23 600	(3 600)	2 400	900	6 900
2	6 480	26 482	6 000	12 000	900	6 900
3	—	—	6 000	12 000	900	6 900
合计	10 080	10 080	8 400	8 400	2 700	2 700

图 2-2-4　3 个方案的具体情况

表 2-2-15　投 资 利 润 率

方案	年平均净收益(万元)	原始投资额(万元)	投资利润率
A			
B			

(续表)

方案	年平均净收益(万元)	原始投资额(万元)	投资利润率
C			
应选择方案(A/B/C)			

投资利润率的优点是计算公式简单;其缺点是没有考虑资金时间价值因素,不能正确反映建设期长短及投资方式不同和回收额的有无等对项目的影响,分子、分母的计算口径的可比性较差,无法直接利用净现金流量信息。

二、计算贴现指标

贴现指标也称为动态指标,即考虑资金时间价值因素的指标。主要包括净现值、净现值率、现值指数、内含报酬率等指标。

(一) 净现值的计算

净现值(NPV)是在项目计算期内,按一定贴现率计算的各年现金净流量现值的代数和。所用的贴现率可以是企业的资本成本,也可以是企业所要求的最低报酬率水平。

$$NPV = \sum_{t=0}^{n} NCF_t \times (P/F, i, t)$$

式中,n——项目计算期(包括建设期与经营期);

NCF_t——第 t 年的现金净流量;

$(P/F, i, t)$——第 t 年、贴现率为 i 的复利现值系数。

如果经营期内各年现金净流量不相等,则净现值的计算公式如下:

$$净现值 = \sum (经营期各年的现金净流量 \times 各年的现值系数) - 投资现值$$

实训内容六 净现值的计算

大明公司购入设备一台,价值为 36 000 元,按直线法计提折旧,使用寿命 6 年,期末无残值。预计投产后每年可获得利润 5 000 元,假定贴现率为 12%。该项目的净现值如下。

实训步骤

步骤1:计算建设期和经营期各年的现金净流量。

$$NCF_0 = -36\ 000(元)$$
$$NCF_{1\sim 6} = 5\ 000 + 36\ 000 \div 6 = 11\ 000(元)$$

步骤2:计算该项目的净现值。

$$NPV = 11\ 000 \times (P/A, 12\%, 6) - 36\ 000 = 11\ 000 \times 4.111\ 4 - 36\ 000 = 9\ 225.4(元)$$

技能训练七

明达公司生产车间准备购入新设备生产零件。设备购置价格为 180 万元,安装费 20 万元。该项目筹建期为 1 年,新设备生产期为 5 年,每年增加税后利润 60 万元。采用直线法计提折旧。适用的行业基准折现率为 10%。见图 2-2-5、表 2-2-16、表 2-2-17。

根据资料:(1)计算项目计算期内各年净现金流量。

(2)计算项目净现值,并评价其财务可行性。

图 2-2-5 案例图

表 2-2-16 建设投资估算表

单位:万元

序号	工程或费用名称	估算价格						占建设投资的比例	备注
		建筑工程	设备购置	安装工程	其他费用	合计	其中外币		
1	固定资产投资								
1.1	建筑工程投资								
1.2	设备购置费		180			180		90%	
1.3	安装工程费			20		20		10%	
1.4	工程建设其他费用								
2	无形资产投资								
2.1	土地使用权								
2.2	其他								
3	开办费								
4	预备费								
4.1	基本预备费								
4.2	涨价预备费								
	合计(1+2+3+4)		180	20		200		100%	

表 2-2-17 各年年初资金投入情况表

单位:万元

序号	名称	人民币			外汇		
		第1年	第2年	第3年	第1年	第2年	第3年
	分年计划	100%					
1	建设投资(不含建设期利息)	200					
2	建设期利息	0					
3	流动资金	0					
4	投资总额(1+2+3)	200					

表 2-2-18 项目评价分析表

单位：万元

要　　素	数　　值
第 0 年的净现金流量	
第 1 年的净现金流量	
第 2 至第 6 年的净现金流量	
项目净现值	
项目是否可行	

技能训练八

兴隆公司准备生产新型节能灯，该公司对该节能灯做了市场调研。

1. 国内和国际市场预测

由于国家对节能灯的大力支持及补贴，新型节能灯的国内销路被普遍看好，预测在未来的 10 年内，该灯的销售将上一个新的台阶。新型节能灯在欧美发达国家发展势头迅猛，已有近 40％的普及率。我公司生产该款节能灯由于价格较低，因此在欧美市场上具有强劲的竞争优势。目前各国纷纷出台相关政策限制非节能灯泡的使用，相信将会为我公司的发展创造更为良好的机遇。

2. 风险规避

我公司一向稳健经营，积累了大量资本，可用于基本生产线的建设和运营。我们相信，投产这一项目基本上不会影响公司的正常生产经营。另外，该生产线的建设对于我公司开创性地研究 50 W 以下节能灯的生产提供良好机遇，具有良好的经济效益和社会效益。

3. 项目生产能力及产品方案

该项目预计于 2019 年正式投产，当年投产后立即开始经营，兴隆公司准备购入生产线价值为 360 万元，按直线法计提折旧，使用寿命 6 年，期末无残值，预计投产后每年可获得税后利润分别为 400 万元、400 万元、450 万元、450 万元、500 万元、600 万元。国家的优惠所得税税率为 15％，假定贴现率为 12％，计算该项目各年的现金净流量以及该项目的净现值，见表 2-2-19。

表 2-2-19 各年营业现金净流量表

单位：万元

年度	2019	2020	2021	2022	2023	2024
投资	360					
税前利润						
折旧抵税						
现金净流量	−360					
净现值						

技能训练九

海天公司准备投资新的项目，现在正面临着两个方案的选择，一个是欢乐谷的娱乐项目，另外一个是户外拓展项目。要求根据背景资料计算两个方案的现金净流量和净现值。基准折现率为 10％，企业所得税税率为 25％。

甲方案——欢乐谷项目：
(1) 原始投资 150 万元，其中固定资产投资 100 万元，流动资金投资 50 万元。
(2) 全部资金于建设起点一次投入，建设期为 0 年，经营期为 5 年，到期净残值收入 5 万元。
(3) 预计投产后年营业收入 90 万元，年总成本为 60 万元。固定资产按直线法计提折旧，全部流动资金于终结点收回。

乙方案——户外拓展项目：
(1) 原始投资额 200 万元，其中固定资产投资 120 万元，流动资金投资 80 万元。
(2) 全部资金于建设起点一次投入，流动资金于建设期结束时投入。建设期为 2 年，经营期为 5 年，建设期资本化利息 10 万元，到期固定资产净残值收入 10 万元。
(3) 预计投产后年营业收入 170 万元，年经营成本为 80 万元。
固定资产按直线法计提折旧，全部流动资金于终结点收回。
甲、乙方案净现值计算见表 2-2-20。

表 2-2-20　甲、乙方案净现值计算表

单位：万元

甲方案	年折旧额	NCF_0	$NCF_{1\sim4}$	NCF_5	净现值	
乙方案	年折旧额	NCF_0	NCF_1	NCF_2	$NCF_{3\sim6}$	NCF_7	净现值

净现值是一个绝对数指标，与其相对应的相对数指标是净现值率与现值指数。净现值率是指投资项目的净现值与投资现值合计的比值。现值指数是指项目投产后按一定贴现率计算的在经营期内各年现金净流量的现值合计与投资现值合计的比值，其计算公式如下：

$$净现值率 = 净现值 \div 投资现值$$

$$现值指数 = \frac{\sum 经营期各年现金净流量现值}{投资现值}$$

净现值率大于零，现值指数大于 1，表明项目的报酬率高于贴现率，存在额外收益；净现值率等于零，现值指数等于 1，表明项目的报酬率等于贴现率，收益只能抵补资本成本；净现值率小于零，现值指数小于 1，表明项目的报酬率小于贴现率，收益不能抵补资本成本。所以，对于单一方案的项目来说，净现值率大于或等于零，现值指数大于或等于 1 是项目可行的必要条件。当有多个投资项目可供选择时，由于净现值率或现值指数越大，企业的投资报酬水平就越高，所以应采用净现值率大于零或现值指数大于 1 中的最大者。

技能训练十

以下 4 个项目，如果投资总额不受限制时，如何选择；如果投资总额受限制时，投资总额限定为 50 万元，如何作出投资组合？

A　项目原始投资：120 000 元
　　净现值：67 000 元
　　现值指数：1.56

B　项目原始投资：150 000 元
　　净现值：79 500 元
　　现值指数：1.53

C　项目原始投资：300 000 元
　　净现值：111 000 元
　　现值指数：1.37

D　项目原始投资：160 000 元
　　净现值：80 000 元
　　现值指数：1.50

投资总额不受限制时,按照项目的净现值大小安排优先顺序;
投资总额受限制时,按照现值指数大小安排优先顺序。
投资组合分析见表 2-2-21。

表 2-2-21 投资组合分析表

确定投资顺序	确定投资总额不受限制	投资总额限 50 万元的排序	总额受限时的投资额
优先考虑的是			
其次			
再次			
最后			

(二) 内含报酬率的计算

内含报酬率是指能够使未来现金流入现值等于未来现金流出现值的贴现率,或者说是使投资方案净现值为零的贴现率。

内含报酬率法是根据方案本身内含报酬率来评价方案优劣的一种方法。内含报酬率大于资金成本率则方案可行,且内含报酬率越高方案越优。

内含报酬率 IRR 满足下列等式:

$$\sum_{t=0}^{n} NCF_t \times (P/F, IRR, t) = 0$$

1. 经营期内各年现金净流量相等

经营期内各年现金净流量相等,且全部投资均于建设起点一次投入,建设期为零,即:

$$\text{经营期每年相等的现金净流量}(NCF) \times \text{年金现值系数}(P/A, IRR, t) - \text{投资总额} = 0$$

内含报酬率具体计算的程序如下:
(1) 计算年金现值系数 $(P/A, IRR, t)$。

$$\text{年金现值系数} = \frac{\text{投资总额}}{\text{经营期每年相等的现金净流量}}$$

(2) 根据计算出来的年金现值系数与已知的年限 t,查年金现值系数表,确定内含报酬率的范围。
(3) 用插入法求内含报酬率。

内含报酬率是个动态相对量正指标,它既考虑了资金时间价值,又能从动态的角度直接反映投资项目的实际报酬率,且不受贴现率高低的影响,比较客观,但该指标的计算过程比较复杂。

实训内容七 内含报酬率的计算

大名公司拟投资 360 万元建一产业项目,投资建设期为 0 年。项目有效经营期为 10 年,期末无残值,每年的现金净流量为 62 万元。即已知:$N_0 = 360$,$NCF_{1\sim10} = 62$,$n = 10$。

实训步骤

步骤 1:计算该投资项目在不同折现率条件下的净现值,见表 2-2-22。
步骤 2:计算该投资项目年金现值系数,并根据计算出来的年金现值系数与已知的年限 t,查年金现值系数表,确定内含报酬率的范围。

$$\text{年金现值系数} = \text{投资总额} \div \text{经营期每年相等的现金净流量}$$
$$= 360 \div 62 = 5.806\,5$$

表 2-2-22　净现值计算表

折现率	10%	11%	12%	13%	14%
年金现值系数	6.144 6	5.889 2	5.650 2	5.426 2	5.216 1
净现值(元)	20.97	5.13	−9.69	−23.58	−36.60

步骤 3:用插入法求出内含报酬率。

查表可知:11%对应的年金现值系数为5.889 2,12%对应的年金现值系数为5.650 2,两侧临近点:11%、12%时,则用内插法计算。

$$IRR = 11\% + \frac{(5.889\,2 - 5.806\,5)}{(5.889\,2 - 5.650\,2)} \times (12\% - 11\%)$$
$$= 11.35\%$$

2. 经营期内各年现金净流量不相等

若投资项目在经营期内各年现金净流量不相等,或建设期不为零,投资额是在建设期内分次投入的情况下,无法应用上述的简便方法,必须按定义采用逐次测试的方法,计算能使净现值等于零的贴现率,即内含报酬率。

计算步骤如下:

首先估计一个贴现率,用它来计算方案的净现值;如果净现值为正数,说明方案本身的报酬率超过估计贴现率,应提高贴现率后进一步测试。

如果净现值为负数,说明方案本身的报酬率低于估计的贴现率,应降低贴现率后进一步测试。经过多次测试,寻找出使净现值接近于零的贴现值,即为方案本身的内含报酬率。

实训内容八　内含报酬率评价方案的应用

大名公司有一个投资方案,需一次性投资 120 000 元,使用年限为 4 年,每年现金流量分别为 30 000 元、40 000 元、50 000 元、35 000 元。

要求:计算该投资方案的内含报酬率,并据以评价该方案是否可行。

步骤 1:计算该投资项目在不同折现率条件下的净现值,见表 2-2-23。

步骤 2:采用逐次测试的方法确定内含报酬率的范围。

表 2-2-23　净现值计算表

单位:元

年份	现金净流量(NCF)	贴现率=10%		贴现率=11%	
		现值系数	现值	现值系数	现值
0	(120 000)	1	(120 000)	1	(120 000)
1	30 000	0.909 1	27 273	0.900 9	27 027
2	40 000	0.826 4	33 056	0.811 6	32 464
3	50 000	0.751 3	37 565	0.731 2	36 560
4	35 000	0.683 0	23 905	0.658 7	23 054.5
净现值			1 799		−894.5

步骤 3：用插入法求出内含报酬率。

当测试值选择在 P 两侧临近点 10%、11% 时，则用内插法计算。

$$IRR = 10\% + \frac{1\,799.0}{1\,799 - 894.5} \times (11\% - 10\%)$$
$$= 10.67\%$$

内含报酬率反映了投资项目可能达到的报酬率，易于被高层决策人员所理解。对于独立投资方案的比较决策，如果各方案原始投资额不同，可以通过计算各方案的内含报酬率，并与现值指数法结合，反映各独立投资方案的获利水平。

(三) 贴现评价指标之间的关系

贴现评价指标按指标性质不同分为：正指标（指标越大越好，除静态投资回收期以外的其他指标）和反指标（静态投资回收期，该指标越小越好）。

指标在决策中的重要性分为：主要指标（净现值、内部收益率等）、次要指标（静态投资回收期）、辅助指标（投资收益率）。

净现值 NPV，净现值率 $NPVR$，现值指数 PI 和内含报酬率 IRR 指标之间存在以下数量关系，即：

当 $NPV > 0$ 时，$NPVR > 0$，$PI > 1$，$IRR > i$
当 $NPV = 0$ 时，$NPVR = 0$，$PI = 1$，$IRR = i$
当 $NPV < 0$ 时，$NPVR < 0$，$PI < 1$，$IRR < i$

这些指标的计算结果都受到建设期和经营期的长短、投资金额及方式，以及各年现金净流量的影响。所不同的是净现值（NPV）为绝对数指标，其余为相对数指标，计算净现值、净现值率和现值指数所依据的贴现率（i）都是事先已知的，而内含报酬率（IRR）的计算本身与贴现率（i）的高低无关，只是采用这一指标的决策标准是将所测算的内含报酬率与其贴现率进行对比，当 $IRR \geq i$ 时该方案是可行的。

技能训练十一

宏大公司准备建立一套果汁生产线，需购入设备，设备购置费需要 100 000 元，垫支的流动资金为 50 000 元，于项目初期一次性投入。该设备购入即投入使用，生产期 5 年，采用直线法计提折旧，残值为 10 000 元，该设备每年带来销售收入 80 000 元，成本费用见表 2-2-24，项目评价见表 2-2-25。假设该新产品的最低投资报酬率为 10%。不考虑所得税。

要求：(1) 计算项目各年的现金净流量。
(2) 根据内含报酬率指标评价项目是否可行。

表 2-2-24 总成本费用估算表

单位：元

序号	项目	合计	计算期									
			1	2	3	4	5	6	7	8	9	10
1	外购原材料费		25 000	25 000	25 000	25 000	25 000					
2	外购燃料及动力费											
3	工资及福利费		25 000	25 000	25 000	25 000	25 000					
4	修理费		2 000	2 000	2 000	2 000						
5	折旧费		18 000	18 000	18 000	18 000	18 000					

(续表)

序号	项目	合计	计算期									
			1	2	3	4	5	6	7	8	9	10
6	摊销费											
7	财务费用											
8	其他费用											
9	总成本费用合计(1+2+3+…+8)		70 000	70 000	70 000	70 000	68 000					
	其中:可变成本											
	固定成本											
10	经营成本(9-5-6-7)		52 000	52 000	52 000	52 000	52 000					

表 2-2-25 项目评价表

单位:元

项 目	数 值
该项目第 0 年的现金净流量	
该项目第 1 至第 4 年的现金净流量	
该项目第 5 年的现金净流量	
该项目的内部收益率	
该项目是否可行	

任务三　项目投资决策方法的应用

依据方案之间的关系,可以分为独立方案、互斥方案和混合方案。独立方案是指在决策过程中,一组相互分离、互不排斥的方案或单一方案。选择某一方案并不排斥另一方案。互斥方案是指互相关联、互相排斥的方案。采纳方案组中的某一方案,就会自动排斥这组方案中的其他方案。那么,如何正确决策独立投资方案和互斥投资方案呢?

一、独立方案的决策

独立投资方案的决策属于筛分决策,在只有一个投资项目可供选择的条件下,只需评价其财务上是否可行,即方案本身是否达到某种预期的可行性标准。

每个单一的独立方案,也存在着"接受"或"拒绝"的选择。只有完全具备或基本具备财务可行性的方案,才可以被接受;完全不具备或基本不具备财务可行性的方案,只能选择"拒绝"。常用的评价指标有净现值、净现值率、现值指数和内含报酬率,单一方案如果评价指标同时满足以下条件: $NPV \geqslant 0$, $NPVR \geqslant 0$, $PI \geqslant 1$, $IRR \geqslant i$,则项目具有财务可行性;反之,则不具备财务可行性。各独立方案之间评价方案的优先次序,一般选择内含报酬率(IRR)高的方案。而静态的投资回收期与投资利润率可作为辅助指标评价投资项目,但需注意的是,当辅助指标与主要指标(净现值等)的评价结论发生矛盾时,应当以主要指标的结论为准。

技能训练十二

大名公司拟引进一条流水线,投资额110万元,分2年投入。第1年年初投入60万元,第2年年初投入50万元,建设期为2年,净残值10万元,折旧采用直线法。在投产初期投入流动资金20万元,项目使用期满仍可全部回收。该项目可使用10年,每年销售收入为64万元,总成本50万元。假定企业期望的投资报酬率为10%,不考虑所得税。

要求:计算该项目的净现值、内含报酬率,见表2-2-26,并判断该项目是否可行。

表2-2-26 大名公司净现值和内含报酬率

NCF_0	NCF_1	NCF_2	$NCF_{3\sim 11}$	NCF_{12}
内含报酬率				

二、互斥方案的决策

对互斥方案决策而言,选择决策要解决的问题是应该淘汰哪个方案,即选择最优方案。如果投资额不同,项目的寿命相同,对互斥项目应当以净现值法优先,但由于净现值指标受投资项目寿命期的影响,如果互斥方案的投资额不相等,项目计算期也不相同,年等额净现值指标是互斥方案最恰当的决策方法。

独立方案与互斥方案的不同点:互斥方案所指的方案是同一项目的不同方案;独立方案指的"方案"是不同的"项目",即若干个彼此不相关的项目。同时,独立方案的取舍只需与基准收益率进行比较而选择,一组独立方案中,各方案的有效期可以不同,并不影响决策的结果。

(一)互斥方案的投资额、项目计算期均相等的项目决策

互斥方案的投资额、项目计算期均相等,可采用净现值法或内含报酬率法。净现值法,是指通过比较互斥方案的净现值指标的大小来选择最优方案的方法。内含报酬率法,是指通过比较互斥方案的内含报酬率指标的大小来选择最优方案的方法,净现值或内含报酬率最大的方案为优。

实训内容九 互斥投资方案的决策分析

大名公司现有资金200万元可用于固定资产项目投资,有A、B、C、D 4个互相排斥的备选方案可供选择,这4个方案投资总额均为200万元,项目计算期都为6年,贴现率为12%。

要求:决策哪一个投资方案为最优。

步骤1:计算4个投资项目在各年的净现值和内含报酬(计算过程从略)。

$NPVA = 9.35$(万元)　　　$IRRA = 14.23\%$

$NPVB = 13.23$(万元)　　$IRRB = 17.02\%$

$NPVC = -2.12$(万元)　　$IRRC = 8.45\%$

$NPVD = 10.56$(万元)　　$IRRD = 15.02\%$

步骤2:分析比较各个方案,并作出选择。

因为C方案净现值为-2.12万元,小于零,内含报酬率为8.45%,小于贴现率,不符合财务可行的必要条件,应舍去。

又因为 A、B、D 3 个备选方案的净现值均大于零,且内含报酬平均大于贴现率,所以 A、B、D 3 个方案均符合财务可行的必要条件。

且

$$NPV_B > NPV_D > NPV_A$$
$$13.23(万元) > 10.56(万元) > 9.35(万元)$$
$$IRR_B > IRR_D > IRR_A$$
$$17.02\% > 15.02\% > 14.23\%$$

所以 B 方案最优,D 方案为其次,最差为 A 方案,应采用 B 方案。

(二)互斥方案的投资额不相等,但项目计算期相等的项目决策

互斥方案的投资额不相等,但项目计算期相等,可采用差额法。差额法,是指在两个投资总额不同方案的差量现金净流量(记作 ΔNCF)的基础上,计算出差额净现值(记作 ΔNPV)或差额内含报酬率(记作 ΔIRR),并据以判断方案孰优孰劣的方法。

在此方法下,一般以投资额大的方案减投资额小的方案,当 $\Delta NPV \geqslant 0$ 或 $\Delta IRR \geqslant i$ 时,投资额大的方案较优;反之,则投资额小的方案为优。

差额净现值 ΔNPV 或差额内含报酬率 ΔIRR 的计算过程和计算技巧同净现值 NPV 或内含报酬率 IRR 完全一样,只是所依据的是 ΔNCF。

实训内容十 新设备替换旧设备的决策分析

大明公司 5 年前购置另外一设备,价值 78 万元,购置时预期使用寿命为 15 年,残值为 3 万元。折旧采用直线法,目前已提折旧 25 万元,账面净值为 53 万元。利用这一设备,企业每年发生营业收入为 80 万元,付现成本为 50 万元。现在市场上推出一种新设备,价值 120 万元,购入后即可投入使用,使用寿命 10 年,预计 10 年后残值为 20 万元。该设备由于技术先进,效率较高,预期每年的净利润可达到 30 万元。如果现在将旧设备出售,估计售价为 20 万元。若该企业的资本成本为 10%,所得税税率为 25%,该企业是否应用新设备替换旧设备?

步骤 1:计算购买新设备增加的投资额。

新设备的项目计算期为 10 年,旧设备还可使用 10 年,所以新旧设备项目计算期相同可采用差额法来进行评价。

因为旧设备的账面净值 = 53(万元)
所以旧设备出售净损失 = 53 - 20 = 33(万元) (计入营业外支出)
少缴所得税 = 33 × 25% = 8.25(万元) (属现金流入)
所以购买新设备增加的投资额 = 120 - 20 - 8.25 = 91.75(万元)

步骤 2:计算使用新设备每年的现金净流量。

新设备年折旧额 = (120 - 20) ÷ 10 = 10(万元)
NCF 新$_{1\sim9}$ = 30 + 10 = 40(万元)
NCF 新$_{10}$ = 40 + 20 = 60(万元)

步骤 3:计算使用旧设备每年的现金净流量。

旧设备年折旧额 = (53 - 3) ÷ 10 = 5(万元)
NCF 旧$_{1\sim9}$ = 80 × (1 - 25%) - 50 × (1 - 25%) + 5 × 25% = 23.75(万元)
NCF 旧$_{10}$ = 23.75 + 3 = 26.75(万元)

步骤 4：计算使用新设备与旧设备每年的差额现金净流量。

$$\Delta NCF_0 = -120 + 20 + (53-20) \times 25\% = -91.75(万元)$$

$$\Delta NCF_{1\sim9} = 40 - 23.75 = 16.25(万元)$$

$$\Delta NCF_{10} = 60 - 26.75 = 33.25(万元)$$

$$\begin{aligned}\Delta NPV &= 16.25 \times (P/A, 10\%, 9) + 33.25 \times (P/F, 10\%, 10) - 91.75 \\ &= 16.25 \times 5.759 + 33.25 \times 0.3855 - 91.75 \\ &= 14.65(万元) > 0\end{aligned}$$

所以企业应该考虑设备更新。

实训内容十一　差额内部收益率法投资决策分析

A 项目原始投资的现值为 100 万元，第 1 至第 5 年的净现金流量为 40 万元；B 项目的原始投资额为 60 万元，项目计算期第 1 至第 5 年的净现金流量为 29 万元。假定基准折现率为 10%。根据上述资料，按差额内部收益率法进行投资决策。

步骤 1：计算购买新设备增加的投资额。

计算差量净现金流量：

$$\Delta NCF_0 = -100 - (-60) = -40(万元)$$

$$\Delta NCF_{1\sim5} = 40 - 29 = 11(万元)$$

步骤 2：计算差额内部收益率 ΔIRR。

相关折现率见表 2-2-27。

表 2-2-27　相关折现率数据

折现率	10%	11%	12%
年金现值系数	3.7908	3.6959	3.6048
差额净现值	1.70	0.65	−0.35

假设如果差额净现值为正数，说明差额内含报酬率超过估计贴现率，应提高贴现率后进一步测试。

查表可知：11% 对应的年金现值系数为 3.6959，12% 对应的年金现值系数为 3.6048，两侧临近点为 11%、12% 时，则用内插法计算。

当测试值选择在 P 两侧临近点 11%、12% 时，则用内插法计算。

$$IRR = 11\% + \frac{3.6959 - 3.6364}{3.6959 - 3.6048} \times (12\% - 11\%)$$

$$\Delta IRR = 11.65\%$$

步骤 3：分析后作出决策。

计算表明，10% 作为贴现率时，差额净现值为 11 506 元，大于零，差额内含报酬率 $\Delta IRR = 11.65\% > ic = 10\%$，大于贴现率 10%，应当投资 A 项目。

（三）互斥方案的投资额不相等，项目计算期也不相同的项目决策

互斥方案的投资额不相等，项目计算期也不相同，可采用年回收额法。年回收额法，是指通过

比较所有投资方案的年等额净现值指标的大小来选择最优方案的决策方法。在此方法下,年等额净现值最大的方案为优。

年回收额法的计算步骤如下:

首先,计算各方案的净现值 NPV;

其次,计算各方案的年等额净现值,若贴现率为 i,项目计算期为 n,则:

$$年等额净现值 = \frac{净现值}{年金现值系数}$$

技能训练十三

某公司为一家上市公司,公司的资本成本率为 9%,该公司 2010 年有一项固定资产投资计划,拟定了两个方案:甲方案原始投资额为 100 万元,在建设期起点一次性投入,项目寿命期为 6 年,净现值为 24.35 万元。乙方案原始投资额为 120 万元,在建设期起点一次性投入,项目寿命期为 4 年,净现值为 19.33 万元。假设该项目的风险水平与企业平均风险相同。

要求:使用年等额年金法作出投资决策。

技能训练十四

关于彩电生产线的更新改造决策,见图 2-2-6。

图 2-2-6

甲公司财务部认为由于超负荷运转,目前公司的彩电生产线已经严重老化,生产效率明显降低,维护成本急剧上升。该生产线的设计使用寿命为 5 年,已经使用 3 年,尚可使用 2 年,设备净残值预计为 500 万元。目前该生产线每年的付现成本为 4 800 万元。其所产生的效益已大大降低。此外,由于彩电技术迅猛发展,该生产线所生产的彩电型号已经逐渐退市,产品销路不畅,市场前景黯淡。继续维持该生产线的运行也与公司业务重心转型的战略导向不符。因此我部门申请更新生产线。

新生产线的产品为 LED 液晶电视。新生产线的购置成本为 20 000 万元。可以使用 5 年,按照税法规定采用直线法计提折旧,残值率为 5%。新生产线每年为公司带来的收入与旧设备相同,但是每年的付现成本仅为 2 000 万元(参考国内其他企业的情况得出)。

目前旧生产线的可变现净值预计为 2 500 万元。更新设备不仅节约了设备运行成本,而且生产的产品具有更广阔的市场前景。

生产部的两条生产线的资金情况分析见表 2-2-28、表 2-2-29 所示。

表 2-2-28　旧 生 产 线

原值	10 000 万元	账面净值	4 300 万元
年折旧额	1 900 万元	可变现净值	2 500 万元
已提折旧	5 700 万元	年付现成本	4 800 万元
法定残值	500 万元	预计残值	500 万元

表 2-2-29　新 生 产 线

买价	年折旧额	法定残值	预计残值	年付现成本
20 000 万元	3 800 万元	1 000 万元	1 000 万元	2 000 万元

新旧生产线均按直线法计提折旧,残值率5%,公司所得税税率25%,必要报酬率6%。

要求:计算并分析该公司继续使用旧生产线还是更换新生产线,填入表2-2-30、表2-2-31。

表 2-2-30　旧设备平均年成本

项　目	现金流量	时间	现值
旧设备变现价值			
变相损失减税			
税后付现成本			
年折旧减税			
残值净收入			
现值合计			
平均年成本			

表 2-2-31　新设备平均年成本

项　目	现金流量	时间	现值
新设备投资			
税后付现成本			
每年折旧减税			
残值净收入			
现值合计			
平均年成本			

进行固定资产更新决策时,如果新旧设备的投资寿命期不相等,分析时主要采用平均年成本法,以年成本较低的方案作为较优方案;如果新旧设备的投资寿命相等,可采用差额分析法,先求出对应项目的现金流量差额,再用净现值法或内含报酬率对差额进行分析、评价。

技能训练十五

花卉中心拟建造一项生产设备,预计建设期1年,所需原始投资100万元于建设起点一次投入。该设备预计使用寿命4年,使用期满报废清理时残值5万元。该设备折旧方法采用双倍余额递减法。结合资料对项目进行评价,行业基准折现率为10%,具体见表2-2-32、图2-2-7、表2-2-33。

(1) 计算项目计算期内各年的现金净流量。
(2) 计算该项目的净现值、净现值率、现值指数。
(3) 利用净现值率指标评价该项目的财务可行性。

表 2-2-32　分年资金投入计划

单位:万元

序号	名称	人民币			外汇		
		第1年	第2年	第3年	第1年	第2年	第3年
	分年计划	100%					
1	建设投资(不含建设期利息)	100					
2	建设期利息	0					
3	流动资金	0					
4	投资总额(1+2+3)	100					

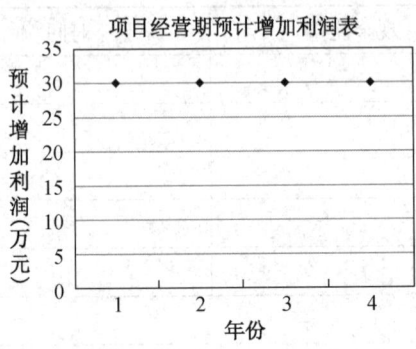

图 2-2-7　预计增加利润

表 2-2-33　固定资产折旧表

单位:万元

	经营期第1年	经营期第2年	经营期第3年	经营期第4年
固定资产原值	100	100	100	100
本年折旧	50	25	10	10
累计折旧	50	75	85	95
固定资产净值	50	25	15	5

任务四　项目风险的分析

风险是客观存在的,投资活动充满了风险性。如果决策面临的风险性比较小,一般可忽略它们的影响,把决策视为确定情况下的决策;如果决策面临的风险比较大,足以影响方案的选择,那么就应对它们进行计量并在决策时加以考虑。

对项目风险的处置有两种方法:一是调整现金流量法(肯定当量法);二是风险调整折现率法。前者是缩小净现值模型的分子,使净现值减小;后者是扩大净现值模型的分母,其结果也是使净现值减小。

一、调整现金流量法

调整现金流量法,就是按照一定的系数(即肯定当量系数)把有风险的年现金净流量调整为相当于无风险的现金净流量,然后根据无风险的报酬率计算净现值等指标,并据以评价风险投资项目的决策方法。其计算公式如下:

$$NPV = \sum_{t=0}^{n} \frac{at \times E_t}{(1+i)^t}$$

上式中,at——第 t 年现金净流量的肯定当量系数;
E_t——第 t 年的有风险的现金净流量期望值;
i——无风险的贴现率。

肯定当量系数,是把有风险的 1 元现金净流量,相当于确定的也即无风险的现金净流量金额的系数。即为确定的现金净流量与不确定的现金净流量期望值之间的比值。其计算公式如下:

$$at = \frac{\text{肯定的现金净流量}}{\text{不肯定的现金净流量期望值}}$$

利用肯定当量系数,可以把不肯定的现金流量折算成肯定的现金流量,或者说去掉现金流量中有风险的部分,使之成为"安全"的现金流量。但在实际工作中,肯定当量系数往往是在估计风险程度的基础上凭借经验确定的,所以又可以说它是一个经验系数。投资方案风险大小通过标准差系数来表示,某方案标准差系数越小,说明该方案的风险越小,将其不肯定的现金净流量换算为肯定的现金净流量的数额就相对较大;反之,则换算为肯定的现金净流量的数额就相对较小。标准差系数与肯定当量系数的经验关系如表 2-2-34 所示。

表 2-2-34 标准差等数与肯定当量系数的经济关系

标准差系数 q	肯定当量系数 at
$0 \leqslant q \leqslant 0.07$	1
$0.07 < q \leqslant 0.15$	0.9
$0.15 < q \leqslant 0.23$	0.8
$0.23 < q \leqslant 0.32$	0.7
$0.32 < q \leqslant 0.42$	0.6
$0.42 < q \leqslant 0.54$	0.5
……	……

技能训练十六

甲公司有两个投资机会,当前无风险报酬率为 5%。A 方案和 B 方案的现金净流量如表 2-2-35。

A 方案:

$q_1 = 0.3536$ $\alpha_1 = 0.6$

$q_2 = 0.2582$ 相对应 $\alpha_2 = 0.7$

$q_3 = 0.1581$ $\alpha_3 = 0.8$

B 方案:

$q_1 = q_2 = q_3 = 0.1581$ 相对应 $\alpha_1 = \alpha_2 = \alpha_3 = 0.8$

表 2-2-35 现金净流量

年度	0	1	2	3
A	500 000	200 000	300 000	200 000
B	200 000	100 000	100 000	100 000

要求：计算风险调整后的净现值。

二、风险调整贴现率法

$$风险调整贴现率 = 无风险报酬率 + 风险报酬率$$
$$= 无风险报酬率 + 风险程度 \times 风险报酬斜率$$
$$= 无风险报酬率 + \beta \times (市场平均报酬率 - 无风险报酬率)$$

风险调整贴现率法对风险大的项目采用较高的贴现率，对风险小的项目采用比较低的贴现率，理论比较完善，便于理解，使用广泛。但是这种方法把时间价值和风险价值混淆在一起，对每年的现金流量进行贴现，意味着风险随着时间的推移而加大，这种假设有时与实际情况不符，也是风险调整贴现率法的局限性。

技能训练十七

甲企业的无风险报酬率为5%，现有两个投资方案，有关资料如表2-2-36所示。

要求：采用风险调整贴现率法来选择方案。

表 2-2-36 A、B 投资方案的有关资料

单位：元

项 目 计算期	A方案		B方案	
	现金净流量	概率(P_i)	现金净流量	概率(P_i)
0	(500 000)	1	(200 000)	1
1	300 000	0.25	75 000	0.2
	200 000	0.5	100 000	0.6
	100 000	0.25	125 000	0.2
2	400 000	0.3	75 000	0.2
	300 000	0.4	100 000	0.6
	200 000	0.3	125 000	0.2
3	250 000	0.2	75 000	0.2
	200 000	0.6	100 000	0.6
	150 000	0.2	125 000	0.2

要求：(1) 确定风险程度 Q。

投资方案各年现金净流量的期望值 E_t，填入表2-2-37。

$$E_t = \sum_{i=1}^{n} X_i P_i$$

表 2-2-37　A、B 方案期望值

期望值	A 方案	B 方案
E_0		
E_1		
E_2		
E_3		

（2）计算反映各年现金净流量离散程度的标准差 d_t 和标准差系数 q_t，填入表 2-2-38。

$$d_t = \sqrt{\sum_{i=1}^{n}(X_i - E_t)^2 \times p_i}$$

$$q_t = \frac{d_t}{E_t}$$

表 2-2-38　A、B 方案综合标准差系数

标准差	标准差系数	A 方案	B 方案
d_1	q_1		
d_2	q_2		
d_3	q_3		

（3）计算 A 方案和 B 方案的综合标准差系数 Q。

$$Q = \frac{D}{EPV}$$

D 为综合标准差，其计算公式如下：

$$D = \sqrt{\sum_{t=1}^{n}\left[\frac{d_t}{(1+i)^t}\right]^2}$$

EPV 为各年期望值的现值之和，其计算公式如下：

$$EPV = \sum_{t=1}^{n}\frac{E_t}{(1+i)^t}$$

A 方案的综合标准差系数＝？
B 方案的综合标准差系数＝？
（4）无风险报酬率为 5％，风险报酬斜率 $b=0.1$，计算风险调整贴现率 K。
（5）根据风险调整贴现率计算投资方案的净现值和净现值率。

技能训练十八

以下 4 种经济状况下，A 项目和 B 项目相应的预期收益率和发生概率如图 2-2-8 所示，比较两个项目的风险大小见表 2-2-39。

图 2-2-8　A、B 项目的预期收益率与概率

经济状况	发生概率	预期收益率
衰退	0.1	-3%
稳定	0.3	3%
适度增长	0.4	7%
繁荣	0.2	10%

经济状况	发生概率	预期收益率
衰退	0.1	2%
稳定	0.3	4%
适度增长	0.4	10%
繁荣	0.2	20%

表 2-2-39　项目比较分析表

项目	
A 项目预期收益率	
B 项目预期收益率	
A 项目标准差	
B 项目标准差	
A 项目变化系数	
B 项目变化系数	
A 或 B 哪个项目风险小	

技能训练十九

明硕公司有两个项目需要决策,A 项目的预期股权现金流量风险大,其 β 值为 1.5;B 项目的预期股权现金流量风险小,其 β 值为 0.5。当前的无风险报酬率为 5%,市场平均报酬率为 10%。

要求:采用风险调整贴现率法计算填列表 2-2-40、表 2-2-41、表 2-2-42,并作出决策。

表 2-2-40　A 项目、B 项目的现金净流量

单位:元

年数	A 项目 现金净流量	B 项目 现金净流量
0	-430 000	-450 000
1	140 000	145 000
2	140 000	145 000
3	140 000	145 000
4	140 000	145 000

表 2-2-41　A 项目净现值

单位:元

净现值	A 项目调整前	A 项目调整后
NPVA		

表 2-2-42　B 项目净现值

单位：元

净现值	B项目调整前	B项目调整后
NPVB		

★ 案例分析

酒鼎公司项目投资案例分析

酒鼎白酒厂是生产白酒的中型企业，该厂生产的白酒酒香纯正，长期以来供不应求。为了扩大生产能力，酒鼎白酒厂准备新建一条生产线。李明是该厂的助理会计师，主要负责筹资和投资工作。2019 年总会计师李冰要求李明搜集建设新生产线的有关资料，并对投资项目进行财务评价，以供厂领导决策考虑。李明经过十几天的调查研究，得到以下有关资料：①投资新的生产线需一次性投入 1 000 万元，建设期 1 年，预计可使用 10 年，报废时无残值收入；按税法要求该生产线的折旧年限为 8 年，使用直线法折旧，报废时无残值收入；残值率为 10%。②购置设备所需的资金通过银行借款筹措，借款期限为 4 年，每年年末支付，利息 100 万元，第 4 年年末用税后利润偿付本金。③该生产线投入使用后，预计可使工厂第 1 至第 5 年的销售收入每年增长 1 000 万元，第 6 至第 10 年的销售收入每年增长 800 万元，耗用的人工和原材料等成本为收入的 60%。④生产线建设期满后，工厂还需垫支流动资金 200 万元。⑤所得税税率为 30%。⑥银行借款的资金成本为 10%。

为了完成总会计师交给的任务，李明需要完成以下工作：

①预测新的生产线投入使用后，该工厂未来 10 年增加的净利润。②预测该项目各年的现金净流量。③计算该项目的净现值，以评价项目是否可行。

要求按照李明的评价步骤，计算并评价该项目是否可行。

小　　结

在进行项目投资决策时，首要环节就是估计投资项目的预算现金流量。与项目产生现金流有关的有现金流入量、现金流出量和现金净流量。注意在确定项目投资的现金流量时，应遵循的基本原则是：只有增量现金流量才是与投资项目相关的现金流量。估计项目的现金流量后，可进行项目投资决策评价。项目投资决策评价指标是衡量和比较投资项目可行性并据以进行方案决策的定量化标准与尺度。项目投资决策评价指标根据是否考虑资金的时间价值，可分为非贴现指标和贴现指标两大类。非贴现指标主要包括投资回收期、会计收益率等；贴现指标主要是考虑时间价值的因素，主要包括净现值、净现值率、现值指数、内含报酬率等。

通过该实训让学生掌握项目投资决策方法的应用，正确决策独立投资方案和互斥投资方案。如果独立方案评价指标同时满足以下条件：$NPV \geqslant 0$，$NPVR \geqslant 0$，$PI \geqslant 1$，$IRR \geqslant i$，则项目具有财务可行性。对于互斥决策，以方案的获利数额作为评价标准，一般采用净现值法和年等额净现值法进行决策。投资活动充满了风险性。如果决策面临的风险比较大，足以影响方案的选择，那么就应对它们进行计量并在决策时加以考虑。与项目风险处置的有关方法有调整现金流量法和风险调整折现率法。该实训通过结合案例分析资料，让学生掌握项目年度现金净流量的计算、项目评估的基本方法，能够用所学专业知识分析固定资产更新决策问题。

实际操作训练

一、项目评价指标的实训

（1）某企业引进一条生产流水线，投资 100 万元，使用期限 5 年，期满残值 5 万元，每年可使企业增加营业收入 80 万元，同时也增加付现成本 40 万元，折旧采用直线法计提，企业要求最低报酬率为 10%，所得税税率 25%。

要求：计算该项投资的净现值并判断其可行性。

（2）某企业现有甲、乙两个投资项目可供选择，其中甲项目投资 25 000 元，5 年内预计每年现金净流量 6 200 元；乙项目投资 55 000 元，5 年内预计每年现金净流量 15 000 元，这两个项目的贴现率均为 10%。

要求：请为企业作出决策，该投资于哪个项目？

（3）某企业投资 15 500 元购入一台设备。该设备预计残值为 500 元，可使用 3 年，折旧按直线法计算。设备投产后每年销售收入增加额分别为 10 000 元、20 000 元、15 000 元，除折旧外的费用增加额分别为 4 000 元、12 000 元、5 000 元。企业适用的所得税税率为 40%，要求的最低投资报酬率为 10%，目前年税后利润为 20 000 元。

要求：假设企业经营无其他变化，预测未来 3 年企业每年的税后利润。

计算该投资方案的净现值。

（4）A 项目原始投资的现值为 100 万元，1～5 年的净现金流量为 401 527 元；B 项目的原始投资额为 60 万元，项目计算期第 1 至第 5 年的净现金流量为 298 691 元。假定基准折现率为 10%。根据上述资料，按差额内部收益率法进行投资决策。

（5）某企业拟投资建设一条新生产线。现有 4 个方案可供选择：A 方案的原始投资为 1 250 万元，项目计算期为 12 年，净现值为 950 万元；B 方案的原始投资为 1 100 万元，项目计算期为 10 年，净现值为 850 万元；C 方案的净现值为 -12.5 万元；D 方案的内部收益率为 8%，行业基准折现率为 10%，则企业应该选择哪个方案？

二、固定资产更新评价的实训

（1）B 公司目前生产一种产品，该产品的适销期预计还有 6 年，公司计划 6 年后停产该产品。生产该产品的设备已使用 5 年，比较陈旧，运行成本（人工费、维修费和能源消耗等）和残次品率较高。目前市场上出现了一种新设备，其生产能力、生产产品的质量与现有设备相同。设备虽然购置成本较高，但运行成本较低，并且可以减少存货占用资金、降低残次品率。除此以外的其他方面，新设备与旧设备没有显著差别。

B 公司正在研究是否应将现有旧设备更换为新设备，有关的资料如表 2-2-43（单位：元）。

表 2-2-43 旧设备与新设备现金流出现值对照表

继续使用旧设备		更换新设备	
旧设备当初购买和安装成本	200 000		
旧设备当前市值	50 000	新设备购买和安装成本	300 000
税法规定折旧年限（年）	10	税法规定折旧年限（年）	10

(续表)

继续使用旧设备		更换新设备	
税法规定折旧方法	直线法	税法规定折旧方法	直线法
税法规定残值率	10%	税法规定残值率	10%
已经使用年限(年)	5	运行效率提高减少半成品存货占用资金	15 000
预计尚可使用年限(年)	6	计划使用年限(年)	6
预计6年后残值变现净收入	0	预计6年后残值变现净收入	150 000
年运行成本(付现成本)	110 000	年运行成本(付现成本)	85 000
年残次品成本(付现成本)	8 000	年残次品成本(付现成本)	5 000

B公司更新设备投资的资本成本为10%,所得税税率为25%;固定资产的会计折旧政策与税法有关规定相同。

要求:(1) 计算B公司继续使用旧设备的相关现金流出总现值。

(2) 计算B公司更换新设备方案的相关现金流出总现值。

(3) 计算两个方案的净差额,并判断是否实施更新设备的方案。

项目三 证券投资

★ 实训目的

通过证券投资实训,学生能够系统地掌握证券投资的理论和方法,提高专业知识的应用能力,在工作中用所学专业知识分析企业实际,树立正确投资的观念。

★ 实训要求

通过专业知识的应用和实际案例的分析,掌握债券、股票收益率和价值的计算,理解证券投资组合的意义、风险与收益率。

★ 实训设计

证券投资的实训包括3个任务:任务一债券投资、任务二股票投资、任务三证券投资的风险与组合。

[第一步] 掌握债券价值、债券收益率的计算及其应用。

该步骤要求掌握债券投资的评价标准:价值和收益率。当债券的购买价格低于债券价值时才值得购买。债券的收益率是进行债券投资时选购债券的另外一个重要标准,如果债券的收益率高于投资人要求的必要报酬率,则可购进债券,否则就应放弃此项投资。

[第二步] 掌握股票价值、股票收益率的计算及其应用。

股票投资决策要求投资人在风险与收益均衡原则的指导下,通过对国民经济形势和金融市场状况以及发行企业的经营状况和财务状况进行分析和研究,以对股票投资的具体对象、投资的时机、投资的期限等作出选择。股票投资决策中应该考虑的问题,与债券投资决策中应该考虑的具体问题相似,要求掌握股票价值和股票收益率的计算。

[第三步] 掌握证券投资组合风险收益的计算及其应用。

证券投资组合是为了规避风险,在进行证券投资时,不是将所有的资金都投向单一的某种证券,而是有选择地投向多种证券。这种组合并非是若干个证券商品简单随意的拼凑,是在投资收益与风险的权衡中作出的最佳组合。

★ 实训内容

有风险才有诱惑,没有风险的社会,就没有成果而言。在证券投资市场上也是如此,如何把握风险和收益之间的度,则需要我们在具备证券投资基础知识的前提下,树立正确的风险意识。该部分实训首先要求学生掌握债券投资的评价标准:债券价值和债券收益率的计算及其应用;其次通过股票价值、股票收益率的实训,要求学生对股票投资的具体对象、投资的时机、投资的期限等作出选择;最后要求学生在具备证券投资基础知识的前提下,树立正确的风险意识,掌握证券投资组合风险收益的计算及其应用。

★ 考核标准

日常教学过程中考核学生能否正确计算债券和股票的收益率和价值,能否正确计算投资组合的期望收益率和衡量投资组合的风险,评估学生对证券价值和组合投资、规避风险的技能的掌握。

该项目中任务一债券投资占比25%,任务二股票投资占比25%,任务三证券投资的风险与组合占比10%,此项考核占60%,另外通过实训教学软件进行考核占40%。

★ 模拟情景

大名公司有着十分充裕的现金,并高于最佳持有量。因此,大名公司决定用部分的资金进行证券投资。作为大名实业公司投资部主管,管桦不仅抓住市场时机投资债券,同时还将公司的部分盈余现金投资于股票。证券市场风云变幻,投资部主管管桦认为投资时应关注那些始终把股东利益放在首位的企业,投资易了解、前景看好的企业,尤其是经营稳健、讲究诚信、分红回报高的企业,确保投资的保值和增值,不熟悉、前途莫测的企业即使被说得天花乱坠也毫不动心,同时注意投资时不要投机。

任务一 债券投资

证券投资已经成为企业投资的重要组成部分。证券是指具有一定票面金额,代表财产所有权和债权,可以有偿转让的凭证,证券投资主要有股票、债券、组合投资。

债券投资决策所要解决的关键问题共有两个:债券价值的估计问题和债券实际收益率的计算问题,以下是这两个指标的计算。

一、债券价值的计算

债券的价值又称债券的内在价值,是债券投资未来现金流入的总现值。债券的现金流入主要包括利息和到期收回的本金或出售时获得的现金两部分。

$$债券价值=未来各期利息收入的现值合计+未来到期本金或售价的现值$$

其中,未来的现金流入包括利息、到期的本金(面值)或售价(未持有至到期);计算现值时的折现率等风险投资的必要报酬率。

1. 复利计算、按年付息的债券估价模型

债券价值的基本模型主要是指按复利方式计算的每年定期付息、到期归还本金的债券的估价模型,这种方式使用最为广泛。

按照这种模式,债券价值计算的基本模型如下:

$$V = \sum_{t=1}^{n} \frac{i \times F}{(1+K)^t} + \frac{F}{(1+K)^n} = i \times F(P/A, K, n) + F \times (P/F, K, n)$$
$$= I \times (P/A, K, n) + F \times (P/F, K, n)$$

式中,V——债券价值;

i——债券票面利息率;

I——债券利息;

F——债券面值;

K——市场利率或投资人要求的必要收益率;

n——付息总期数。

2. 一次还本付息的单利债券估价模型

我国很多债券属于一次还本付息、单利计算的存单式债券,其价值模型如下:

$$V = F \times (1 + i \times n) \times (1+K)^n = F \times (1 + i \times n) \times (P/F, K, n)$$

3. 零息债券的估价模型

零息债券是指到期只能按面值收回,期内不计息的债券,价值模型如下:

$$P = F \times (P/F, K, n)$$

实训内容一　债券估值分析

大名公司打算投资债券,有3家公司的债券可供选择。甲公司对外发行的债券面值为1 000元,票面利率为7%,期限为3年,每年定期付息。当前的市场利率为8%;乙公司的企业债券面值1 000元,期限4年,票面利率6%,单利计息,到期还本付息;丙公司发行债券面值1 000元,期限4年,期内不计息,到期按面值偿还。

这3家公司债券发行价格为多少时才能购买?

实训步骤

步骤1:确定债券的估值类型。

甲公司属于每年定期付息、到期归还本金的债券,乙公司属于一次还本付息的单利债券,丙公司属于零息债券。

步骤2:计算债券的估值。

$$\begin{aligned}
甲公司 V &= 1\,000 \times 7\% \times (P/A, 8\%, 3) + 1\,000 \times (P/F, 8\%, 3) \\
&= 70 \times 2.577\,1 + 1\,000 \times 0.793\,8 \\
&= 974.20(元)
\end{aligned}$$

甲公司债券的价格必须低于974.20元时才能进行投资。

$$\begin{aligned}
乙公司 V &= 1\,000 \times (1 + 6\% \times 4) \times (P/F, 8\%, 4) \\
&= 1\,000 \times 1.24 \times 0.735\,0 \\
&= 911.4(元)
\end{aligned}$$

乙公司债券的价格只有低于911.4元时,大名公司才适合购买。

$$丙公司 V = 1\,000 \times (P/F, 8\%, 4) = 1\,000 \times 0.735\,0 = 735(元)$$

丙公司债券的价格只有低于735元时,大名企业才适合购买。

技能训练一

结合以下资料,计算两种发行提案下债券的价值,并确定选择哪种方式合适。

2019年10月份,天创证券的李明接到杨柳下达的工作任务,对公司准备承销的债券进行估价,并撰写债券评估报告,为债券发行价格提供参考。关于该债券的发行,天创证券内部有两种不同的方案,假定市场利率为8%,选择哪种方式更合适?

2019年光启公司债券发行提案一	2019年光启公司债券发行提案二
一、债券发行总额 拟发行债券总额为1 000万元人民币 ……	一、债券发行总额 拟发行债券总额为1 000万元人民币 ……
二、债券基本要素 1. 债券发行面值(单张):1 000元 2. 票面利率:9.2% 3. 期限:4年 4. 计息方式:单利计算,到期一次还本付息 ……	二、债券基本要素 1. 债券发行面值(单张):1 000元 2. 票面利率:8.4% 3. 期限:4年 4. 计息方式:单利计算,每年付息一次

技能训练二

以下3种债券的面值均为1 000元,根据表2-3-1计算每种债券的价值,填入表2-3-2并作出决策。

表2-3-1 债券情况表

债券	数量	利率	付息方式	到期期限	必要报酬率
09鲁高速	10	0	零息债券	5	6.0%
08宁交投	5	8%	半年付息一次	3	8%
07中铝	8	7.5%	每年年末付息	4	7.0%

表2-3-2 债券市场价值计算表

债券名称	09鲁高速	08宁交投	07中铝
债券面值			
单期利息			
折现率			
现值			

技能训练三

新兴公司购买以下两种债券:5年期债券和20年期债券,两种债券面值均为10 000元,票面利率为8%。每年年末付息一次,请结合所学知识计算以下两种情况的债券价值。

(1) 市场利率为9%。

(2) 市场利率为7%。

技能训练四

根据东方贸易股份有限公司的《公司债券募集说明书》和每张债券的相关数据见表2-3-3,计算不同折现率下每张债券的现值,填表2-3-4。

东方贸易股份有限公司
公司债券募集说明书概要

基 本 要 素

债券名称:2015年东方贸易股份有限公司公司债券。
发行数量:20 000张。
票面金额:壹仟元整。
票面利率:采用固定利率形式,票面年利率6.5%,在债券存续期内固定不变。公司债券按年付息、到期还本,每年年末付息,逾期不另计利息。
债券期限:6年期。
发行价格:玖佰陆拾伍元整。
发行总额:人民币壹仟玖佰叁拾万元整。
发行费用:人民币肆拾万元整。
发行对象:通过承销商设置的发行网点向中华人民共和国境内机构投资者发行。
债券评级:经联合资信评估有限公司综合评定为AAA级。
主体评级:经联全资信评估有限公司综合评定为AA级。
债券担保:由中国华通集团公司提供无条件不可撤销的连带责任保证担保。
发行期限:由2015年12月01日起至2015年12月10日止。

表 2-3-3　每张债券相关数据　　　　　　　　　　　　　　　　　金额：元

债券面值	1 000
发行价格	965
发行费用	20
筹集金额	945
支付年利息	65
到期还本	1 000

根据债券的相关数据，计算不同折现率下每张债券的现值。

表 2-3-4　不同折现率下的债券现值　　　　　　　　　　　　　　单位：元

现值项目	折现率7%	折现率8%
利息现值		
本金现值		
债券现值		

技能训练五

2001年长江三峡工程开发总公司债券发行案例　中国长江三峡工程开发总公司(简称"三峡总公司")是经国务院批准成立，计划在国家单列的自主经营、独立核算、自负盈亏的特大型国有企业，是三峡工程的项目法人，全面负责三峡工程的建设、资金的筹集以及项目建成后的经营管理。三峡总公司拥有全国特大型的水力发电厂——葛洲坝水力发电厂，今后还将按照国家的要求，从事和参与长江中上游流域水力资源的滚动开发。

发行人最近3年的财务状况：

(1) 主要财务数据及指标见表2-3-5。

表 2-3-5　近3年的财务状况　　　　　　　　　　　　　　　　　单位：万元

项目	1998年	1999年	2000年
净利润	20 828	38 105	50 130
资产负债率	45.37%	48.08%	49.38%

资产负债率表明该公司财务状况较好，净利润的增长速度较快，资产负债率也较理想，最高也未超过50%(我国大多数企业的资产负债率在30%~40%)。

(2) 经审计的最近3年财务报表(1998年、1999年、2000年略，请同学们自己查阅)，本期债券的基本事项(目前最能反映发行债券的创新，很有特色)。①债券名称：2001年中国长江三峡工程开发总公司企业债券。②发行规模：人民币50亿元整。③债券期限：按债券品种不同分为10年和15年。其中10年期浮动利率品种20亿元,15年期固定利率品种30亿(此点很有创意：第一，时间长,15年，创造了中国企业发行债券的年限纪录；第二，一批债券有两个期限，投资者可以有一定的选择区间；第三，一批债券有两种利率制度。所以，此案例很有代表性)。④发行价格：平价发行，以1 000元人民币为一个认购单位。⑤债券形式：实名制记账式企业债券，使用中央国债登记结算有限责任公司统一印制的企业债券托管凭证。⑥债券利率：本期债券分为10年期和15年期两个品种。10年期品种采用浮动利率的定价方式。15年期品种采用固定利率方式,票面利率5.21%

利率。

该案例给了你哪些启示？

债券估价具有重要的实际意义。企业运用债券形式从资本市场上筹资，必须要知道它如何定价。如果定价偏低，企业会因付出更多现金而遭受损失；如果定价偏高，企业会因发行失败而遭受损失。判断是否投资某债券的基本方法是首先确定债券的内在价值。债券的价值体现了债券投资人要求的报酬，然后把价值与债券当前的市场价格作比较，当债券的购买价格低于债券价值时，才值得购买。

二、债券收益率的计算

债券的收益率有票面收益率、直接收益率、持有期收益率和到期收益率等多种。决定债券收益率的主要因素，有债券的票面利率、期限、面额和购买价格。人们在债券持有期内，债券利息是收益的一部分，还可以在债券市场进行买卖，赚取价差，因此，债券收益除利息收入外，还包括买卖盈亏差价。由于债券持有人可能在债券偿还期内转让债券，因此，债券的收益率还可以分为债券持有至到期的收益率和债券持有期间的收益率。按照债券持有期限，可划分为短期债券投资和长期债券投资。

1. 短期债券收益率的计算

短期债券由于期限较短(持有期限1年以内，含1年)，一般不用考虑货币时间价值因素，只需考虑债券价差及利息，将其与投资额相比，即可求出短期债券收益率。其基本计算公式如下：

(1) 持有至到期收益率的基本公式。

$$债券收益率 = \frac{(到期本息和 - 债券购买价格)}{购入价格 \times 剩余到期年限} \times 100\%$$

(2) 债券分期付息，到期还本方式支付。

$$债券持有期间的收益率 = \frac{(债券出售价格 - 债券购买价格 + 持有期间的利息)}{购入价格 \times 持有年限} \times 100\%$$

(3) 债券到期一次还本付息的方式支付。

$$债券持有期间的收益率 = \frac{(债券出售价格 - 债券购买价格)}{购入价格 \times 持有年限} \times 100\%$$

2. 长期债券收益率的计算

对于长期债券，由于涉及时间较长，需要考虑货币时间价值，其投资收益率一般是指购进债券后一直持有至到期日可获得的收益率，它是使债券利息的年金现值和债券到期收回本金的复利现值之和等于债券购买价格时的贴现率，即是使未来现金流量现值等于债券购入价格的折现率。

(1) 一般长期债券收益率的计算。

$$V = I \times (P/A, K, n) + F \times (P/F, K, n)$$

债券收益率的计算就是求解含有折现率的方程。

式中，V——债券的购买价格；

I——每年获得的固定利息；

F——债券到期收回的本金或中途出售收回的资金；

K——债券的投资收益率；

n——投资期限。

由于无法直接计算收益率,必须采用逐步测试法及内插法来计算,即先设定一个贴现率代入上式,如计算出的 V 正好等于债券买价,该贴现率即为收益率;如计算出的 V 与债券买价不等,则须继续测试,再用内插法求出收益率。

实训内容二 债券收益率分析

大名公司购买了两种债券。第一种于 2019 年 7 月 8 日以 1 020 元购进一张面值 1 000 元、票面利率 5%、每年付息一次的债券,并于 2020 年 7 月 8 日以 1 070 元的市价出售;第二种于 2015 年 1 月 1 日用平价购买一张面值为 1 000 元的债券,其票面利率为 9%,每年 1 月 1 日计算并支付一次利息,该债券于 2020 年 1 月 1 日到期,按面值收回本金。要求分别计算两种债券的投资收益率。

实训步骤:

步骤 1:第一种债券属于短期持有的债券。

$$K = (1\,070 - 1\,020 + 50) \div 1\,020 \times 100\% = 9.80\%$$

第一种债券的投资收益率为 9.80%。

步骤 2:第二种债券属于长期持有的债券。

$$I = 1\,000 \times 9\% = 90(元)$$
$$F = 1\,000(元)$$

设收益率 $i = 8\%$,进行测算。

则
$$V = 90 \times (P/A, 8\%, 5) + 1\,000 \times (P/F, 8\%, 5)$$
$$= 90 \times 3.992\,7 + 1\,000 \times 0.680\,6 = 1\,039.94(元)$$

通过前面计算已知,$i = 8\%$ 时,上面等式右边为 1 039.94 元。由于利率与现值呈反向变化,即现值越大,利率越小。而债券买价为 1 000 元,收益率一定大于 8%,提高贴现率进一步试算。

用 $i = 10\%$ 试算。

$$V = 90 \times (P/A, 10\%, 5) + 1\,000 \times (P/F, 10\%, 5)$$
$$= 90 \times 3.790\,8 + 1\,000 \times 0.620\,9$$
$$= 962.07(元)$$

用内插法计算。

$$i = 8\% + \frac{1\,039.94 - 962.07}{1\,039.94} \times (10\% - 8\%) = 8.15\%$$

所以第二种债券的购买价格为 1 000 元时,债券的收益率为 8.15%。

(2) 一次还本付息的单利债券收益率的计算。

一次还本付息的单利债券价值模型为:$V = F \times (1 + i \times n) \times (P/F, K, n)$

债券收益率的计算就是求解含有折现率的方程。

债券的收益率是进行债券投资时选购债券的重要标准,它可以反映债券投资按复利计算的实际收益率。如果债券的收益率高于投资人要求的必要报酬率,则可购进债券;否则就应放弃此项投资。

技能训练六

明锐公司 2019 年 1 月 1 日以 1 020 元购买一张面值为 1 000 元、票面利率为 10%、单利计息的债券,该债券期限5年,到期一次还本付息,计算其到期收益率。

技能训练七

王先生投资一个5年期的债券,面值100 000元,平价发行,年利率6%,按年复利计息,到期一次还本付息。另外购买了3年期的面值为10 000元的年限3年的债券A,以单利计息,年利率为4.5%,到期一次还本付息,两种债券在到期日,王先生可收回多少现金?

(三) 可转换公司债券认知

可转换公司债券的全称为可转换为股票的公司债券,是指发行人依照法定程序发行,在一定期限内依照约定的条件可以转换为股票的公司债券。可转换公司债券具有股票和债券的双重属性,对投资者来说是"有本金保证的股票"。可转换公司债券对投资者具有强大的市场吸引力,见图2-3-1。

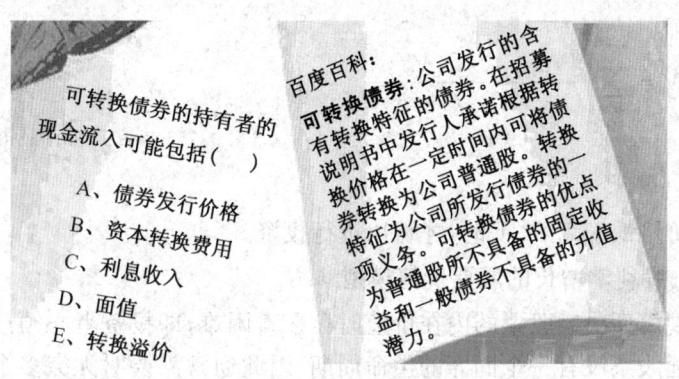

图 2-3-1 可转换债券

如果持有至到期不行使转换,则可转债持有者的现金流入包括利息和面值,如果行使转换权,则现金流入包括利息和转换溢价。

任务二 股票投资

股票投资是一种高风险的投资,人们常说:"风险越大,收益越大。"换一个角度说,也就是需要承受的压力越大。投资者在涉足股票投资的时候,必须结合个人的实际状况,制订可行的投资政策。

股票投资决策中应该考虑的问题,与债券投资决策中应该考虑的具体问题相似,要对股票作出评价。评价的标准包括价值和收益率。

一、股票的价值

股票的价值又称股票的内在价值,是进行股票投资所获得的现金流入的现值。股票带给投资者的现金流入包括两部分:股利收入和股票出售时的资本利得。因此股票的内在价值由一系列的股利和将来出售股票时售价的现值所构成,通常当股票的市场价格低于股票内在价值时才适宜投资。

(一) 股票价值的基本模型

$$V = \sum_{t=1}^{n} \frac{d_t}{(1+K)^t} + \frac{V_n}{(1+K)^n}$$

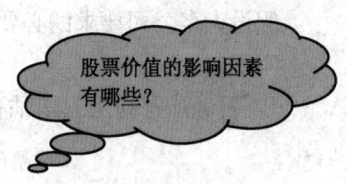

式中,V——股票内在价值;

d_t——第 t 期的预期股利；
K——投资人要求的必要资金收益率；
V_n——未来出售时预计的股票价格；
n——预计持有股票的期数。

实训内容三　股票价值分析

大名公司 2020 年 1 月 1 日准备购入乙公司的股票 200 万股，预计在 2021 年、2022 年、2023 年 1 月 1 日每股分得现金股利分别为 0.6 元、0.7 元、0.8 元，并准备于 2024 年 1 月 1 日以每股 6 元的价格将股票全部出售，甲公司要求的必要收益率为 10%，计算每股价格为多少时才可以进行投资？

$$V = \sum_{t=1}^{n} \frac{d_t}{(1+K)^t} + \frac{V_n}{(1+K)^n}$$
$$= 0.6 \times 0.909\,1 + 0.7 \times 0.826\,4 + 0.8 \times 0.751\,3 + 6 \times 0.683\,0$$
$$= 5.82(元)$$

因此只有股票价格低于 5.82 元时，才可以进行投资。

（二）长期持有、股利零增长的股票价值模型

利用现金流贴现模型决定股票的内在价值时存在着困难，即投资者必须预测所有未来时期支付的股利。由于普通股票没有一个固守的生命周期，因此通常需要对无穷多个时期的股息加上一些假定，这些假定始终围绕着股利增长率。零增长模型假定股利增长率等于零，即 $g=0$，也就是说未来的股利按一个固定数量支付。

股利零增长、长期持有的股票价值模型如下：

$$V = \frac{d}{K}$$

式中，V——股票内在价值；
　　　d——每年固定股利；
　　　K——投资人要求的资金收益率。

（三）长期持有股票、股利固定增长的股票价值模型

上年股利为 d_0，本年股利为 d_1，每年股利增长率为 g，则股票价值模型如下：

$$V = d_0(1+g) \div (K-g)$$
$$= d_1 \div (K-g)$$

实训内容四　股利固定增长型股票价值分析

大名公司计划购买股票，现在准备投资 A 股票和 B 股票两只股票，A 股票上年每股股利为 0.4，预计以后每年以 3% 的增长率增长；B 股票上年股利 0.5，一贯坚持固定股利政策。

假设大名公司要求的必要报酬率为 9%，大明公司是否应该选择这两只股票投资？见图 2-3-2。

实训步骤

步骤 1：首先利用股票估价模型，分别计算 A 股票和 B 股票的股票价值。

A 股票的股票价值 = 0.4×(1+3%)÷(9%−3%) = 6.87(元)
B 股票的股票价值 = 0.5÷9% = 5.56(元)

图 2-3-2 A、B 股票股价

步骤 2:股票价值分析。

当股票价格都低于股票的内在价值时,才适合购买。由于两者股票价格都高于股票的内在价值,所以都不适合购买。

(四) 非固定成长股票的价值

可变增长模型假定,在时间 L 以前,股息以一个不变的增长速度增长,在 L 时间以后,股息以另一个不变的增长速度增长。有些公司的股票在一段时间里高速成长,在另一段时间里又正常固定增长或固定不变,这样我们就要分段计算,才能确定股票的价值。

实训内容五 股利非固定成长型股票价值分析

大名公司持有 B 公司股票,其必要报酬率为 12%,预计 B 公司未来 3 年股利高速增长,成长率为 10%,此后转为正常增长,增长率为 5%。公司最近支付的股利是 3 元,计算该公司的股票价值。

实训步骤

步骤 1:计算非正常增长期前 3 年的股利现值,见表 2-3-6。

表 2-3-6 非正常增长期前 3 年的股利现值

年份	股利	现值系数	现值
1	3×(1+10%)=3.3	0.892 9	2.946 6
2	3.3×(1+10%)=3.63	0.797 2	2.893 8
3	3.63×(1+10%)=3.993	0.711 8	2.842 2
合计(3 年股利现值)			8.682 6

步骤 2:按固定股利成长模型计算的固定增长部分的股票价值。

$$V_3 = \frac{d_3 \times (1+g)}{K-g} = 3.993 \times (1+5\%) \div (12\%-5\%)$$
$$= 59.895(元)$$

步骤 3:由于这部分股票价值是第 3 年年底以后的股利折算的内在价值,需将其折算为现值。

$$V_3 \times (P/F, 12\%, 3) = 59.895 \times 0.711\ 8 = 42.633\ 2(元)$$

步骤 4:最后,计算股票目前的内在价值。

$$V = 8.682\ 6 + 42.633\ 2 = 51.32(元)$$

技能训练八

明锐公司想购买春光公司的股票,该股票为固定成长股,年增长率为8%,预计下1年的股利为0.8元,市价为16元。假设市场利率为12%,请根据所学的知识,计算春光公司股票的价值,填列表2-3-7,并判断是否应当购买该股票。

表2-3-7 股票价值计算表

项 目	数 值
下期股利(元)	
市场利率	
股利增长率	
股票价值	
股票市价	
是否值得购买	

技能训练九

普贤公司计划用一笔长期资金投资购买股票,现有海通证券和中国玻纤两只股票可供选择,见图2-3-3、图2-3-4。

海通证券股份有限公司2008年度利润分配实施公告

> 本公司及其董事、监事、高级管理人员保证公告内容真实、准确和完整,并对公告中的虚假记载、误导性陈述或者重大遗漏承担责任。

海通证券股份有限公司(以下简称"公司")2008年度利润分配方案已获2009年2月14日召开的2008年度股东大会审议通过,2008年度股东大会决议公告已刊登在2009年3月1日的《证券时报》《上海证券报》和巨潮资讯网。(http://www.cninfo.com.cn),现将利润分配实施事宜公告如下。

一、利润分配方案

本公司2008年度利润分配方案为:以公司现有总股本4 113 910 590股为基数,向全体股东派发现金红利共计1 234 173 177元人民币,即每股发放现金股利0.3元。

二、股权登记日与除息日

股权登记日:2009年3月21日。
除息日:2009年3月22日。

中国玻纤股份有限公司2008年度利润分配实施公告

> 本公司及其董事、监事、高级管理人员保证公告内容真实、准确和完整,并对公告中的虚假记载、误导性陈述或者重大遗漏承担责任。

中国玻纤股份有限公司(以下简称"公司")2008年度利润分配方案已获2009年2月22日召开的2008年度股东大会审议通过,2008年度股东大会决议公告已刊登在2009年3月12日的《证券时报》《上海证券报》和巨潮资讯网(http://www.cninfo.com.cn),现将利润分配实施事宜公告如下。

一、利润分配方案

本公司2008年度利润分配方案为:以公司现有总股本50万股为基数,向全体股东派发现金红利共计20万元人民币,即每股发放现金股利0.4元。

二、股权登记日与除息日

股权登记日:2009年3月26日。

除息日:2009年3月26日。

海通证券 **18.02** ▼1.74% -0.32						
(600837) 2009-07-10 15:00						
均价:18.12	现手:3664	总金额:283412	最高:18.42	涨停:20.17	昨收:18.34
市盈率:45.05	总手:1564038	换手率:3.91%	最低:17.90	跌停:16.51	今开:18.36

中国玻纤 **17.35** ▲4.27% +0.71						
(600176) 2009-07-10 15:00						
均价:17.19	现手:125	总金额:22646	最高:17.47	涨停:18.30	昨收:16.64
市盈率:30.34	总手:131746	换手率:4.83%	最低:16.55	跌停:14.98	今开:16.62

图 2-3-3　海通证券与中国玻纤有关资料

假设普贤公司要求的必要报酬率为8%,请结合附件资料作出决策:

(1)利用股票估价模型,分别计算海通证券和中国玻纤的股票价值。

(2)普贤公司如何作出股票投资决策。

二、股票投资的收益率

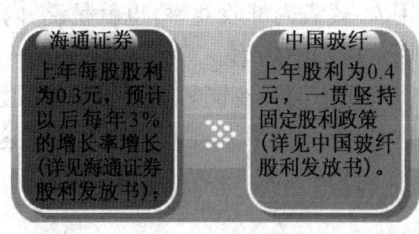

图 2-3-4　海通证券与中国玻纤有关资料

如果企业购买的股票在1年内出售,其投资收益主要包括股票投资价差及股利两部分,不需考虑货币时间价值,其收益率计算公式如下:

$$K = (S_1 - S_0 + d) \div S_0 \times 100\%$$
$$= (S_1 - S_0) \div S_0 + d \div S_0$$
$$= 预期资本利得收益率 + 股利收益率$$

式中,K——短期股票收益率;

S_1——股票出售价格;

S_0——股票购买价格;

d——股利。

如果股票长期持有,股利固定增长收益率的计算模型为:

$$K = \frac{d_1}{V} + g$$

实训内容六　股票投资的收益率计算

大名公司购买两只股票,分析以下投资股票的收益率。

(1)2019年3月10日购买凯利公司每股市价为30元的股票,2020年1月,大名公司每股获现金股利2元。2020年3月10日,大名公司将该股票以每股33元的价格出售,问投资收益率应为多少?

(2)大名公司购买的瑞达公司股票的价格为25元,预计下一期的股利是1元,该股利将以大约10%的速度持续增长,该股票的预期收益率为多少?

实训步骤

步骤1:大名公司持有的凯利公司的股票属于短期持有,大名公司购买的瑞达公司股票属于长期持有、股利固定增长的情况。

如果投资者持有的股票不超过1年,不需要考虑时间价值。

步骤2:分别按不同的模型计算收益率。

$$\text{持有凯利公司股票} K = (33-30+2) \div 30 \times 100\% = 16.67\%$$

该股票的收益率为16.67%。

$$\text{持有瑞达公司股票} K = 1 \div 25 + 10\% = 14\%$$

该股票的收益率为14%。

(3) 考虑资金时间价值的股票投资收益率计算

一般情况下,企业进行股票投资可以取得股利,股票出售时也可收回一定资金,只是股利不同于债券利息,股利是经常变动的,股票投资的收益率是使各期股利及股票售价的复利现值等于股票买价时的贴现率,相当于求内部收益率,内部收益率就是使投资净现值等于零的贴现率。如果用k^*代表内部收益率,也就是说,内部收益率实际上就是使得未来股息流贴现值恰好等于股票市场价格的贴现率。

把k与具有同等风险水平的股票的必要收益率(用k^*表示)相比较:如果$k > k^*$,则可以购买这种股票;如果$k < k^*$,则不购买这种股票。

即:

$$V = \sum_{t=1}^{n} \frac{d_t}{(1+K)^t} + \frac{V_n}{(1+K)^n} \quad (\text{相当于求内部收益率})$$

式中,V——股票的买价;

d_t——第t期的股利;

K——投资收益率;

V_n——股票出售价格;

n——持有股票的期数。

实训内容七　考虑时间价值的股票投资收益率的计算

大名公司于2016年6月1日投资700万元购买某种股票100万股,在2017年、2018年和2019年的5月30日分得每股现金股利分别为0.7元、0.8元和0.9元,并于2019年5月30日以每股9元的价格将股票全部出售,试计算该项投资的收益率。

实训步骤

步骤1:用逐步测试法计算,先用20%的收益率进行测算。

$$\begin{aligned} V &= 70 \div (1+20\%) + 80 \div (1+20\%)^2 + 990 \div (1+20\%)^3 \\ &= 70 \times 0.8333 + 80 \times 0.6944 + 990 \times 0.5787 \\ &= 686.80(\text{万元}) \end{aligned}$$

步骤2:由于686.80万元比700万元小,再用18%测试。

$$\begin{aligned} V &= 70 \div (1+18\%) + 80 \div (1+18\%)^2 + 990 \div (1+18\%)^3 \\ &= 70 \times 0.8475 + 80 \times 0.7182 + 990 \times 0.6086 \\ &= 719.30(\text{万元}) \end{aligned}$$

步骤3:然后用内插法计算如下:

$$K = 18\% + (719.30 - 700) \div (719.30 - 686.80) \times 2\%$$
$$= 19.19\%$$

技能训练十

天创证券在对五粮液、恒丰纸业、丹化科技3只股票的持续关注中,注意到五粮液2009年5月份发放了上1年派发的股利120 000元,天创证券对五粮液的历年数据分析显示,预期的股利增长率为8%。市场收益率15%,无风险收益率6.85%,五粮液β系数为2,结合附件中的股利分配实施公告计算五粮液的预期收益率和必要收益率,并分析当前时点是否继续持有股票。

证券代码:000858   证券简称:五粮液股份   公告编号:2009-011

五粮液股份有限公司2008年度利润分配实施公告

> 本公司及其董事、监事、高级管理人员保证公告内容真实、准确和完整,并对公告中的虚假记载、误导性陈述或者重大遗漏承担责任。

五粮液股份有限公司(以下简称"公司")2008年度利润分配方案已获2009年3月1日召开的2008年度股东大会审议通过,2008年度股东大会决议公告已刊登在2009年3月15日的《证券时报》《上海证券报》和巨潮资讯网(http://www.cninfo.com.cn),现将利润分配实施事宜公告如下。

一、利润分配方案

本公司2008年度利润分配方案为:以公司现有总股本10万股为基数,向全体股东派发现金红利共计12万元人民币。

二、股权登记日与除息日

股权登记日:2009年5月21日。

除息日:2009年5月22日。

三、利润分配对象

本次利润分配对象为:截至2009年5月21日下午深圳证券交易所收市后,在中国证券登记结算有限责任公司深圳分公司(以下简称"中国结算深圳分公司")登记在册的本公司全体股东。

本公司及其董事、监事、高级管理人员保证公告内容真实、准确和完整,并对公告中的虚假记载、误导性陈述或者重大遗漏承担责任。

……

五粮液相关指标计算见表2-3-8。

表2-3-8 五粮液相关指标计算分析表

预期收益率的计算			
未来1年股利(元/股)	现行股价(元/股)	股利增长率	预期收益率
必要收益率的计算			
无风险收益率	β系数	市场收益率-无风险收益率	必要报酬率

股票投资是一种高风险的投资。人们常说:"风险越大,收益越大。"换一个角度说,也就是需

要承受的压力越大。投资者在涉足股票投资的时候，必须结合个人的实际状况，制订可行的投资政策。投资者进行投资分析，何时介入股票市场，购买何种股票对投资者的收益有直接影响。股票投资分析成为股票投资步骤中很重要的一个环节。在进行股票投资时，投资者一方面希望收益最大化，另一方面又要求风险最小，需要寻找两者的平衡点，亦即在可接受的风险水平之内，实现收益最大化的投资方案，构成最佳的投资组合。

任务三　证券投资的风险与组合

资本市场具有更多的不确定性，投资者通过投资组合将资金投入收益、风险、期限不相同的若干资产上，借助资产多样化效应，分散单一资产风险进而降低总风险。同时应注意随着客观情况的发展变化，经常对投资组合中的股票种类进行适当调整，一成不变的投资组合很难发挥控制投资风险的作用。只有制定合理的资产配置，才能在风云变幻的金融市场中乘风破浪。具体见图 2-3-5。

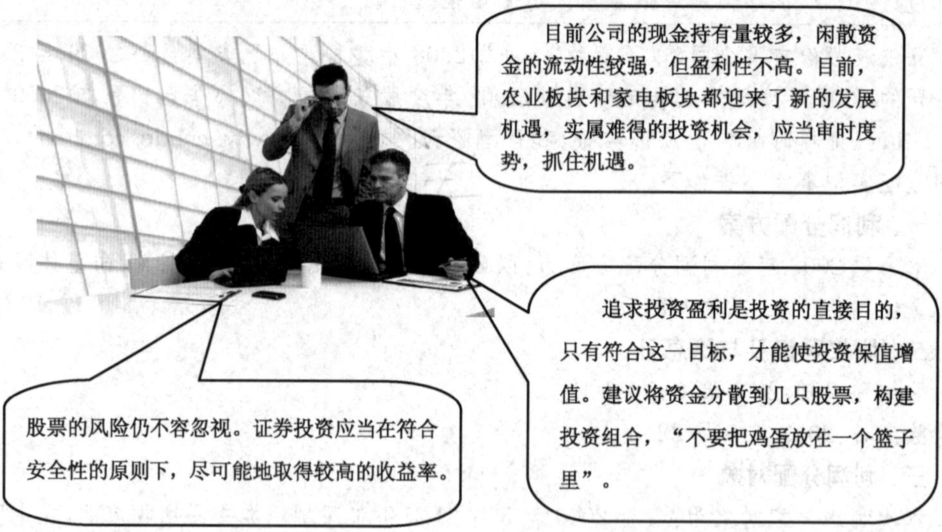

图 2-3-5　证券投资的背景、目的与风险

一、证券投资组合的风险

风险性是证券投资的基本特征之一。证券投资组合的风险就其性质而言，可分为系统性风险和非系统性风险。证券投资的总风险是系统风险和非系统风险的总和。

（一）非系统性风险

非系统性风险是指由非全局性事件引起的投资收益率变动的不确定性。它包括行业风险、企业经营风险、企业违约风险等。非系统性风险只会造成该家公司证券收益率的变动，不会影响其他公司的证券收益率，它是某个行业或公司遭受的风险。

证券投资组合理论研究表明，理想的证券组合投资的风险一般要小于单独投资某一证券的风险，通过证券投资组合可以规避各证券本身的非系统性风险。

（二）系统性风险

系统性风险对所有公司、企业、证券投资者和证券种类均产生影响，因而通过多样化投资不能抵销这样的风险，所以又成为不可分散风险或不可多样化风险。

β值衡量的风险是属于系统风险,即无法通过投资分散化予以消除化解,而非系统风险由单个证券的收益波动来决定,可通过投资分散化来消除。人们只须知道某个证券在过去一系列的收益数据,以及作为参照物的特定证券组合,即市场证券组合在相应年份的变动数据,就可得出该证券的β值,而证券组合的β值就是该组合中各证券β值的加权平均数。

其计算公式如下:

$$\beta_p = \sum_{i=1}^{n} w_i \beta_i$$

式中:β_p——证券组合的β系数;

w_i——证券组合中第i种股票所占的比重;

β_i——第i种股票的β系数;

n——证券组合中股票的数量。

二、证券投资组合的风险收益

(一) 证券投资组合的风险收益

投资者进行证券投资,就要求对承担的风险进行补偿,股票的风险越大,要求的收益率就越高。由于证券投资的非系统性风险可通过投资组合来抵销,投资者要求补偿的风险主要是系统性风险。因此证券投资组合的风险收益是投资者因承担系统性风险而要求的、超过资金时间价值的那部分额外收益。其计算公式如下:

$$R_p = \beta_p \times (K_m - R_f)$$

式中,R_p——证券组合的风险收益率;

β_p——证券组合的β系数;

K_m——市场收益率,证券市场上所有股票的平均收益率;

R_f——无风险收益率,一般用政府公债的利率来衡量。

在其他因素不变的情况下,风险收益取决于证券投资组合的β系数,β系数越大,风险收益越大;β系数越小,风险收益越小。

(二) 证券投资的必要收益率

证券投资的必要收益率等于无风险收益率加上风险收益率,即:

$$K_i = R_f + \beta \times (K_m - R_f)$$

这就是资本资产计价模型(CAPM)。

式中,K_i——第i种股票或证券组合的必要收益率;

β——第i种股票或证券组合的β系数;

K_m——市场收益率,证券市场上所有股票的平均收益率;

R_f——无风险收益率。

实训内容八　证券投资组合的必要收益率

大名公司持有共100万元的3种股票,该组合中A股票30万元,β系数均为1.2;B股票50万元,β系数均为1.5;C股票20万元,β系数为0.8。如股票的市场收益率为8%,无风险收益率为5%,试确定该证券投资组合β系数、风险收益率和证券投资的必要收益率。

实训步骤

步骤1:确定该投资组合的β系数。

则该投资组合的β系数为：$\beta_p = 30\% \times 1.2 + 50\% \times 1.5 + 20\% \times 0.8 = 1.27$。

步骤2：根据以上资料，确定投资组合的风险收益。

$$R_p = 1.27 \times (8\% - 5\%) = 3.81\%$$

步骤3：根据以上资料，确定投资组合的必要收益率。

$$\begin{aligned} K_i &= R_f + \beta \times (K_m - R_f) \\ &= 5\% + 1.27 \times (8\% - 5\%) \\ &= 8.81\% \end{aligned}$$

（三）证券投资组合的期望收益率

证券投资组合构成见图2-3-6。

$$\overline{K_p} = \sum_{i=1}^{n} K_i \times W_i \times P_i = \sum_{i=1}^{n} \overline{K_i} \times W_i$$

式中，$\overline{K_p}$——证券组合投资的期望收益率；

$\overline{K_i}$——第 i 种证券的期望收益率；

W_i——第 i 种证券价值占证券组合投资总价值的比重；

n——证券组合中的证券数。

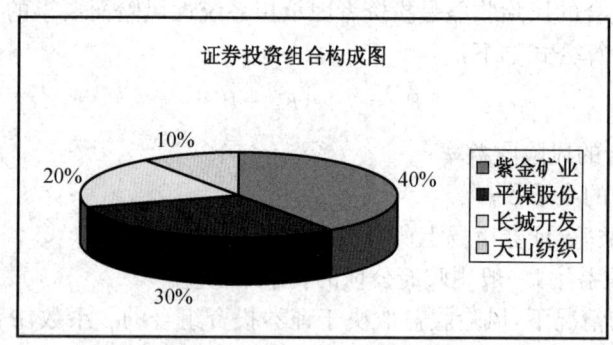

图2-3-6　证券投资组合构成

技能训练十一

滨海公司持有紫金矿业、平煤股份、长城开发、天山纺织4种股票，假定股票的市场收益率为14%，无风险收益率为10%。结合以下资料计算以下相关指标。

(1) 该证券投资组合的β系数见表2-3-9。

(2) 该证券投资组合的风险收益率。

(3) 该证券投资组合的必要收益率。

表2-3-9　投资组合个股贝塔系数

序号	股票名称	当前股价（元/股）	贝塔系数
1	紫金矿业	4.5	2
2	平煤股份	29.7	1.2
3	长城开发	25.25	1
4	天山纺织	30	0.6

技能训练十二

表 2-3-10 是不同经济状况下两支不同类型股票的收益率情况。

表 2-3-10 两支不同类型股票的收益率

经济状况	出现概率	成熟股的收益率	成长股的收益率
繁荣	0.2	10%	20%
适度增长	0.4	7%	10%
稳定	0.3	3%	4%
差	0.1	−3%	2%

假设对两种股票的投资额相同,计算下列相关指标。
(1) 两种股票的期望收益率。
(2) 两种股票各自的标准差。
(3) 两种股票之间的相关系数。
(4) 投资组合的期望收利率。
(5) 投资组合的标准差。

★案例分析

世界名人炒股逸闻

大名鼎鼎的牛顿就曾做过一个疯狂的股民。1720 年 4 月份投入约 7 000 英镑购买了南海公司股票。很快他的股票就涨起来了,仅仅两个月左右,比较谨慎的牛顿把这些股票卖掉后,竟然赚了 7 000 英镑!但是刚刚卖掉股票,牛顿就后悔了,因为到了 7 月,股票价格达到了 1 000 英镑,几乎增值了 8 倍。经过"认真"的考虑,牛顿决定加大投入。然而此时的南海公司已经出现了经营困境,公司股票的真实价格与市场价格脱钩严重,此前的 6 月英国国会通过了"反泡沫公司法",对南海公司等企业进行限制。没过多久,南海股票一落千丈,到了 12 月份最终跌为约 124 英镑,南海公司总资产严重缩水。许多投资人血本无归,牛顿也未及时脱身,亏了 2 万英镑!这笔钱对于牛顿无疑是一笔巨款,牛顿曾做过英格兰皇家造币厂厂长的高薪职位,年薪也不过 2 000 英镑。事后,牛顿感到自己枉为科学界名流,竟然测不准股市的走向,感慨地说:"我能计算出天体运行的轨迹,却难以预料到人们的疯狂。"

与牛顿的一掷千金相比,马克思的炒股规模小得多。他在股市小试牛刀,他参考伦敦"金融时报指数"回升的好时机,分批次购买了一些英国的股票证券,之后他耐心等待市场变化,在他认为政治形势和经济态势提供了良好的投资机会,股票价格开始上升一段时间后,就迅速地逐一清仓。通过这一番炒股操作,马克思以 600 英镑的本金赚取了约 400 英镑的净利润!对于这段经历,马克思在写信给一个亲人时特意提到:"医生不许我从事紧张和长时间的脑力劳动,所以我——这会让你大吃一惊——做起投机生意来了……主要是做英国的股票投机,我用这个办法已经赚了 400 多英镑。"

凯恩斯在做经济学研究之余也常常进行投资,而且长期保持较好的收益。他 36 岁时的资产只有 1.6 万英镑,到 62 岁逝世时就已经达到 41 万英镑了。在这些个人资产中,炒股赢利占了大头。不过,凯恩斯也不是常胜将军,但是在股海沉浮中的那份坚持让他常常能走出低谷。1928 年,他以 1.1 英镑的价格买入 1 万股汽车股票,不久这个股票一度跌至了 5 先令,但是凯恩斯没有自乱阵脚,他一直等待,到了 1930 年,终于等到股价回到他的买入价之上。

凯恩斯的特别之处在于他通过自己炒股的经历还提出了经济学理论,其中就有著名的"空中楼阁"定理。凯恩斯提到:"股票市场的人们不是根据自己的需要而是根据他人的行为来作出决定的,所以这是空中楼阁。"简言之,在股票市场中,大众的偏好很重要。凯恩斯还曾经提到过一些投机技巧,其中著名的有:投机比投资风险小,鸡蛋应该放到一个篮子里,投资组合不合适,预测走势要看群众心理等。

名人炒股的案例给了我们哪些启示?

小 结

把握风险和收益之间的度,需要在具备证券投资基础知识的前提下,树立正确的风险意识。该实训通过实际案例的分析,介绍债券、股票和基金以及证券投资组合收益率和价值的计算。债券的价值体现了债券投资人要求的报酬,然后把价值与债券当前的市场价格作比较,当债券的购买价格低于债券价值时,才值得购买。债券的收益率是进行债券投资时选购债券的另外一个重要标准,如果债券的收益率高于投资人要求的必要报酬率,则可购进债券;否则就应放弃此项投资。股票投资决策要求投资人在风险与收益均衡原则的指导下,通过对国民经济形势和金融市场状况以及发行企业的经营状况和财务状况进行分析和研究,以对股票投资的具体对象、投资的时机、投资的期限等作出选择。股票投资决策中应该考虑的问题,与债券投资决策中应该考虑的具体问题相似,股票评价的标准包括股票价值和股票收益率。基金投资是一种间接的证券投资方式。基金管理公司通过发行基金份额,集中投资者的资金,由基金托管人(即具有资格的银行)托管,由基金管理人管理和运用资金,从事股票、债券等金融工具投资,然后共担投资风险、分享收益。在基金的投资选择上,也是使用价值和收益率两个指标对其评价。证券投资组合是为了规避风险,在进行证券投资时,不是将所有的资金都投向单一的某种证券,而是有选择地投向多种证券。这种组合并非是若干个证券商品简单随意的拼凑,是在投资收益与风险的权衡中作出的最佳组合,也是希望达到投资本金安全、投资收入相对稳定并逐步实现资本增值的一个综合目标。

实际操作训练

一、债券价值的实训

(1) 有一面值为 1 000 元,5 年期,票面利率为 8%,每年付息一次的债券。假设折现率为 6%,则债券价值是多少?

(2) 某公司发行公司债券,面值为 1 000 元,票面利率为 10%,期限为 5 年。已知市场利率为 8%。

要求:计算并回答下列问题:

$(P/A, 8\%, 5) = 3.992\ 7$,$(P/F, 8\%, 5) = 0.680\ 6$

债券为按年付息、到期还本,发行价格为 1 020 元,投资者是否愿意购买?
债券为单利计息、到期一次还本付息债券,发行价格为 1 010 元,投资者是否愿意购买?
债券为贴现债券,到期归还本金,发行价为 700 元,投资者是否愿意购买?

(3) 某公司在 2016 年 1 月 1 日平价发行新债券,每张面值为 1 500 元,票面利率为 10%,5 年到期,每年 12 月 31 日付息。

请回答:

假定2020年1月1日的市场利率下降到7%，那么此时该债券的价值是多少？
假定2020年1月1日的市价为1 375元，此时购买该债券的到期收益率是多少？
假定2018年1月1日的市场利率为12%，债券市价为1 425元，你是否购买该债券？
该债券2021年1月1日的到期收益率为多少？

二、股票价值的实训

（1）某股票为固定成长股，其成长率为2%，预期第1年后的股利为4元，假定目前国库券的收益率为8%，平均风险股票的必要收益率为16%，该股票的β系数为1.2，目前的市价为24元。

请回答：应否购买该股票？

（2）A公司发行的股票，每股股利上年为3元，预计以后每年以3%的增长率增长，B公司经分析后，认为必须得到12%的报酬率，才能对A公司的股票进行投资。

请回答：

该种股票价格为多少才适合购买？

（3）某投资者2020年准备投资购买股票，现在A、B两家公司可供选择，从A、B公司2019年12月31日的有关会计报表及补充资料中获知，2019年，A公司发放的每股股利为5元，股票每股市价为40元；2019年B公司发放的每股股利为2元，股票每股市价为20元。预计A公司未来5年内股利恒定，在此以后转为正常增长，增长率为6%；预计B公司股利将持续增长，年增长率为4%，假定目前无风险收益率为8%，市场上所有股票的平均收益率为12%，A公司的β系数为2，B公司的β系数为1.5。

要求：

通过计算股票价值并与股票市价相比较，判断两公司股票是否应当购买；
若投资购买两种股票各100股，该投资组合的预期收益率为多少？
计算该投资组合的综合β系数。

三、投资组合的实训

某公司持有由甲、乙、丙、丁4种股票构成的投资组合，它们的β系数分别为2.0、1.5、0.5、1.0；它们在证券组合中所占比重分别为40%、30%、10%、20%，市场上所有股票的平均收益率为12%，无风险收益率为8%。

要求：

计算各股票的必要收益率；
计算投资组合的β系数；
计算投资组合的必要收益率。

模块三

筹资决策

项目一 筹资决策基础——资本结构

★ 实训目的

资本结构实训,可以使学生系统地掌握杠杆原理以及杠杆系数的计算,熟悉资本结构的优化方法,提高专业知识的应用。

★ 实训要求

通过专业知识的应用和实际案例分析,掌握经营杠杆、财务杠杆和总杠杆的计算,运用资本结构原理确定最佳资本结构,进行相应的筹资决策。

★ 实训设计

资本结构的实训包括两个任务,任务一杠杆原理和任务二资本结构决策。

[第一步] 掌握杠杆原理以及杠杆系数的计算。

计算公司的经营杠杆、财务杠杆和总杠杆。尝试通过经营杠杆和财务杠杆不同的组合来控制总杠杆系数。经营杠杆系数较高的公司可以在较低程度上使用财务杠杆;经营杠杆系数较低的公司可以在较高程度上使用财务杠杆等,通过经营杠杆和财务杠杆的相互关系,对经营风险与财务风险进行管理。

[第二步] 运用资本结构原理确定最佳资本结构,进行相应的筹资决策。

综合资本成本(加权平均资本成本)最低,同时企业价值最大的资本结构是最佳的。分别运用资本结构决策的常用方法:资本成本比较法、每股收益无差别点法和企业价值比较法进行决策。

★ 实训内容

杠杆具有放大盈利的波动性作用,从而影响企业的风险与效益。实训内容包括经营杠杆、财务杠杆、综合杠杆的计算;资本结构问题主要是负债比率问题,适度增加债务可能会降低企业资本成本,也会给企业带来财务风险。资本结构决策方法的实训包括资本成本比较法、每股收益无差别点法和企业价值比较法的应用。

★ 考核标准

在日常教学过程中考核学生能否正确运用杠杆原理计算经营杠杆、财务杠杆和综合杠杆;能否正确运用资本成本比较法、每股收益无差别点法和企业价值比较法进行资本结构的决策。该项目任务一杠杆原理占比40%,任务二资本结构决策占比20%,此项考核占60%,另外通过实训教学软件进行考核占40%。

★ 模拟情景

大名企业目前资产总额4 000万元,其中长期借款1 000万元,股本2 000万元,留存收益1 000万元。企业拟考虑筹集新资金,扩大经营,该企业拟增资1 500万元,有两个备选方案可供选择。方案一:采用发行股票方式筹集资金,股票面值为1元,发行价格为25元,发行60万股,不考虑筹资费用。方案二：采用发行债券方式筹集资金，债券票面利率10%，财务经理在筹资决策时应考虑什么因素，如何作出筹资决策？

任务一　杠杆原理

一、经营杠杆系数

经营杠杆也称经营杠杆率（DOL），指在企业生产经营中由于存在固定成本，息税前利润的变动率相对于销售量变动率的倍数。

通常情况下，经营杠杆高低只反映企业的经营风险大小，不能直接代表其经营成果的好坏。经营杠杆的作用具有两面性，当销售收入减少时，经营杠杆会发挥消极作用，造成息税前利润比同期销售收入减少的速度更快，当销售收入增加时，经营杠杆会发挥积极作用，使息税前利润比同期销售收入增长的速度更快。这一点充分表明了其两面性。

$$经营杠杆系数(DOL) = 息税前利润变动率 \div 销售量变动率$$
$$= \frac{\Delta EBIT/EBIT}{\Delta S/S}$$

为了便于计算，可将上列公式变换如下：

$$EBIT = Q(P-V) - F$$
$$DOL_q = \frac{Q(P-V)}{Q(P-V)-F}$$

式中，Q——销售数量；
　　　P——销售单价；
　　　V——单位销量的变动成本额；
　　　F——固定成本总额。

$$DOL_s = \frac{S-C}{S-C-F}$$

式中，S——营业收入；
　　　C——变动成本总额。

实训内容一　经营杠杆分析

根据大名公司连续3年的销量、利润资料，见表3-1-1，分析各年的经营杠杆效应。

表3-1-1　大名公司盈利情况资料　　　　　　　　　　单位：元

项　目	第1年	第2年	第3年
产品单价	200	200	200
单位变动成本	150	150	150
单位边际贡献	50	50	50
销售量	20 000	30 000	40 000

(续表)

项　目	第1年	第2年	第3年
边际贡献	1 000 000	1 500 000	2 000 000
固定成本	500 000	500 000	500 000
息税前利润（EBIT）	500 000	1 000 000	1 500 000

实训步骤

步骤1：计算各年销售量和息税前利润增加的幅度。

由表3-1-1可见，从第1年到第2年，销售量增加了原来的50%，息税前利润增加了原来的100%；从第2年到第3年，销售量增加了原来的33.33%，息税前利润增加了原来的50%。利用经营杠杆效应，企业在可能的情况下适当增加产销量会取得更多的盈利，这就是经营杠杆利益。但我们也必须认识到，当企业遇上不利情况，销售量下降时，息税前利润会以更大的幅度下降，即经营杠杆效应也会带来经营风险。

步骤2：计算经营杠杆系数。

当销售量20 000元时，经营杠杆系数 = 1 000 000 ÷ (1 000 000 − 500 000) = 2
当销售量30 000元时，经营杠杆系数 = 1 500 000 ÷ (1 500 000 − 500 000) = 1.5
当销售量40 000元时，经营杠杆系数 = 2 000 000 ÷ (2 000 000 − 500 000) = 1.33

边际贡献=1 000 000，固定成本=500 000，则经营杠杆系数为2，当由于销售量上升而使边际贡献增加1 500 000时，固定成本不变，则经营杠杆系数为1.5，即经营杠杆系数变小，两者呈反方向变化，其他也一样分析。

另一方面，经营杠杆系数越大经营风险则越大，如果单价和销售量增加，那相当于可以得到更多的利润；经营风险越小的，经营杠杆系数也会越小，其与经营杠杆系数呈反方向变化。企业一般可通过增加销售额，降低单位变动成本和固定成本等措施来降低经营杠杆和经营风险。

技能训练一

绿野公司退出新型户外用椅，由于兼具轻便、人性化设计等优势，符合广大户外运动者的喜好。2017年一经推出后热销。财务部门提供的有关该款产品的相关资料如下。假设该产品本月的固定成本为20 000元，根据有关资料计算绿野公司2017年、2018年和2019年的息税前利润以及2018年和2019年的经营杠杆，见表3-1-2、表3-1-3。

表3-1-2　绿野公司3年的销售量　　　　　　　　　　　　单位：件

年份	2017	2018	2019
销售量	10 000	20 000	30 000

表3-1-3　绿野公司息税前利润计算表　　　　　　　　　　单位：万元

项　目	2017年	2018年	2019年
单价	150	150	150
单位变动成本	50	50	50
单位边际贡献			
销售量			

项目一　筹资决策基础—资本结构

(续表)

项　目	2017年	2018年	2019年
总的边际贡献			
固定成本			
息税前利润			

2018 年的经营杠杆系数＝？
2019 年的经营杠杆系数＝？

二、财务杠杆系数

财务杠杆系数（DFL），是指普通股每股税后利润变动率相当于息税前利润变动率的倍数，也叫财务杠杆程度，通常用来反映财务杠杆的大小和作用程度，以及评价企业财务风险的大小。

$$财务杠杆系数(DFL) = 普通股每股利润变动率 \div 息税前利润变动率$$
$$= \frac{\Delta EPS/EPS}{\Delta EBIT/EBIT}$$

为了便于计算，可将上式变换如下：

$$DFL = \frac{EBIT}{EBIT - I}$$

式中，I——债务利息；
　　　T——所得税税率；
　　　N——流通在外普通股股数。

在有优先股的条件下，由于优先股股利通常也是固定的，应以税后利润支付，所以此时公式应改写为：

$$DFL = \frac{EBIT}{[EBIT - I - PD \div (1 - T)]}$$

式中，PD——优先股股利。

DFL 表示当 $EBIT$ 变动 1 倍时 EPS 变动的倍数。用来衡量筹资风险，DFL 的值越大，筹资风险越大，财务风险也越大。负债比率是可以控制的，企业可以通过合理安排资本结构，适度负债，使增加的财务杠杆利益抵销风险增大所带来的不利影响。

实训内容二　财务杠杆分析

假设大名公司年债务利息 100 000 元，所得税税率 25%，普通股 100 000 股，连续 3 年普通股每股利润资料如表 3-1-4 所示，分析大名公司的财务杠杆效应。

表 3-1-4　大名公司普通股每股利润资料　　　　　　　　　　　单位：元

项　目	第1年	第2年	第3年
息税前利润（EBIT）	400 000	900 000	1 200 000
债务利息	100 000	100 000	100 000
税前利润	300 000	800 000	1 100 000

(续表)

项目	第1年	第2年	第3年
所得税	75 000	200 000	275 000
税后利润	225 000	600 000	825 000
普通股每股利润(EPS)	2.25	6.0	8.25

$$第2年财务杠杆 = 166.67\% \div 125\% = 1.33$$
$$第3年财务杠杆 = 37.5\% \div 33.33\% = 1.125$$

由表3-1-4可见,从第1年到第2年,$EBIT$增加了125%,EPS增加了166.67%;从第2年到第3年,$EBIT$增加了33.33%,EPS增加了37.5%。利用财务杠杆效应,企业适度负债经营,在盈利条件下可能给普通股股东带来更多的收益,这就是财务杠杆利益。但我们也必须认识到,当企业遇上不利情况导致盈利下降时,普通股股东的收益会以更大幅度减少,即财务杠杆效应也会带来财务风险。

技能训练二

根据光明公司2017年、2018年和2019年3年的利润表,见表3-1-5、表3-1-6、表3-1-7,计算2018年和2019年的财务杠杆系数。

表3-1-5 利 润 表

编制单位:光明公司　　　　　2017年12月　　　　　会小企02表
　　　　　　　　　　　　　　　　　　　　　　　单位:元

项　　目	行次	本期数	本年累计数
一、主营业务收入	1	40 000	400 000
减:主营业务成本	4	5 000	50 000
主营业务税金及附加	5	1 000	10 000
二、主营业务利润(亏损以"一"号填列)	10	34 000	340 000
加:其他业务利润(亏损以"一"号填列)	11	0	0
减:营业费用	14	2 000	20 000
管理费用	15	2 000	20 000
财务费用	16	10 000	100 000
三、营业利润(亏损以"一"号填列)	18	20 000	200 000
加:投资收益(损失以"一"号填列)	19	0	0
营业外收入	23	0	0
减:营业外支出	25	0	0
四、利润总额(亏损总额以"一"号填列)	27	20 000	200 000
减:所得税	28	6 000	60 000
五、净利润(净亏损以"一"号填列)	30	14 000	140 000

单位负责人:李意义　　　财会负责人:王明　　　复核:李凤　　　制表:潇潇

表 3-1-6 利 润 表

编制单位:光明公司　　　　　　　2018年12月　　　　　　　　　　　会小企02表
　　　　　　　　　　　　　　　　　　　　　　　　　　　　　　　　单位:元

项　目	行次	本期数	本年累计数
一、主营业务收入	1	100 000	1 000 000
减:主营业务成本	4	10 000	100 000
主营业务税金及附加	5	1 000	10 000
二、主营业务利润(亏损以"－"号填列)	10	89 000	890 000
加:其他业务利润(亏损以"－"号填列)	11	0	0
减:营业费用	14	4 500	45 000
管理费用	15	4 500	45 000
财务费用	16	10 000	100 000
三、营业利润(亏损以"－"号填列)	18	70 000	700 000
加:投资收益(损失以"－"号填列)	19	0	0
营业外收入	23	0	0
减:营业外支出	25	0	0
四、利润总额(亏损总额以"－"号填列)	27	70 000	700 000
减:所得税	28	21 000	210 000
五、净利润(净亏损以"－"号填列)	30	49 000	490 000

单位负责人:李意义　　　财会负责人:王明　　　复核:李凤　　　制表:潇潇

表 3-1-7 利 润 表

编制单位:光明公司　　　　　　　2019年12月　　　　　　　　　　　会小企02表
　　　　　　　　　　　　　　　　　　　　　　　　　　　　　　　　单位:元

项　目	行次	本期数	本年累计数
一、主营业务收入	1	160 000	1 600 000
减:主营业务成本	4	20 000	200 000
主营业务税金及附加	5	1 000	10 000
二、主营业务利润(亏损以"－"号填列)	10	139 000	1 390 000
加:其他业务利润(亏损以"－"号填列)	11	0	0
减:营业费用	14	4 500	45 000
管理费用	15	4 500	45 000
财务费用	16	10 000	100 000
三、营业利润(亏损以"－"号填列)	18	120 000	1 200 000
加:投资收益(损失以"－"号填列)	19	0	0
营业外收入	23	0	0
减:营业外支出	25	0	0

(续表)

项　目	行次	本期数	本年累计数
四、利润总额（亏损总额以"－"号填列）	27	120 000	1 200 000
减：所得税	28	36 000	360 000
五、净利润（净亏损以"－"号填列）	30	84 000	840 000

单位负责人：李意义　　　　财会负责人：王明　　　　复核：李凤　　　　制表：潇潇

2018 年的财务杠杆系数＝？
2019 年的财务杠杆系数＝？

技能训练三

大华公司根据 2018 年度的资本结构计算的财务杠杆系数为 1.5，该公司 2019 年度净利润为 420 万元，公司适用的所得税税率为 20%。

要求：利用财务杠杆系数帮助财务经理确定 2019 年的利息总额和当年的已获利息倍数，填表 3-1-8。

表 3-1-8　财务杠杆系数运用表

相关项目	对应的数值
净利润（万元）	
所得税税率	
税前利润	
财务杠杆系数	
息税前利润	
利息总额	
已获利息倍数	

三、总杠杆系数

由于存在固定的生产经营成本，会产生经营杠杆效应，即销售量的增长会引起息税前利润以更大的幅度增长。由于存在固定的财务成本（债务利息和优先股股利），会产生财务杠杆效应，即息税前利润的增长会引起普通股每股利润以更大的幅度增长。一个企业会同时存在固定的生产经营成本和固定的财务成本，则经营杠杆和财务杠杆结合在一起发挥作用，形成销售量的变动使普通股每股利润以更大幅度变动，这种连锁作用叫总杠杆。

总杠杆作用的大小用综合杠杆系数（DTL）来衡量。

总杠杆可以用于衡量销售量的变动对普通股每股收益变动的影响程度。用公式表示为：

总杠杆系数＝普通股每股利润变动率÷销售量变动率
　　　　　＝基期边际贡献÷[基期息税前利润－债务利息－优先股股利÷(1－所得税税率)]

总杠杆系数的公式：

$$DTL = \frac{\Delta EPS/EPS}{\Delta S/S}$$

DTL ＝ 经营杠杆系数（DOL）× 财务杠杆系数（DFL）
　　＝ [($EBIT＋F$)÷$EBIT$]×[$EBIT$÷[$EBIT－I－PD$÷(1－T)]
　　＝ ($EBIT＋F$)÷[$EBIT－I－PD$÷(1－T)]

名利公司的经营杠杆系数为2,同时财务杠杆系数为1.3。该公司的总杠杆系数测算为:2×1.3=2.6。

总杠杆系数为2.6倍表示:当公司营业收入增长1倍时,普通股每股利润将增长2.6倍,具体反映公司的总杠杆利益;反之,当公司营业总额下降1倍时,普通股每股利润将下降2.6倍,具体反映公司的总杠杆风险。为了控制某一总杠杆系数,经营杠杆和财务杠杆可以有很多不同的组合,经营杠杆系数较高的公司可以在较低程度上使用财务杠杆;经营杠杆系数较低的公司可以在较高程度上使用财务杠杆等,通过经营杠杆和财务杠杆的相互关系,有利于管理层对经营风险与财务风险进行管理。

案例见图 3-1-1。

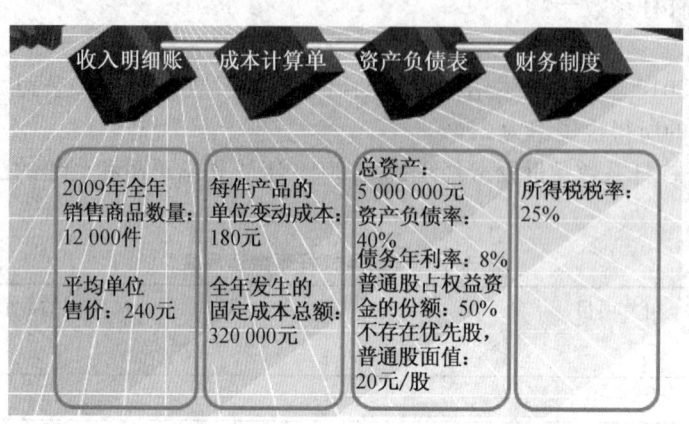

图 3-1-1 案例图

技能训练四

要求根据北方明锐公司的收入明细账、成本计算单、资产负债表、财务制度中的相关数据计算公司的总杠杆系数,填表 3-1-9。

表 3-1-9 杠杆系数的计算

经营杠杆系数:		财务杠杆系数:	
单位边际贡献		利息总额	
总边际贡献		财务杠杆系数	
息税前利润			
经营杠杆系数			
总杠杆系数:			

技能训练五

2020年1月15日财务经理助理刘凤完成上年度的财务报表的编制工作。有关数据显示:2019年企业的总收入6 000万元,净利润为1 200万元,资产总额为7 500万元。资本结构中负债占到20%,所有者权益占80%,负债的资本成本为10%,所有者权益的资本成本为15%,变动成本率见图3-1-2。结合有关资料计算填列表 3-1-10。

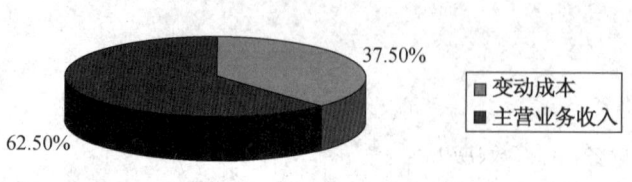

图 3-1-2 变动成本率示意图

表 3-1-10 杠杆相关指标的计算表

息税前的利润(万元)	
经营杠杆系数	
财务杠杆系数	
总杠杆系数	
综合资本成本%	

任务二 资本结构决策

资本结构是企业筹资决策的核心问题。企业的筹资方式可分为债务筹资和权益筹资两大类。资本结构就是债务资本和权益资本(自有资本)的比例关系。企业的资本结构是否适当决定着企业未来发展的成败。

对于一个企业来说,什么样的资本结构才是最好的呢?比较普遍的观点是,使综合资本成本(加权平均资本成本)最低,同时企业价值最大的资本结构是最佳的。资本结构问题主要是负债比率问题,适度增加债务可能会降低企业资本成本,获取财务杠杆利益,同时也会给企业带来财务风险。

每个企业都处于不断变化的经营条件和外部经营环境中,确定最佳资本结构十分困难。常用的方法有:资本成本比较法、每股收益无差别点法和企业价值比较法。

一、资本成本比较法

当企业对不同筹资方案作选择时可以采用比较加权平均资本成本的方法,选择加权平均资本成本最小的融资方案,确定为相对最优的资本结构。

技能训练六

华大公司成立初始,需要资本总额 1 000 万元,以下 3 种筹资方案,如表 3-1-11 所示。要求选择加权平均资本成本最小的融资方案,确定相对最优的资本结构。

表 3-1-11 各种筹资方案的基本数据　　　　　　　　　　　　单位:万元

筹资方式	资本结构			资本成本
	方案一	方案二	方案三	
长期借款	500	300	350	6%
长期债券	100	150	200	7%
普通股	400	550	450	8%
资本合计	1 000	1 000	1 000	

二、每股收益无差别点法

无差别点分析是对不同资本结构的获利能力进行分析。每股收益无差别点法,是在计算不同融资方案下,企业的每股收益相等时所对应的盈利水平($EBIT$)的基础上,通过比较在企业预期盈利水平下的不同融资方案的每股收益,进而选择每股收益最大的融资方案。无差别点是使不同资本结构的每股利润相等的息税前利润点,这一点是两种资本结构优劣的分界点。无差别点分析可称 EBIT-EPS 分析。

无差别点的计算公式如下:

$$EPS = \frac{(EBIT - I_1)(1-T) - PD_1}{N_1} = \frac{(EBIT - I_2)(1-T) - PD_2}{N_2}$$

式中,$EBIT$——每股收益无差别时的息税前利润;
  　　T——企业所得税税率;
  　　I_i——年利息支出;
  　　PD_i——支付的优先股股利;
  　　N_i——发行在外的普通股股数。

在每股收益无差别点下,当实际 EBIT 等于每股收益无差别点 EBIT 时,负债筹资方案和普通股筹资方案都可选。

当实际 EBIT 大于每股收益无差别点 EBIT 时,负债筹资方案的 EPS 高于普通股筹资方案的 EPS,选择负债筹资方案;

当实际 EBIT 小于每股收益无差别点 EBIT 时,负债筹资方案的 EPS 低于普通股筹资方案的 EPS,选择普通股筹资方案。

实训内容三　每股收益无差别点法的应用

大名企业资产总额为 4 000 万元,资金结构如表 3-1-12 所示。

表 3-1-12　资　金　结　构　　　　　　　　　　　　　　单位:万元

资金来源	筹资数额(万元)
股本	2 000
留存收益	1 000
长期借款	1 000(利率8%)

企业发展需要资金 1 500 万元,现在两个方案可供选择:

方案一:采用发行股票方式筹集资金,股票面值为 1 元,发行价格为 25 元,发行 60 万股,不考虑筹资费用。

方案二:采用发行债券方式筹集资金,债券票面利率 10%,不考虑发行价格。

实训步骤

步骤1:计算每股收益相等时的息税前利润。

企业适用的所得税税率为 25%,如果两个方案的每股收益相等,则:

$$\frac{(EBIT - 80) \times (1-25\%)}{2\,000 + 60} = \frac{(EBIT - 200) \times (1-25\%)}{2\,000}$$

步骤2:分析确定方案。

$EBIT = 4\,200$(万元),即是两种方案无差别点对应的 EBIT,此时发行股票和发行债券相交于息税前利润为 4 200 万元这一点上。两种筹资方式带来的每股收益相同。当企业预期的 EBIT 大于每股收益无差别点时,方案二的每股收益大于方案一,应选择方案二进行筹资;当企业预期

EBIT 小于每股收益无差别点时,方案一的每股收益大于方案二,应选择方案一进行筹资。

技能训练七

海伦家具公司发展前景非常可观,2020 年公司扩张,需要外部融资额 45 万元。公司原有普通股 30 万股,长期借款 50 万元,年利率为 6%。公司管理部门商讨有两种筹资方式备选:一种是发行股票的方式筹资,在证券市场上,公司普通股每股发行价格 9 元,不考虑发行费用。另一种是通过借款的方式筹措资金,年利率为 6%,期限 10 年。财务经理和销售经理共同编制的下年度生产经营预测报告显示 2019 年的息税前利润为 20 万元,2020 年息税前利润将增长 20%。采用每股收益无差别点法帮助管理层作出决策。

三、企业价值比较法

企业价值比较法是通过计算和比较各种资金结构下公司的市场总价值来确定最佳资金结构的方法。最佳资金结构亦即公司市场价值最大的资金结构。公司的最佳资本结构应当是可使公司的总价值最高,而不一定是每股收益最大的资本结构。同时,在公司总价值最大的资本结构下公司的资本成本也一定是最低的。

1. 企业价值计算

企业的市场价值 V 等于股票的市场价值 S 加上长期债务的价值 B,即:

$$V = S + B$$

为了计算方便,设长期债务(长期借款和长期债券)的现值等于其面值;股票的现值则等于其未来的净收益按照股东要求的报酬率贴现。

假设企业的经营利润永续,股东要求的回报率(权益资本成本)不变,则股票的市场价值为:

$$S = \frac{(EBIT - I)(1 - T) - PD}{K_e}$$

式中,$EBIT$——息税前利润;

T——企业所得税税率;

I——年利息支出;

PD——优先股股利;

K_e——权益资本成本。

采用资本资产定价模型计算股票的资本成本 K_e:

$$K_e = R_f + \beta \times (R_m - R_f)$$

式中,R_f——无风险报酬率;

β——该股票的贝塔系数;

R_m——平均风险股票必要报酬率。

2. 加权平均资本成本的计算

在最佳资本结构下,企业价值达到最大,资本成本达到最低,此时加权平均资本成本为:

加权平均资本成本 = 税前债务资本成本 × 债务额占总资产比重 × (1 − 所得税税率)
 + 权益资本成本 × 股票额占总资本比重

$$K_{wacc} = K_d(1 - T) \times \frac{D}{V} + K_s \times \frac{S}{V}$$

式中,K_d——税前债务资本成本。

实训内容四　企业价值比较法确定资本结构

大名公司的长期资本均为普通股,无长期债权资本和优先股资本。股票的账面价值为3 000万元。预计未来每年 $EBIT$ 为600万元,所得税税率为25%。该企业认为目前的资本结构不合理,准备通过发行债券回购部分股票的方式,调整资本结构,提高企业价值。经咨询,目前的长期债务利率和权益资本成本的情况见表3-1-13。

表3-1-13　不同债务水平下的债务资本成本和权益资本成本

债券市场价值 B	税前债务资本成本	股票贝塔值	无风险报酬率	市场组合报酬率	权益资本成本
0	—	1.2	8%	12%	12.8%
300	10%	1.3	8%	12%	13.2%
600	10%	1.4	8%	12%	13.6%
900	12%	1.55	8%	12%	14.2%
1 200	14%	1.7	8%	12%	14.8%
1 500	16%	2.1	8%	12%	16.4%

根据上表资料,计算不同债务规模下的企业价值和加权平均资本成本见表3-1-14。

表3-1-14　企业价值和加权平均资本成本

债务市场价值 B	股票市场价值 S	企业市场价值 V	税前债务资本成本	权益资本成本	加权平均资本成本
0	3 515.63	3 515.63	—	12.8%	12.8%
300	3 238.64	3 538.64	10%	13.2%	12.72%
600	2 977.94	3 577.94	10%	13.6%	12.58%
900	2 598.59	3 498.59	12%	14.2%	12.86%
1 200	2 189.19	3 389.19	14%	14.8%	13.28%
1 500	1 646.34	3 146.34	16%	16.4%	14.3%

股票价值 = $(600 - 600 \times 10\%) \times (1 - 25\%) \div 13.6\% = 2\,977.94$(万元)
企业价值 = $2\,977.94 + 600 = 3\,577.94$(万元)
加权平均资本成本 = $2\,977.94 \div 3\,577.94 \times 13.6\% + 600 \div 3\,577.94 \times 10\% \times (1 - 25\%) = 12.58\%$

从表3-1-14中可以看出,长期债务为600万元时,企业价值最大,$V = 3\,577.94$(万元),加权平均资本成本最低,$K_{wacc} = 12.58\%$,此时的资本结构为最佳资本结构。若企业继续增加负债,企业的价值便开始下降。

技能训练八

惠达集团公司多年不举债经营,该政策遭到股东们的反对,大多数股东认为目前的资本结构不合理。公司聘请乐华咨询公司协助进行资本结构的优化决策。假设该公司拟以发行债券的方式进行举债。

要求:填列最优资本成本计算表(见表3-1-15),确定最优资本结构(见表3-1-16)。

表 3-1-15　资本成本资料表

债券市场价值(万元)	税前债券资本成本	股票的贝塔值	无风险报酬率	平均风险股票报酬率
0	—	1.5	6%	10%
200	8%	1.55	6%	10%
400	8.3%	1.65	6%	10%
600	9%	1.8	6%	10%
800	10%	2	6%	10%
1 000	12%	2.3	6%	10%
1 200	15%	2.7	6%	10%

表 3-1-16　最优资本成本

债券市场价值(万元)	股票收益率	股票市场价值(万元)	公司市场价值(万元)	税后债券成本	债券比重	股权资本成本	股权比重	综合资本成本
0		2 500						
200		2 360.66						
400		2 183.33						
600		1 965.91						
800		1 714.29						
1 000		1 381.58						
1 200		982.14						

★案例分析

企业适度负债经营创造财务杠杆效应

阿基米德曾说过："给我一个支点,我能撬起整个地球。"所谓的财务杠杆效应也与此类似,只不过财务杠杆的支点是负债。如果负债得当的话,由此产生的普通股每股收益变动率会远远大于息税前利润变动率。就像阿基米德只用一只胳膊的力量,就可以撬起整个地球的道理一样。根据这个看来,只要利润率足够大,企业的负债越多,自有资金就越少,那么财务杠杆效应的空间也就越大。可是,人人都知道,支点放置的位置直接关系到是被地球撬起还是撬起地球。同样,负债的多少也关系到是赚得盆满钵满还是赔得一塌糊涂。

从 2007 年微软、沃尔玛、IBM 和通用汽车的年度报告便可发现:它们的资产报酬率分别是 22%、8%、9%和 3%,但它们的权益报酬率却分别是 44%、20%、33%和 18%。很显然,这些公司提供给股东的回报要远高于它们各自的资产回报率。而究其原因就在于,这些公司充分地利用了财务杠杆的放大效应。

微软的资产报酬率是最高的(22%),微软负债对权益报酬率的放大作用几乎是 1 倍(45%),而通用电器的资产报酬率最低(3%),通用电器负债对权益报酬率的放大作用几乎是 6 倍(18%)。再进一步观察这 4 家公司的资产负债率水平,便不难看出,财务杠杆对公司权益报酬率的放大作用了。微软的资产负债率为50%，而通用电器的资产负债率则超过了80%。

公司在生产运营过程中会产生各种各样的负债。最常见的负债形式是应付供应商货款、应付工资、应付税金及其他往来活动中的各种欠款。在过去10年，戴尔通过增加应付账款账期（从1996年的39天增加到2005年的74天）增加自己对别人的负债，缩短应收账款账期（从1996年的44天缩短至2005年30天）减少别人对自己的负债，无形中有效地提高了企业经营过程中不用支付利息的负债，从而达到了很高的权益报酬率。

企业向银行借款是正常经营过程中最常见的举债方式，但能借到多少、以多高的利率借到，就要看公司自己的能力了。但无论如何，公司向银行借款通常都是有成本的。不过，值得探讨的是，银行借款的利息通常都可以在税前作为企业财务费用列支，因此，利息便具有了"税盾"的作用。举例来说，如果企业的所得税税率是50%，而银行借款的利率是10%，那么，从税后利润来看，企业的银行借款利率便只有5%。因为其中5%的借款成本被所得税抵销了。从这个意义上说，政府是鼓励企业举债经营的。

企业是否适合举债，并不只是看到举债在税盾方面的利益，更重要的是根据企业发展的需要，制订合理的财务规划，根据对资金的实际需求，确定适度的举债比例。

小　　结

该实训通过实际案例的分析，介绍经营杠杆、财务杠杆和总杠杆的计算，以及运用资本结构原理确定最佳资本结构，进行相应的筹资决策。经营杠杆的作用具有两面性，当销售收入减少时，经营杠杆会发挥消极作用，造成息税前利润比同期销售收入减少的速度更快，当销售收入增加时，经营杠杆会发挥积极作用，使息税前利润比同期销售收入增长的速度更快。

财务杠杆系数通常用来反映财务杠杆的大小和作用程度，以及评价企业财务风险的大小。企业可以通过合理安排资本结构，适度负债，使增加的财务杠杆利益抵销风险增大所带来的不利影响。为了控制某一总杠杆系数，可以尝试经营杠杆和财务杠杆不同的组合，经营杠杆系数较高的公司可以在较低程度上使用财务杠杆；经营杠杆系数较低的公司可以在较高程度上使用财务杠杆等，通过经营杠杆和财务杠杆的相互关系，对经营风险与财务风险进行管理。在确定最佳资本结构的时候，综合资本成本（加权平均资本成本）最低，同时企业价值最大的资本结构是最佳的。资本结构决策的常用方法包括：资本成本比较法、每股收益无差别点法和企业价值比较法。

实际操作训练

一、经营杠杆、财务杠杆和复合杠杆的实训

（1）M公司2019年销售额为140万元，息税前利润为30万元，固定成本为12万元，变动成本率为70%，资本总额为100万元，债券比率为40%，债券利率为12%。

要求：

计算该公司经营杠杆系数；

计算该公司财务杠杆系数；

计算该公司复合杠杆系数。

（2）某企业只生产和销售甲产品，其总成本习性模型为 $y = 15\,000 + 4x$。假定该企业2018年度该产品销售量为10 000件，每件售价为8元。

要求：

计算2018年该企业的边际贡献总额；

计算2018年该企业的息税前利润；

计算2019年的经营杠杆系数；

假定企业2018年发生负债利息5 000元，计算2019年的财务杠杆系数和复合杠杆系数。

二、最佳资本结构的实训

（1）大华公司目前的资本结构为：总资本1 000万元，其中债务资本400万元（年利息40万元），普通股资本600万元（600万股，面值1元，市价5元）。企业由于有一个较好的新投资项目，需要追加筹资300万元，有两种筹资方案：

甲方案：向银行取得长期借款300万元，利息率16%。

乙方案：增发普通股100万股，每股发行价3元。

根据财务人员测算，追加筹资后销售额可望达到1 200万元，变动成本率60%，固定成本200万元，所得税税率20%，不考虑筹资费用因素。

要求：运用每股收益无差别点法，选择筹资方案。

（2）某公司年息税前利润为2 000万元，资金全部来源于普通股筹资，该公司认为目前的资本结构不合理，准备用平价发行债券（不考虑筹资费用）购回部分股票的办法予以调整，假定债券的市场价值等于其面值，公司所得税税率为30%。经过调查，债务平均利息率和普通股成本的情况如表3-1-17所示。

表3-1-17 某公司债务平均利息率和普通股成本情况

债券的市场价值（万元）	债务平均利息率	股票β值	无风险报酬（R_f）	平均风险股票必要报酬率（K_m）
0		1.2	8%	10%
500	4%	1.3	8%	10%
800	5%	1.4	8%	10%
1 000	6%	1.5	8%	10%

要求：使用公司价值分析法计算公司的市场价值，比较分析债务筹资多少万元时公司的资本结构最佳，并计算此时公司的加权资金成本。

（3）某公司目前拥有资金2 000万元，其中，长期借款800万元，年利率10%；普通股1 200万元，上年支付的每股股利2元，预计股利增长率为5%，发行价格20元，目前价格也为20元，该公司计划筹集资金100万元，企业所得税税率为33%。有两种筹资方案：

方案一：增加长期借款100万元，借款利率上升到12%，假设公司其他条件不变。

方案二：增发普通股40 000股，普通股市价增加到每股25元。

要求：计算该公司筹资前加权平均资金成本；用比较资金成本法确定该公司的最佳资金结构。

三、案例探讨

（1）众所周知的中央电视台广告标王"秦池"酒厂的衰落就是最典型的例子。1995年，秦池以6 666万元的价格第一次夺得1996年中央电视台"标王"后，广告的轰动效应，使"秦池"一夜成名，"秦池"的品牌地位基本确立，市场份额也相应增加，当年"秦池"酒厂享受到了经营杠杆的积极作用。但这种局面并没有维持多久，当1996年11月秦池以3.2亿元的天价再次成为1997年中央电视台的"标王"后,"秦池"为了在短时间内满足客户订单需求,竟收购散酒来勾兑,并被新闻媒介披露,产品质量、信用遭到严重破坏,1997年"秦池"的销售收入无法持续增长,此时3.2亿元广告费却使秦池陷入了难以自拔的财务危机之中。

该公司陷入财务危机的原因有哪些?

(2) 当1997年亚洲金融危机爆发后,大宇集团已经显现出经营上的困难,其销售额和利润均不能达到预期的目的,此时如果大宇集团不再大量发行债券进行"借贷式经营",而像韩国其他四大集团一样进行自律结构调整——重点改善财务结构,努力减轻债务负担,恐怕大宇集团今天仍是韩国的五大集团之一。然而,大宇却认为,只要提高开工率,增加销售额和出口就能躲过这场金融危机,于是,其一意孤行地继续大量发行债券,进行"借贷式经营"。由于经营不善,加上资金周转困难,韩国政府于1999年7月26日下令债券银行接手大宇集团并进行结构调整,加快了这个负债累累的集团的解散速度。

该公司陷入解散的原因有哪些?

项目二 股利分配

★ 实训目的

理解利润分配的内容、股利支付的程序和方式、股利分配政策及股票股利和股票分割。

★ 实训要求

要求了解利润分配的顺序,理解股利支付程序中的 4 个日期,比较 4 种常见股利支付方式,熟记影响股利分配的 4 个因素,掌握 4 种股利政策的含义及其依据,理解股票分割对股东权益、每股收益、股价单价和总额,以及对股东、公司的影响。

★ 实训设计

[第一步] 理解分析利润分配的顺序。公司向股东分派股利,应按一定的顺序进行。按照我国公司法的有关规定,利润分配应按下列顺序进行。

(1) 计算可供分配的利润。将本年净利润(或亏损)与年初未分配利润(或亏损)合并,计算出可供分配的利润。如果可供分配的利润为负数(即亏损),则不能进行后续分配;如果可供分配的利润为正数(即本年累计盈利),则进行后续分配。

(2) 计提法定盈余公积。按抵减年初累计亏损后的本年净利润计提法定盈余公积。提取盈余公积的基数,不是可供分配的利润,也不一定是本年的税后利润。只有不存在年初累计亏损时,才能按本年税后利润计算应提取数。这种"补亏"是按账面数字进行的,与所得税法的亏损后转无关,关键在于不能用资本发放股利,也不能在没有累计盈余的情况下提取盈余公积。

(3) 计提任意盈余公积。

(4) 向股东(投资者)支付股利(分配利润)。

[第二步] 理解分析股票股利和股票分割。股票股利是上市公司直接从当年利润拿出一部分分给投资者;股票分割又称股票拆细,即将一张较大面值的股票拆成几张较小面值的股票。股票分割对公司的资本结构不会产生任何影响,一般只会使发行在外的股票总数增加,资产负债表中股东权益各账户(股本、资本公积、留存收益)的余额都保持不变,股东权益的总额也保持不变。股票分割给投资者带来的不是现实的利益,但是投资者持有的股票数增加了,给投资者带来了今后可多分股息和更高收益的希望,因此股票分割往往比股利派发对股价上涨的刺激作用更大。

★ 实训内容

实训内容包括利润分配的内容、股利支付的程序和方式、股利分配政策及股票股利和股票分割的理解与计量。

★ 考核标准

能够理解利润分配的顺序,理解股利支付程序、股票分割的相关计算。该项目任务一理解股利分配占 30%,任务二股利支付方式占 30%。此项考核占 60%,另外通过实训教育软件进行考核占 40%。

★ **模拟情景**

腾飞公司在1年中获得了很高的收益,该公司目前发行在外股数为1 000万股,公司正在做2019年的股利分配计划,预计2019年实现的税后净利为850万元,年底要进行利润分配,在利润分配的时候要注意利润分配的顺序,有关股利的相关计算。

任务一　理解股利分配

一、股利分配政策

企业的收益分配有广义和狭义两种概念。广义的收益分配是指对企业的收入和净利润进行分配,包含两个层次的内容:第一层次是对企业收入的分配;第二层次是对企业净利润的分配。狭义的收益分配则仅仅是指对企业净利润的分配。本项目所指收益分配采用广义的收益分配概念,即对企业收入和净利润的分配。

常用的股利政策主要有以下几种类型。

(一) 剩余股利政策

剩余股利政策主张,企业未来有良好的投资机会时,根据企业设定的最佳资本结构,确定未来投资所需的权益资金,先最大限度地使用留存利润来满足投资方案所需的权益资本,然后将剩余部分作为股利发放给股东。

(二) 固定股利政策

固定股利政策表现为每股股利支付额固定的形式。其基本特征是:不论经济情况如何,也不论企业经营好坏,不降低股利的发放额,将企业每年的每股股利支付额,稳定在某一特定水平上保持不变,只有企业管理当局认为企业的盈利确已增加,而且未来的盈利足以支付更多的股利时,企业才会提高每股股利支付额。

(三) 固定股利支付率政策

固定股利支付率政策,是将每年盈利的某一固定百分比作为股利分配给股东。实行这一政策的企业认为,只有维持固定股利支付率,才能使股利与公司盈利紧密结合,体现多盈多分、少盈少分、不盈不分的原则,这样才算真正做到公平地对待每一股东。

(四) 正常股利加额外股利政策

正常股利加额外股利政策介于固定股利与固定股利支付率之间。其特征是:企业一般每年都支付较低的固定股利,当盈利增长较多时,再根据实际情况加付额外股利。即当企业盈余较低或现金投资较多时,可维护较低的固定股利,而当企业盈利有较大幅度增加时,则加付额外股利。

实训内容一　股利分配政策

腾飞公司目前发行在外股数为1 000万股,公司正在做2019年的股利分配计划,预计2019年实现的税后净利为850万元,投资计划所需资金800万元,公司的目标资金结构为自有资金占60%。

(1) 若公司采用剩余股利政策,则2019年需要从外部增加的借款和股权资金分别为多少?

(2) 若公司采用固定股利支付率政策,股利支付率为60%,维持目前的资本结构,则2019年需要从外部增加的借款和股权资金分别为多少?

(3)若计划年度分配股利 0.5 元/股,维持目前的资本结构,并且不增发新股,预测当前利润能否保证?

实训步骤

步骤 1:计算投资所需自有资金。

$$800 \times 60\% = 480(万元)$$

步骤 2:计算向投资者分配股利。

$$850 - 480 = 370(万元)$$

步骤 3:计算需要从外部增加的借款。

$$800 \times 40\% = 320(万元)$$

不需要从外部筹集股权资金。

步骤 4:计算股利 $= 850 \times 60\% = 510(万元)$;计算留存收益增加 $= 850 - 510 = 340(万元)$;计算需要从外部增加的借款 $= 800 \times 40\% = 320(万元)$;计算需要筹集的股权资金 $= 800 \times 60\% = 480(万元)$;计算需要从外部筹集股权资金 $= 480 - 340 = 140(万元)$。

步骤 5:计算分配股利所需要的净利润 $= 0.5 \times 1\ 000 = 500(万元)$;计算满足投资所需权益资金所需要的净利润 $= 48(万元)$;计算满足相关计划所需要的总净利润 $= 500 + 480 = 980(万元)$。所以目前预测税后净利 850 万元,不能满足计划所需。

二、股利支付程序

企业通常在年度末,计算出当期盈利之后,才决定向股东发放股利。但是,在资本市场中,股票可以自由交换,公司的股东也经常变换。那么,哪些人应该领取股利,对此,公司必须事先确定与股利支付相关的时间界限。这个时间界限如下。

(一)股利宣告日

股利宣告日是指董事会将股东大会决议通过的分红方案(或发放股利情况)予以公告的日期。在公告中将宣布每股股利、股权登记日、除息日和股利支付日等事项。

(二)股权登记日

股权登记日是指有权领取股利的股东资格登记截至日期。只有在股权登记日前在公司股东名册上有名的股东,才有权分享当期股利,在股权登记日以后列入名单的股东无权领取股利。

(三)除息日

除息日是指领取股利的权利与股票相互分离的日期。在除息日前,股利权从属于股票,持有股票者即享有领取股利的权利;从除息日开始,股利权与股票相分离,新购入股票的人不能享有股利。除息日的确定是由证券市场交割方式决定的。因为股票买卖的交接、过户需要一定的时间。

(四)股利发放日

即向股东发放股利的日期。

技能训练一

大华公司在 2018 年 11 月 20 日发布公告称:"本公司董事会在 2018 年 11 月 20 日股东大会决定,本年度发放每股现金股利 1 元;本公司将于 2019 年 2 月 5 日将上述股利支付给在 2018 年 12 月 20 日登记为本公司股东的人士。"

任务二 股利支付方式

一、现金股利

现金股利是指企业以现金的方式向股东支付股利,也称为红利。现金股利是企业最常见的、也是最易被投资者接受的股利支付方式。

二、股票股利

股票股利是指应分给股东的股利以额外增发股票形式来发放。以股票作为股利,一般都是按在册股东持有股份的一定比例来发放,对于不满一股的股利仍采用现金发放。股票股利最大的优点就是节约现金支出,因而常被现金短缺的企业所采用。

实训内容二 股票收益率

腾飞公司经董事会批准 2019 年增发新股,目前每股市价 42 元,2018 年度利润表如表 3-2-1 所示,税后利润 15% 提取盈余公积金,剩余部分用来分配股利。

表 3-2-1 利 润 表

项　　目	金额(单位:元)(直接填写结果)
可分配的利润	
每股收益	
实际市盈率	
预计市盈率	
股票发行价格	

2018 年公司增资后,预计股票市盈率将下降 25%,每股盈利将下降 7 元。计算:

(1) 可分配利润。
(2) 每股收益。
(3) 实际市盈率。
(4) 预计市盈率。
(5) 股票发行价格。

实训步骤

步骤 1:计算可分配利润。
　　　　$14\,000\,000 \times (1-15\%) = 11\,900\,000$(元)

步骤 2:计算每股收益。
　　　　每股收益 14 元/股

步骤 3:计算实际市盈率。
　　　　$42 \div 14 = 3$

步骤 4:计算预计市盈率。
　　　　$3 \times (1-25\%) = 2.25$

步骤 5:计算股票发行价格。

2.25×7＝15.75

技能训练二

ABC公司2019年全年实现净利润为1 200 000元,经营现金流量净额为600 000元,没有优先股,普通股股数没有变动,年末股东权益账户余额如下:

股本(每股面值2元)	1 000 000元
资本公积	2 000 000元
盈余公积	500 000元
未分配利润	1 500 000元
合　计	5 000 000元

假设按照2股换成1股的比例进行股票合并,股票合并后净利润不变、市净率不变,计算合并后的每股面额、普通股股数、每股账面价值、每股收益和每股市价。

技能训练三

A公司本年实现税后净利润200 000元,年初未分配利润为250 000元,下年需增加投资资本1 000 000元。目标资本结构为权益与负债之比为5:5,公司发行在外的普通股为1 000 000股,采用剩余股利政策进行股利分配,按10%的比例提取法定公积金,现在每股市价20元。

要求:

(1) 计算可供分配利润以及提取法定公积金的数额。

(2) 计算本年应发股利、每股股利、每股收益和年末未分配利润。

★案例分析

北京用友腾飞股份有限公司2××1年度股东大会于2××2年4月28日上午9时30分在北京市海淀区上地信息产业基地中国知识产权培训中心召开。出席会议的股东及股东授权代表共15人,代表有表决权股份75 692 817股,占公司股份总额的75.69%,会议的召开符合《公司法》及《公司章程》的规定。会议由公司董事长王××先生主持,以记名投票方式审议通过了以下决议:

审议通过公司2××1年度利润分配方案:本公司2××1年度净利润为70 400 601元,提取法定盈余公积金7 040 060元,提取法定公益金3 520 030元,上年度结转利润286 436元,期末可供股东分配的利润为60 126 947元。公司在2××2年度对2××1年度净利润进行一次分配,每10股派发现金6元(含税),共计派发现金股利6 000万元,占本次可分配利润的99.79%,剩余126 947元利润留待以后年度分配。此次分配不计提任意盈余公积金。本年度不进行公积金转增股本。

赞成票7 566.98万股,占出席会议有效表决权股份总数的99.97%;反对票16 108股;弃权6 900股。

股东会仅有7名中小股东出席,并不是想象中那么热闹,由于股权较集中,分红方案没有任何悬念地顺利通过。但为澄清事实,董事长王××特别让财务总监吴××补充说明了高派现问题。吴××解释说,首先此方案不是"超分配",用友每股0.6元的分红是赢利,也是在保证今年有充足现金流的前提下制定的,这有利于投资者长期投资,而不是短期的炒作;其次,选择派现而没有选择送股,用友是响应管理层有关"现金分红的倡导";最后,吴××特别说明:"虽然发起人和流通股股东一样享受分红,但其实是两个概念,发起人只是法人公司拿到红利,具体某一个人拿多少,还要再作决定。"

但小股东的不满情绪还是让股东会一度陷入尴尬。一位高先生坦言:"我不同意这个方案,明显是对大股东有利,对小股东不利,为什么不考虑流通股的成本,不考虑小股东的利益。"他还建议,能否派现兼送股,"大股东要钱,小股东要股,相对平衡一下"。在投票表决时,高先生投了反对票,但他同时也对记者说,不会放弃用友,"用友的投资价值很大,我对它的未来很有信心"。

王××在股东会上一直为几位小股东介绍用友的发展规划。对此次分红风波,他认为,其实给股东最好的回报是把业绩做好,但同时他也表示,2××2年分配会充分考虑各方股东的实际情况。

2××2年5月15日北京用友软件股份有限公司董事会公布了《北京腾飞软件股份有限公司2××1年度分红派息实施公告》。公告中称:对于流通股个人股东,公司按20%的税率代扣个人所得税后实际派发现金红利为每股0.48元;对于流通股机构投资者及法人股股东,实际派发现金红利为每股0.6元。

阅读上述资料,请分析讨论以下问题:
(1) 选择不同的股利分配政策会对企业产生哪些影响?
(2) 企业在选择股利分配政策的时候需要考虑哪些问题?
(3) 腾飞软件选择现金股利的理由是什么?高额现金股利支持会对公司有什么影响?

小　　结

股利分配政策是指企业管理层对与股利有关的事项所采取的方针策略。股利分配在公司制企业经营理财决策中,始终占有重要的地位。这是因为股利的发放,既关系到公司股东的经济利益,又关系到公司的未来发展。通常较高的股利,一方面可使股东获取可观的投资收益;另一方面还会引起公司股票市价上涨,从而使股东除股利收入外还获得了资本利得。但是过高的股利必将使公司留存收益大量减少,或者影响公司未来发展,或者大量举债,增加公司资本成本负担,最终影响公司的未来收益,进而降低股东权益。而较低的股利,虽然使公司有较多的发展资金,但与公司股东的愿望相背离,股票市价可能下降,公司形象将受到损害。因而对公司管理当局而言,如何均衡股利发放与企业的未来发展,并使公司股票价格稳中有升,便成为企业经营管理层的目标。

实际操作训练

某股份有限公司发行在外的普通股股数为120万股,该公司2018年的税后利润为3 600万元,共发放现金股利1 200万元,该公司2019年实现税后利润为4 000万元,预计该公司在2020年有良好的投资机会,需要追加投资5 000万元。该公司的资本结构为:资产权益率60%,目前的资金结构为企业最佳资金结构。

要求:如果该公司采用剩余股利政策,则2016年将发放的现金股利是多少?如果追加投资需要10 000万元,则2019年发放的现金股利为多少?

项目三 普通股和长期负债

★ 实训目的

学习过程中应注意比较掌握各种融资方式的特点和优缺点及政策规定,以及对政策规定的灵活运用。

★ 实训要求

了解普通股的概念及股东的权利;普通股融资的优缺点;股票发行的规定与条件;股票上市的目的与条件;股票上市的暂停与终止;负债融资的特点;短期负债融资的特点;应付账款融资决策;取得长期借款的条件和有关保护性条款;长期借款融资与长期债券融资的特点。

★ 实训设计

[第一步] 理解分析普通股融资的优缺点。

优点:①筹资风险小。②股票融资可以提高企业知名度,为企业带来良好的声誉。发行股票筹集的是主权资金。③股票融资所筹资金具有永久性,无到期日,不需归还。④没有固定的利息负担。⑤股票融资有利于企业建立规范的现代企业制度。

缺点:①资本成本较高。②股票融资上市时间跨度长,竞争激烈,无法满足企业紧迫的融资需求。③容易分散控制权。当企业发行新股时,出售新股票,引进新股东,会导致公司控制权的分散。

[第二步] 理解分析长期负债融资的优缺点。

优点:可以满足企业长期发展资金的不足,还债压力小,风险相对较小。

缺点:成本较高,限制较多。

[第三步] 分析完普通股融资与其负债融资的优缺点之后,能用相关知识进行决策。

★ 实训内容

实训内容包括了解普通股的概念,掌握普通股融资的优缺点;股票上市的目的与条件;负债融资的特点;短期负债融资的特点;长期借款融资与长期债券融资的特点。

★ 考核标准

能够应用普通股的概念和特点、长期债务筹资的特点进行比较与分析,灵活掌握筹资方式,确定筹资方案的可行性。该项目任务一普通股占30%,任务二长期负债占30%,此项考核占60%,另外通过实训教育软件进行考核占40%。

★ 模拟情景

腾飞公司由于业务的拓展,需要大量资金,企业有多种融资渠道,其中包括普通股融资、长期借款融资,腾飞公司发行面值为1 000元、票面利率为10%、期限为10年的债券。企业要比较分析它们的优缺点,来作出最后的决策。

任务一 普 通 股

一、普通股

股票是股份有限公司为筹措股权资本而发行的有价证券,是公司签发的证明股东持有公司股份的凭证。股票作为一种所有权凭证,代表着股东对发行公司净资产的所有权。股票只能由股份有限公司发行。

二、股权筹资的优缺点

(一)股权筹资的优点

1. 股权筹资是企业稳定的资本基础

股权资本没有固定的到期日,无需偿还,是企业的永久性资本,除非企业清算时才有可能予以偿还。这对于保障企业对资本的最低需求,促进企业长期持续稳定经营具有重要意义。

2. 股权筹资是企业良好的信誉基础

股权资本作为企业最基本的资本,代表了公司的资本实力,是企业与其他单位组织开展经营业务,进行业务活动的信誉基础。同时,股权资本也是其他方式筹资的基础,尤其可为债务筹资,包括银行借款、发行公司债券等提供信用保障。

3. 企业财务风险较小

股权资本不用在企业正常运营期内偿还,不存在还本付息的财务风险。相对于债务资本而言,股权资本筹资限制少,资本使用上也无特别限制。另外,企业可以根据其经营状况和业绩的好坏,决定向投资者支付报酬的多少,资本成本负担比较灵活。

(二)股权筹资的缺点

1. 资本成本负担较重
2. 容易分散企业的控制权
3. 信息沟通与披露成本较大

三、配股

1. 配股价格

配股价格由主承销商和发行人协商确定。

2. 配股条件

上市公司向原股东配股的,除了要符合公开发行股票的一般规定外,还应当符合下列规定:

(1) 拟配售股份数量不超过本次配售股份前股本总额的30%。
(2) 控股股东应当在股东大会召开前公开承诺认配股份的数量。
(3) 采用证券法规定的代销方式发行。

3. 配股权价值

一般来说,老股东可以以低于配股前股票市价的价格购买所配发的股票,即配股权的执行价格低于当前股票价格,此时配股权是实值期权,因此配股权具有价值。

$$配股权价值=(配股后的股票价格-配股价格)÷(购买一新股所需的认股权数)$$

实训内容一 普通股计算

腾飞公司采用配股的方式进行融资。2019年2月28日为配股除权登记日,以公司2018年12月31日总股本8 000万股为基数,拟每10股配2股。配股价格为配股说明书公布前20个交易日公司股票收盘价平均值的20元/股的75%,即配股价格为15元/股。

要求计算:

(1) 若配股后的股票市价与配股的除权价格一致,计算每一份优先配股权的价值(保留四位小数),及股东参与配股对股东财富的影响(去整)。

(2) 若配股后的股票市价高出配股除权价格的10%,计算每一份优先配股权的价值,及股东参与配股对股东财富的影响。

(3) 若配股后的股票市价低于配股除权价格的10%,计算每一份优先配股权的价值,及股东参与配股对股东财富的影响。

实训步骤

步骤1:计算配股权的价值=(19.167-15)÷5=0.833 3(元)
　　　　计算配股前的价值=8 000×20=160 000(万元)
　　　　计算配股后的价值=8 000×(1+20%)×19.166 7=184 000(万元)
　　　　计算配股股东投资的成本=1 600×15=24 000(万元)
　　　　计算配股后股东财富的增加=184 000-24 000-160 000=0(万元)

由于配股后的股票市价与配股的除权价格一致,所以股东财富没有影响。

步骤2:计算配股后的市价=19.166 7×(1+10%)=21.083 4(元/股)
　　　　计算配股权的价值=(21.083 4-15)÷5=1.216 7(元)
　　　　计算配股前的价值=8 000×20=160 000(万元)
　　　　计算配股后的价值=8 000×(1+20%)×21.083 4=202 400.64(万元)
　　　　计算配股股东投资的成本=1 600×15=24 000(万元)
　　　　计算配股后股东财富的变动=202 400.64-24 000-160 000=18 401(万元)

股东财富增加了。

步骤3:计算配股后的市价=19.166 7×(1-10%)=17.25(元/股)
　　　　计算配股权的价值=(17.25-15)÷5=0.45(元)
　　　　计算配股前的价值=8 000×20=160 000(万元)
　　　　计算配股后的价值=8 000×(1+20%)×17.25=165 600(万元)
　　　　计算配股股东投资的成本=1 600×15=24 000(万元)
　　　　计算配股后股东财富的变动=165 600-24 000-160 000=-18 400(万元)

股东财富减少了。

技能训练一

某公司是上市公司,目前总股本5 000万元,每股面值1元,股价为50元。股东大会通过决议,拟10股配4股,配股价25元/股,配股除权日期定为2019年3月2日。假定配股前每股价格为56元,不考虑新投资的净现值引起的企业价值的变化。

要求:

(1) 假设所有股东都参与配股,计算该公司股票的配股除权价格、配股后每股价格以及配股权价值。

(2) 假定投资者李某持有100万股A公司股票,其他的股东都决定参与配股,分别计算李某参与配股和不参与配股对其股东财富的影响,并判断李某是否应该参与配股。

(3) 如果把配股改为公开增发新股,增发 2 000 万股,增发价格为 25 元,增发前一交易日股票市价为 56 元/股。老股东认购了 1 500 万股,新股东认购了 500 万股。不考虑新募集资金投资的净现值引起的企业价值的变化,计算老股东和新股东的财富增加(增发后每股价格的计算结果保留四位小数,财富增加的计算结果保留整数)。

技能训练二

某公司决定采用配股的方式进行融资。2020 年 4 月 20 日为配股除权登记日,以公司 2019 年 12 月 31 日总股本 80 万股为基数,拟每 10 股配 2 股。配股价格为配股说明书公布前 20 个交易日公司股票收盘价平均值的 15 元/股的 80%,即配股价格为 12 元/股。假定在分析中不考虑新募集资金的净现值引起的企业价值的变化,计算并分析:①所有股东均参与配股的情况下,配股的除权价格;②若配股后的股票市价与配股的除权价格一致,计算每一份配股权的价值;③假设某股东拥有 5 000 股该公司股票,计算是否参与配股对该股东财富的影响。

任务二 长 期 负 债

一、长期借款

长期借款是指从银行或其他金融机构和企业借入的,期限在 1 年以上的借款,它是企业长期负债的主要来源之一。

(一) 长期借款的种类

按提供贷款的机构分为政策银行贷款、商业银行贷款和非银行金融机构贷款。

按有无抵押品作担保分为抵押贷款和信用贷款。

(二) 长期借款筹资的优缺点

1. 长期借款的优点

(1) 筹资速度快。

(2) 资金成本较低。

(3) 弹性较大。

(4) 可以发挥财务杠杆的作用。

2. 长期借款的缺点

(1) 筹资风险较高。

(2) 限制条件较多。

(3) 筹资数量有限。

二、发行公司长期债券

企业债券又称公司债券,是企业依照法定程序发行的、约定在一定期限内还本付息的有价证券。债券是持有人拥有公司债权的书面证书,它代表持券人同发债公司之间的债权债务关系。

(一) 发行公司债券的筹资特点

一次筹资数额大;

提高公司的社会声誉;

筹集资金的使用限制条件少;

能够锁定资本成本的负担;

发行资格要求高,手续复杂;
资本成本较高。

(二) 债券的发行价格

债券的发行价格取决于债券的内在价值,因此可以通过计算债券的价值并据此确定债券的发行价格。债券的价值大小取决于债券将给债券持有人带来收益的大小,即债券未来收益的现值之和。对于投资者而言,购买债券后将可获得两项现金流入:每年固定的利息收入和债券到期时的本金偿还额。因此,债券的价值计算公式如下:

$$V = I \times (P/A, k, n) + MV \times (P/F, k, n)$$

式中,V—— 债券的价值;

I—— 债券的年利息额,按"面值×票面利率"计算得到;

MV—— 债券的到期值(面值);

k—— 市场利率或必要报酬率;

n—— 债券期限。

实训内容二 债券发行价格

腾飞公司发行面值为1 000元、票面利率为10%、期限为10年的债券。该债券每年付息一次,到期按面值偿还本金。分别按市场利率9%、10%和11% 3种情况计算其发行价格。

实训步骤

步骤1:计算当市场利率为9%时。

$$1\ 000 \times 10\% \times (P/A, 9\%, 10) + 1\ 000 \times (P/F, 9\%, 10)$$
$$= 100 \times 6.417\ 7 + 1\ 000 \times 0.422\ 4 = 1\ 064.17(元)$$

债券应该溢价发行。

步骤2:计算当市场利率为10%时。

$$1\ 000 \times 10\% \times (P/A, 10\%, 10) + 1\ 000 \times (P/F, 10\%, 10)$$
$$= 100 \times 6.144\ 6 + 1\ 000 \times 0.385\ 5 = 1\ 000(元)$$

债券应该等价发行。

步骤3:计算当市场利率为12%时。

$$1\ 000 \times 10\% \times (P/A, 12\%, 10) + 1\ 000 \times (P/F, 121\%, 10)$$
$$= 100 \times 5.650\ 2 + 1\ 000 \times 0.322\ 0 = 887.02(元)$$

债券应该折价发行。

一次还本付息且不计复利的债券发行价格计算方法。这种债券的利息采用单利法计算,在债券的存续期间不支付利息,到期一次性支付本金和利息,我国的债券大多属于这一种。其计算公式如下:

$$P = MV \times (1 + i \times n) \times (P/F, k, n)$$

实训内容三 债 券 价 格

腾飞公司计划发行面值为1 000元,票面利率为10%,期限为10年的公司债券。该债券按单利法计息,到期时一次还本付息。假设目前市场利率为12%,要求计算该债券的发行价格。

实训步骤

步骤1:分析条件,该债券按单利法计息,到期时一次还本付息,应采用一次还本付息且不计复利的债券发行价格计算公式。

步骤2：$1\,000 \times (1 + 10\% \times 10) \times (P/F, 12\%, 10) = 2\,000 \times 0.322\,0 = 644$（元）。

技能训练三

ABC公司准备再定向发行债券。A目前已经采取的筹资方案是：向投资者发行价值800 000元、利率为10%的抵押公司债券。投资者与ABC公司协商后双方规定允许公司只有在同时满足下列保护性条款的前提下才能发行其他公司债券：

(1) 税前利息保障倍数大于4。

(2) 发行债券所形成的资产的50%用于增加被抵押资产，抵押资产的净折余价值保持在抵押债券价值的2倍以上。

(3) 产权比率不高于0.5。

由公司目前财务状况得知ABC公司现在税后净收益240 000元，预计未来仍然可以保持这一收益水平，目前所有者权益为4 000 000元，企业总资产4 800 000元中已被用于抵押的资产折余价值为3 000 000元。公司所得税税率为25%。

要求：

(1) 在抵押债券契约中规定的3种条件下，ABC公司可分别再发行多少利率为10%的债券？

(2) 说明上述保护性条款中哪项是有约束力的，为什么？

技能训练四

某企业发行债券筹资，面值500元，期限5年，发行时市场利率10%，每年年末付息，到期还本。要求：分别按票面利率为8%、10%、12%计算债券的发行价格。

★案例分析

腾飞科技产业股份有限公司股票筹资案例

腾飞科技产业股份有限公司成立于20××年年底，主营激光器、激光加工系列设备及成套设备、激光医疗设备等。

20××年上半年，实现了主营业务收入4 593.44万元、净利润1 587.81万元，比上年同期分别增长了26.10%和9.23%。截至20××年6月末，发行人总股本达到11 500万股，总资产为59 512万元，净资产为56 420万元。

经中国证券委员会批准，公司将向社会公众发行普通股票(A)3 000万股募集生产经营所需资金。股票发行上市后公司总股本为11 500万股。

腾飞科技产业股份有限公司公开向社会公众发行3 000万股的有关情况如下：

(1) 股票名称：腾飞科技产业股份有限公司，简称"腾飞科技"。

(2) 股票种类：人民币普通股(A)股。

(3) 发行总数：3 000万股。

(4) 每股价格：13.98元。

(5) 发行时间：20××年12月。

(6) 发行地区：与深圳证券交易所系统联网的证券营业网点。

(7) 公开发行对象：在深圳证券交易所开立账户的境内自然人和法人(国家法律、法规禁止者除外)。

(8) 股票发行人：腾飞科技产业股份有限公司；法人代表：刘××。

(9) 主承销商：大华证券有限责任公司。

发行人近3年的主要财务状况：

表 3-3-1 腾飞科技产业股份有限公司   单位：千元

财务指标	2013 年	2012 年	2011 年
总资产	185 007.13	135 145.01	118 779.47
流动资产	127 009.42	94 998.67	67 406.25
长期投资	8 856.24	100.00	
固定资产	37 738.67	27 825.91	26 716.00
无形、递延资产	11 402.80	12 220.43	24 657.22
流动负债	43 076.86	27 429.51	22 298.30
长期负债	0	1 000.00	0.30
股东权益	141 521.61	106 246.46	95 728.60
资本公积金	38 968.28		
主营业务收入	93 400.48	81 331.56	57 978.20
主营业务利润	45 331.49	41 452.17	33 567.41
利润总额	31 193.93	22 153.50	18 268.87
净利润	30 556.76	22 212.61	18 452.68
未分配利润	12 969.81		

公司大股东持股及股本结构情况：

表 3-3-2 腾飞科技产业股份有限公司(截至 2013 年 6 月 30 日)

股东名称	持股数(股)	持股比例(%)
华中理工大学科技开发总公司	65 454 900	56.917
华中理工大学印刷厂	7 027 400	6.111
江汉石油钻头股份有限公司	6 856 600	5.962
武汉建设投资公司	3 977 500	3.459
同盛证券投资基金	1 000 003	0.870
金泰基金	993 665	0.864
武汉鸿象信息技术公司	876 100	0.762
华中理工大学机电工程公司	807 500	0.702
开元基金	700 287	0.609
景宏证券投资基金	550 000	0.478

表 3-3-3 腾飞科技产业股份有限公司(截至日期为 2000 年 6 月 30 日)

类别	2013 年中期	2012 年年末	2011 年年末
境内法人股(万股)	8 500	8 500	8 500
A 股(万股)	3 000		
总股本(万股)	11 500	8 500	8 500

产业发展方向：

(1) 建设全国最大的激光产业基础,继续保持激光技术在国内领先的地位,并努力追赶国际先进水平。

(2) 发挥公司在光机电一体化和制造业软件与信息系统集成方面的强大优势,实现对设计、制造、信息管理、先进制造工具的应用多方面集成解决方案,为应用企业提供制造全过程服务,提高我国制造工具业技术水平和管理水平,并大力发展激光技术、数控技术在国防现代化中的应用。

(3) 建设全国最大的激光全息防伪包装材料生产基地和敏感元器件研究开发生产基地,进一步缩短与国际先进水平的差距,并逐渐打入海外市场。

公司还将充分运用资本运营等手段,根据产业和技术的关键性发展其他有潜力的项目,不断形成新的利润增长点。

公司通过本次发行募集资金约4.07亿元,投资于激光产品、数控系统、软件、防伪包装材料、敏感元器件等项目。项目总投资规模达3.8亿元,其中固定资产投资为2.5亿元。

问题:企业的筹资方式有哪几种?发行股票与银行借款、发行债券这几种筹资方式各有什么优缺点?腾飞科技产业股份有限公司为什么要披露财务信息?试分析股票发行的过程?

小　　结

股票是股份有限公司为筹措股权资本而发行的有价证券,是公司签发的证明股东持有公司股份的凭证。股票作为一种所有权凭证,代表着股东对发行公司净资产的所有权。股票只能由股份有限公司发行。企业债券又称公司债券,是企业依照法定程序发行的、约定在一定期限内还本付息的有价证券。债券是持有人拥有公司债权的书面证书,它代表持券人同发债公司之间的债权债务关系。股票与债券各有自己的特点,也就是优点与缺点,企业应根据自己的财务特点选择适当的筹资方式。

实际操作训练

某公司欲扩充其规模,其目标资本结构如下:

长期负债25%;优先股股本15%;普通股股本60%;此公司目前全部资本由普通股股本及留存收益构成,欲扩充规模后资本总额达到100万元。该公司的所得税税率为34%,上一年度每股普通股支付3元股利,以后按9%的固定增长率增长。上述条件也同样适用于新发行的证券。预计公司扩充规模后第1年的息税前收益为35万元。公司新筹资的有关资料如下:

(1) 普通股每股按60元发行,筹资费率为10%。

(2) 优先股每股价格为100元,每股股利为11元,筹资费率为5%,共1 500股。

(3) 负债按12%的利率向银行借入长期借款。

要求:

(1) 按目标资本结构确定新筹资本的加权平均资本成本。

(2) 计算1年后此公司的财务杠杆系数。

模块四

营运资本管理

项目一　营运资本投资

★ 实训目的

通过本项目实训,要求理解和掌握:营运资本的投资策略;现金管理的目标、内容和方法;应收账款管理的目标、内容和方法;存货管理的目标、内容和方法,并能够结合企业实际,分析最佳现金持有量决策、应收账款管理决策以及存货决策等相关问题。

★ 实训要求

企业的生存和发展,离不开资金。企业的日常经营,需要依靠营运资金来维系。通过本项目实训,要求理解和掌握营运资金的含义与特点,营运资金管理的基本要求和营运资金决策方法,掌握现金、应收账款、存货等流动资产项目的管理。理解和掌握企业持有现金的动机与成本、最佳现金持有量的确定;应收账款的功能与成本、信用政策及其确定和应收账款的日常管理及应收账款管理决策等。掌握存货的功能与成本、存货控制的方法等。

★ 实训设计

[第一步] 企业的生存和发展,离不开资金。企业的日常经营,需要依靠营运资金来维系。了解营运资本投资管理即流动资产投资管理,流动资产投资管理包括流动资产投资政策和流动资产投资日常管理两部分。结合企业实际掌握流动资产投资政策的内容。

[第二步] 结合企业实际,理解企业持有现金的动机与成本、掌握最佳现金持有量确定的方法。现金是变现能力最强的非盈利性资产。现金管理的过程就是在现金的流动性与收益性之间进行权衡选择的过程,现金管理的目的是在保证企业生产经营所需现金的同时,降低企业闲置的现金的数量,提高资金收益率。现金管理的内容主要包括合理确定现金持有量及对日常的现金收支进行控制。

[第三步] 了解企业的赊销模式和产品特点。并通过网络和各相关渠道了解该企业在市场上的地位,比如优势和劣势,以及主要竞争对手,包括国内和国外的基本状况。

应收账款是指企业因对外赊销产品、材料、供应劳务等而应向购货或接受劳务的单位收取的款项。企业在采取赊销方式促进销售、减少存货的同时,会因持有应收账款而付出一定的代价,主要包括机会成本、管理成本、坏账成本,但同时也会因销售增加而产生一定的收益。信用政策的制定就是在成本与收益比较原则的基础上,作出信用标准、信用条件和收账政策的具体决策方案。

[第四步] 存货是指企业在日常活动中持有以备出售的产成品或商品、处在生产过程中的在产品、在生产过程或提供劳务过程中耗用的材料或物料等,包括各类材料、商品、在产品、半成品、产成品以及包装物、低值易耗品、委托代销商品等。存货控制或管理效率的高低,直接反映并决定着企业收益、风险、流动性的综合水平,因而在整个投资决策中居于举足轻重的地位。

实现存货管理的目标,关键在于确定一个最佳的存货数量,对存货数量加以控制。在企业存货管理和控制的实践过程中,逐步形成了一些有效的存货控制方法,主要包括存货经济批量模型、存货储存期控制、存货 ABC 分类控制等。

★ **实训内容**

实训内容包括营运资金的含义与特点,营运资金管理的基本要求和营运资金决策方法等;包括现金、应收账款、存货等流动资产项目的管理以及企业持有现金的动机与成本、最佳现金持有量的确定;应收账款的功能与成本、信用政策及其确定和应收账款的日常管理及应收账款管理决策等。存货的功能与成本、存货控制的方法包括存货经济批量模型、存货储存期控制。

★ **考核标准**

要求理解和掌握营运资本的投资策略;现金管理的目标和方法;应收账款管理的目标、内容和方法;存货管理的目标、内容和方法,并能够结合企业实际,分析最佳现金持有量决策、应收账款管理决策以及存货决策等相关问题。

考核标准如下:任务一营运资本的投资策略占考核成绩的10%,任务二现金管理占考核成绩的20%,任务三应收账款管理占考核成绩的15%,任务四存货管理占考核成绩的15%,完成实训任务共占考核成绩的60%,完成实训平台的训练任务占考核成绩的40%。

★ **模拟情景**

乐百氏的"果冻漩涡"

当问及"什么样的生意最赚钱?"时,人们往往会把眼睛盯在利润率上,然后回答:房地产啊、教育啊、汽车啊、能源啊、IT数码产品啊等等。事实上,在商品过剩现金为王的时代,这个问题的正确答案应该是:"资金周转快的生意最赚钱。"或者说,在同行业中你的资金周转比别人更快,你就最赚钱。"其实生意无不如此,一旦从事了某个行业,目标客户群就固定了,此时你日思夜想、视同生命般重要的核心问题就应该是:如何将东西卖得更快?因为每周转一次,你才能达到企业经营的根本目的——赚钱。你周转得越快,赚的钱才越多。

快速周转,时代使然。商品短缺时代,"囤积居奇"发大财,然而今天谁这样做,谁就是"傻根";在商品过剩现金为王的今天,最重要的发财手段就是在产品更新换代之前"快速出手,多多出手",其中最有效的是:低价格—提高周转率。过去利润高但是最终赚钱少,因为卖得少;今天利润低但是最终赚钱多,因为卖得多。"转=赚",这是这个时代最重要的商业特征。然而,很多公司的管理者却因为没有认识到这一点,而使公司遭受重创。

何伯权时代的乐百氏,就曾经遭遇过这样的灾难。1997年何伯权决意从果冻市场分一杯羹。8月份乐百氏果冻上市初期市场反应果真热烈,销售渠道一片急呼:要货!要货!1998年春节前后,市场似乎到了疯狂的顶峰,一个省区往往几十个车皮地要货。何伯权头脑发热了,马上扩大产能,生产线从2条增加到4条、6条、8条。等生产线上的48台机器全部安装完毕投产之时——终端突然全面宣告滞销!原有的乐百氏果冻全拥挤在渠道里,并没有到消费者手中。正常的资金周转没能形成,乐百氏很快掉进了甜蜜的"果冻漩涡",市场迅速垮掉,数亿资金,血本无归。

乐百氏的果冻之败,就败在产能迅速扩大的同时忽略了营运资金的管理,最终导致库存积压,资金周转受阻。

任务一　营运资本的投资策略

营运资本(working capital)有广义和狭义之分。广义的营运资本是指总营运资本,简单来说就是在生产经营活动中的短期资产；狭义的营运资本则是指净营运资本，是短期资产减去短期负债的差额即也称净营运资本＝流动资产－流动负债。通常所说的营运资本多指后者。或者：经营性营运资本＝经营性流动资产－经营性流动负债（即自发性负债）。

一、营运资本的投资策略

（一）流动资产投资政策

是指如何确定流动资产投资的相对规模。流动资产的相对规模，通常用流动资产占总收入的比率来衡量。它是流动资产周转率的倒数，也称1元销售占用流动资产。

宽松的流动资产投资政策就是企业持有较多的现金和有价证券，充足的存货，提供给客户宽松的付款条件并保持较高的应收账款水平。宽松的流动资产投资政策，表现为安排较高的流动资产/收入比率。

紧缩的流动资产投资政策就是公司持有尽可能低的现金和小额的有价证券投资；在存货上作少量投资；采用严格的销售信用政策或者禁止赊销，紧缩的流动资产投资政策，表现为较低的流动资产/收入比率。

适中的流动资产投资政策就是是短缺成本和持有成本之和最小化的投资额。短缺成本和持有成本大体相等。

（二）营运资金管理的要求

营运资金的管理就是对企业流动资产和流动负债的管理，其重点是保证企业能够按时地偿付各种到期债务，为企业的日常生产经营活动提供足够的资金，防止出现资金调度与资金运用出现问题的情况。这对保持企业的良好资信与筹资能力、保证企业生产经营活动的正常进行，是十分重要的。

（1）认真分析生产经营状况，合理确定营运资金的需要数量。
（2）合理确定营运资金的来源构成，保证企业有足够的短期偿债能力。
（3）加速营运资金周转，提高资金的利用效果。

实训内容一　流动资产投资政策

【多选题】以下关于流动资产投资政策说法中，正确的有（　　）。
A. 在宽松的流动资产投资政策下，公司的短缺成本较少
B. 在紧缩的流动资产投资政策下，公司会承担的风险较低
C. 在紧缩的流动资产投资政策下，公司的销售收入可能下降
D. 在适中的流动资产投资政策下，公司的短缺成本和持有成本相等

实训步骤

步骤1：正确答案是ACD。

步骤2：在宽松的流动资产投资政策下，公司需要较多的流动资产投资，充足的现金，存货和宽松的信用条件，使公司中断经营的风险很小，其短缺成本较小，所以选项A正确；在紧缩的流动资产投资政策下，公司可以节约流动资产的持有成本，但要承担较大的风险，所以选项B不正确；在紧缩的流动资产投资政策下，公司会采用严格的销售信用政策或者禁止赊销，所以销售收入可能下降，选项C正确；在适中的流动资产投资政策下，确定其最佳投资需要量，也就是短缺成本和持有成本之和最小化的投资额，此时短缺成本和持有成本相等，所以选项D正确。

实训内容二 流动资产投资政策

【单选题】企业采用保守型流动资产投资政策时,流动资产的( )。
A. 持有成本较高
B. 短缺成本较高
C. 管理成本较低
D. 机会成本较低

实训步骤
步骤1:正确答案是A。
步骤2:保守型流动资产投资政策,就是企业持有较多的现金和有价证券,充足的存货,提供给客户宽松的付款条件并保持较高的应收账款水平。这种政策需要较多的流动资产投资,承担较大的流动资产持有成本,主要是资金的机会成本,有时还包括其他的持有成本。

实训内容三 营运资金的概念及特点

【单选题】下列关于营运资金管理的说法中不正确的是( )。
A. 营运资金的管理既包括流动资产的管理,也包括流动负债的管理
B. 流动资产是指可以在一年以内或超过一年的一个营业周期内变现或运用的资产
C. 流动负债具有成本低、偿还期短的特点
D. 狭义营运资金是指一个企业流动资产的总额

实训步骤
步骤1:正确答案是D。
步骤2:狭义营运资金是指流动资产减去流动负债后的余额,所以说法不正确的是D。

技能训练一
【单选题】下列关于营运资本投资策略说法中,不正确的是( )。
A. 在保守型投资策略下,公司的短缺成本较少
B. 在激进型投资策略下,公司承担的风险较低
C. 在激进型投资策略下,公司的销售收入可能下降
D. 在适中型投资策略下,公司的短缺成本和持有成本大体相等

技能训练二
【单选题】与激进型营运成本投资策略相比,适中型营运资本投资策略的( )。
A. 持有成本和短缺成本均较低
B. 持有成本和短缺成本均较高
C. 持有成本较高,短缺成本较低
D. 持有成本较低,短缺成本较高

技能训练三
【单选题】下列关于营运资本的有关说法中,不正确的是( )。
A. 营运资本=流动资产-流动负债
B. 经营营运资本=经营性流动资产-自发性负债
C. 在不影响公司正常盈利的情况下,提高营运资本投资可以增加企业价值
D. 在不影响公司正常盈利的情况下,节约流动资产投资可以增加企业价值

任务二　现金管理

一、现金的含义及构成

(一) 现金含义

流动资产投资需求主要来自现金和有价证券、存货和应收账款,有时还包括预付账款。

现金是可以立即投入流动的交换媒介,现金是企业中流动性最强的资产。有价证券是企业现金的一种转换形式。这里将其视为现金的替代品,是"现金"的一部分。

(二) 现金构成

库存现金、各种形式的银行存款、银行本票、银行汇票,以及作为现金替代品的有价证券。

二、现金管理的目标

(一) 企业置存现金原因

企业置存现金的原因,主要是满足交易性需要、预防性需要和投机性需要。

交易性需要是指满足日常业务的现金支付需要。企业经常发生支出,收支不可能同步同量。必须维持适当的现金余额,才能使业务活动正常地进行下去。

预防性需要是指置存现金以防发生意外的支付。现金流量的不确定性越大,预防性现金的数额也就应越大;如果企业能够很容易地随时借到短期资金,可以减少预防性现金的数额;

投机性需要是指置存现金用于不寻常的购买机会。除了金融和投资公司外,一般其他企业专为投机性需要而特殊置存现金的不多。但拥有相当数额的现金,确实为突然的大批采购提供了方便。

企业在确定现金余额时,一般应综合考虑各方面的持有动机。企业除了以上三项原因持有现金外,也会基于满足将来某一特定要求或者为在银行维持补偿性余额等其他原因而持有现金。

(二) 企业现金管理的目标

企业现金管理的目标,就是要在资产的流动性和盈利能力之间作出抉择,以获取最大的长期利润。

实训内容四　企业置存现金原因

【多选题】下列各项因素中,决定预防性现金需要数额的有(　　)。

A. 企业的借款能力
B. 企业现金流量的可预测性
C. 金融市场上的投资机会
D. 企业现金流量的不确定性

实训步骤

步骤1:正确答案是 ABD。

步骤2:预防性需要是指置存现金以防发生意外支付,企业有时会出现意想不到的开支,现金流量的不确定性越大,预防性现金的数额也就应越大;反之,企业现金流量的可预测性强,预防性现金数额则可小些。此外,预防性现金数额还与企业的借款能力有关,如果企业能够很容易地随时借到短期资金,也可以减少预防性现金的数额;若非如此,则应扩大预防性现数额。

(三) 现金收支管理

(1) 力争现金流量同步：尽量使它的现金流入与现金流出的时间趋于一致。
(2) 使用现金浮游量：就是开出支票到银行将款项划出这段时间，企业依然可以使用资金。
(3) 加速收款：主要指缩短应收账款的时间。
(4) 推迟应付账款的支付：在不影响信誉的前提下，尽可能推迟应付款的支付期。

实训内容五　现金收支管理

【单选题】企业为了使其持有的交易性现金余额降到最低，可采取的措施是（　　）。
A. 力争现金流量同步　　　　　　B. 使用现金浮游量
C. 加速收款　　　　　　　　　　D. 推迟应付账款的支付

实训步骤
步骤1：正确答案是 A。
步骤2：力争现金流量同步可以使得现金流入与现金流出发生的时间趋于一致，所以，可使其持有的交易性现金余额降到最低。

技能训练四
【单选题】企业置存现金的原因不包括（　　）。
A. 交易性需要　　B. 预防性需要　　C. 投机性需要　　D. 盈利性需要

三、最佳现金持有量分析

公司最佳现金持有量的确定，应根据公司的经营管理范围和现金管理特点，选择适当的模式。最佳现金持有量的模型有四种：现金周转模式、成本分析模式、存货模式和随机模式。

(一) 现金周转模式

现金周转模式是从现金周转的角度出发，根据现金周转速度来确定最佳现金持有量的模式。该模式在运用时包括以下三个步骤：

第一，计算现金周转期。现金周转期是指公司从购买材料支付现金至销售商品收回现金的时间，即现金周转一次所需要的天数，具体计算公式为：

$$现金周转期 = 应收账款周转期 - 应付账款周转期 + 存货周转期$$

第二，计算现金周转率。现金周转率是指1年或一个经营周期内现金的周转次数，现金周转次数与周转期互为倒数。周转期越短，则周转次数越多，在一定现金需求额下，现金持有量将会越少。

第三，计算目标现金持有量。

$$目标现金持有量 = 年现金需求量 \div 现金周转率$$

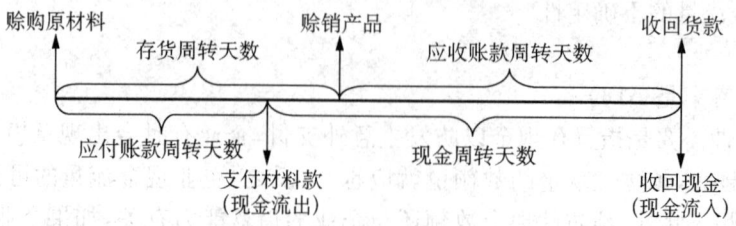

图 4-1-1　现金周转期示意图

实训内容六 现金周转期

【多选题】下列各项关于现金周转期的表述中,正确的有(   )。
A. 延缓支付应付账款可以缩短现金周转期
B. 产品生产周期的延长会缩短现金周转期
C. 现金周转期一般短于存货周转期与应收账款周转期之和
D. 现金周转期是介于公司支付现金与收到现金之间的时间段

实训步骤

步骤1:正确答案是ACD。

步骤2:现金周转期,就是指介于公司支付现金与收到现金之间的时间段,也就是存货周转期与应收账款周转期之和减去应付账款周转期。因此,选项C、D是正确的。如果要缩短现金周转期,可以从以下方面着手:加快制造与销售产品来减少存货周转期;加速应收账款的回收来减少应收账款周转期;减缓支付应付账款来延长应付账款周转期。因此选项A是正确的,选项B是错误的。

(二) 成本分析模式

成本分析模式是通过分析持有现金的成本,寻求持有成本最低的现金持有量。在成本分析模式中,需要考虑机会成本、管理成本和短缺成本。三项成本之和最小的现金持有量,就是最佳现金持有量,机会成本、管理成本、短缺成本与现金的关系用图形表示如下:

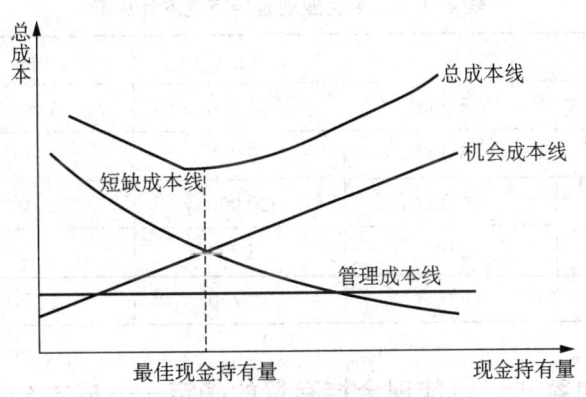

图 4-1-2 成本分析模式图

成本分析模式下与决策相关的成本只有机会成本和短缺成本。而管理成本是无关成本。

1. 决策模型:

成本分析模式下的总成本(即与决策相关和不相关的成本总额)＝机会成本＋短缺成本＋管理成本

决策相关成本 ＝ 机会成本 ＋ 短缺成本

2. 决策步骤:
(1) 计算不同现金持有量下的相关成本数值(数据调查获得);
(2) 计算不同现金持有量下的相关成本总额;
(3) 相关成本总额(或全部成本总额)最小情况下的现金持有量即为最佳现金持有量。

实训内容七 最佳现金持有量的确定——成本分析模式

某企业有四种现金持有方案,它们各自的持有量、管理成本、短缺成本如表4-1-1所示。假设现金的机会成本率为12%。要求确定最佳现金持有量见表4-1-2。

表 4-1-1 现金持有方案　　　　　　　　　　　　　　　　　　　　单位:元

方案项目	甲	乙	丙	丁
现金平均持有量	25 000	50 000	75 000	100 000
机会成本	3 000	6 000	9 000	12 000
管理成本	20 000	20 000	20 000	20 000
短缺成本	12 000	6 750	2 500	0

实训步骤

步骤1:计算不同现金持有量下的相关成本数值

甲方案的相关成本 = 3 000 + 12 000 = 15 000(元)
乙方案的相关成本 = 6 000 + 6 750 = 12 750(元)
丙方案的相关成本 = 9 000 + 2 500 = 11 500(元)
丁方案的相关成本 = 12 000 + 0 = 12 000(元)

步骤2:相关成本总额最小情况下的现金持有量即为最佳现金持有量,将以上各方案的相关成本总额通过计算比较后看出丙方案的相关成本最低,故 75 000 元是该企业的最佳现金平均持有量。

表 4-1-2 甲企业现金持有成本计算表　　　　　　　　　　　　　单位:元

方案项目	甲	乙	丙	丁
现金持有量	25 000	50 000	75 000	100 000
机会成本	3 000	6 000	9 000	12 000
管理成本	20 000	20 000	20 000	20 000
短缺成本	12 000	6 750	2 500	0
相关总成本	15 000	12 750	11 500	12 000

实训内容八　最佳现金持有量的确定——成本分析模式

【单选题】使用成本分析模式确定最佳现金持有量时,持有现金的总成本不包括现金的(　　)。
A. 管理成本　　　　B. 机会成本　　　　C. 交易成本　　　　D. 短缺成本

实训步骤

步骤1:正确答案是 C。

步骤2:使用成本分析模式确定最佳现金持有量时,持有现金的总成本包括机会成本、管理成本、短缺成本,所以正确的选项为 C。

实训内容九　最佳现金持有量的确定——成本分析模式

【多选题】企业采用成本分析模式管理现金,在最佳现金持有量下,下列各项中正确的有(　　)。
A. 机会成本等于短缺成本
B. 机会成本与管理成本之和最小
C. 机会成本与短缺成本之和最小
D. 机会成本等于管理成本

实训步骤

步骤1:正确答案是 AC。

步骤2:在成本分析模式下,机会成本、管理成本、短缺成本之和最小的现金持有量是最佳现金持有量。管理成本是一种固定成本,与现金持有量之间无明显的变动关系,因此机会成本和短缺成本之和最小时的现金持有量为最佳现金持有量,此时机会成本等于短缺成本。

(三) 存货模式

确定现金最佳余额的存货模式(inventory model)来源于存货的经济批量模型。这一模型最早由美国学者鲍默尔(W. J. Baumol)于1952年提出,因此又称鲍默尔模型。

在存货模式中,只对机会成本和转换成本进行考虑,它们随着现金持有量的变动而呈现出相反的变动趋向:现金持有量增加,持有机会成本增加,而转换成本减少。这就要求企业必须对现金和有价证券的分割比例进行合理安排,从而使机会成本与转换成本保持最佳组合。换言之,能够使现金管理的机会成本与转换成本之和保持最低的现金持有量,即为最佳现金持有量,见图4-1-3。

$$现金管理总成本 = 持有机会成本 + 转换成本$$

即:
$$TC = (Q/2) \times K + (T/Q) \times F$$

现金管理总成本与持有机会成本、转换成本的关系如图4-1-3所示。

F→现金与有价证券的转换(交易)成本;
T→特定时间内的现金需求总额;
C→理想的现金转换量(最佳现金余额);
K→机会成本率。

计算公式

$$C^* = \sqrt{(2T \times F)/K}$$

$$最佳现金持有量(C) = \sqrt{\frac{2 \times 计算周期内现金总需求 \times 转换一次的转换成本}{有价证券利息率(机会成本)}}$$

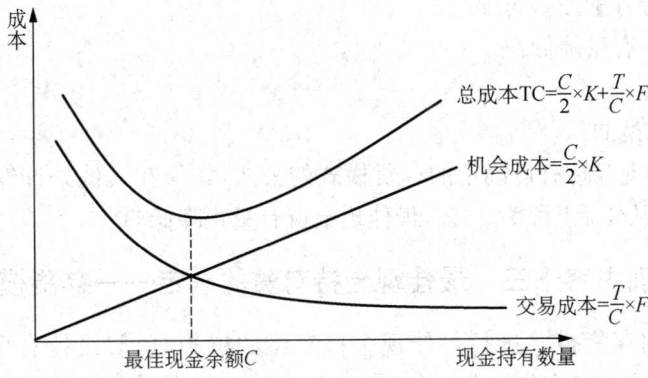

图 4-1-3 存货模式

实训内容十 最佳现金持有量的确定——存货模式

【计算分析题】某公司现金收支平衡,预计全年(按360天计算)现金需要量为250 000元,现金与有价证券的转换成本为每次500元,有价证券年利率为10%。

要求：
(1) 计算最佳现金持有量。
(2) 计算最佳现金持有量下的全年现金管理总成本、全年现金交易成本和全年现金持有机会成本。
(3) 计算最佳现金持有量下的全年有价证券交易次数和有价证券交易间隔期。

实训步骤

步骤1：最佳现金持有量 $=\sqrt{(2\times 250\,000\times 500)/10\%}=50\,000$（元）

步骤2：最佳现金持有量下的全年现金管理总成本 $=\sqrt{2\times 250\,000\times 500\times 10\%}=5\,000$（元）

全年现金交易成本 $=(250\,000/50\,000)\times 500=2\,500$（元）

全年现金持有机会成本 $=(50\,000/2)\times 10\%=2\,500$（元）

步骤3：全年有价证券交易次数 $=250\,000/50\,000=5$（次）有价证券交易间隔期 $=360/5=72$（天）

实训内容十一　最佳现金持有量的确定——存货模式

【计算分析题】某企业预计每月现金需要量为200 000元，有价证券的月利率为1‰，现金与有价证券的转换交易成本为每次25元，则该企业最佳的现金持有量为多少？每月的有价证券最佳转换几次？

实训步骤

步骤1：最佳现金持有量 $=\sqrt{2\times 25\times 200\,000/0.001}=100\,000$（元）。

步骤2：一个月内最佳变现次数 $=200\,000/100\,000=2$（次）。

实训内容十二　最佳现金持有量的确定——存货模式

【单选题】甲公司采用存货模式确定最佳现金持有量。如果在其他条件保持不变的情况下，资本市场的投资回报率从4%上涨为16%，那么企业在现金管理方面应采取的对策是（　　）。

A. 将最佳现金持有量提高29.29%
B. 将最佳现金持有量降低29.29%
C. 将最佳现金持有量提高50%
D. 将最佳现金持有量降低50%

实训步骤

步骤1：正确答案是D。

步骤2：根据最佳现金持有量确定的存货模式的公式，如果在其他条件保持不变的情况下，资本市场的投资回报率从4%上涨为16%，最佳现金持有量将降低50%。

实训内容十三　最佳现金持有量的确定——存货模式

【单选题】在使用存货模式进行最佳现金持有量的决策时，假设持有现金的机会成本率为8%，与最佳现金持有量对应的交易成本为2 000元，则企业的最佳现金持有量为（　　）元。

A. 30 000　　　　B. 40 000　　　　C. 50 000　　　　D. 无法计算

实训步骤

步骤1：正确答案是C。

步骤2：机会成本＝交易成本＝2 000元＝(最佳现金持有量/2)×8%，所以，最佳现金持有量＝50 000（元）。

(四) 随机模式

随机模式是在现金需求量难以预知的情况下,对现金持有量进行控制的方法。对企业来讲,现金需求量往往波动大且难以预知,但企业可以根据历史经验和现实需要,测算出一个现金持有量的控制范围,即制定出现金持有量的上限和下限,将现金持有量控制在上下限之内。当现金量达到控制上限时,用现金购入有价证券,使现金持有量下降;当现金量降到控制下限时,则抛售有价证券换回现金,使现金持有量回升。若现金量在控制的上下限之内,便不必进行现金与有价证券的转换,保持它们各自的现有存量。这种对现金持有量的控制如图4-1-4所示。图中,H为现金存量的上限,L为现金存量的下限,R为最优现金返回线。

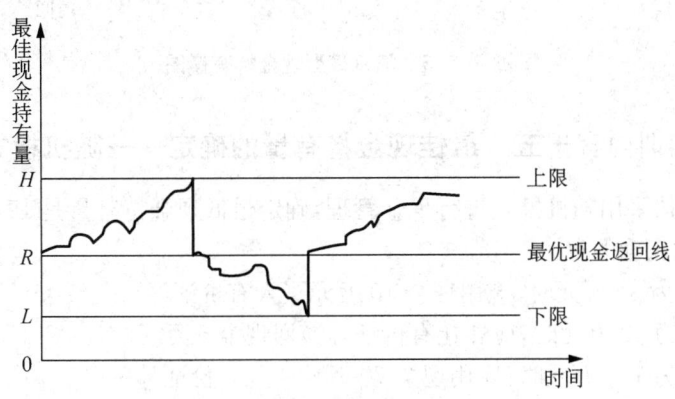

图4-1-4 随机模型现金持有量图

现金存量在上下限之间的波动属控制范围内的变化,是合理的,不予理会。以上关系中的上限H、现金返回线R可按下列公式计算:

$$R = \sqrt[3]{\frac{3b\delta^2}{4i}} + L$$

$$H = 3R - 2L$$

式中:b——每次有价证券的固定转换成本;

i——有价证券的日利息率;

δ——预期每日现金余额变化的标准差(可根据历史资料测算)。

而下限L的确定,则要受到企业每日的最低现金需要、管理人员的风险承受倾向等因素的影响。

实训内容十四 最佳现金持有量的确定——随机模式

【计算分析题】假定某公司有价证券的年利率为9%,每次固定转换成本为50元,公司认为任何时候其银行活期存款及现金余额均不能低于1 000元,又根据以往经验测算出现金余额波动的标准差为800元。求最优现金返回线R、现金控制上限H,见图4-1-5。

实训步骤

步骤1:有价证券日利率=9%÷360=0.025%

最优现金返回线R、现金控制上限H的计算为

$$R = \sqrt[3]{\frac{3b\delta^2}{4i}} + L = \sqrt[3]{\frac{3 \times 50 \times 800^2}{4 \times 0.025\%}} + 1\,000 = 5\,579(元)$$

步骤2:$H = 3R - 2L = 3 \times 5\,579 - 2 \times 1\,000 = 14\,737(元)$

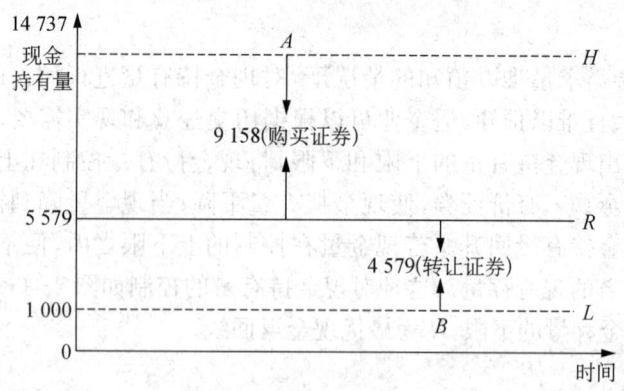

图 4-1-5 随机模型现金持有量图

实训内容十五 最佳现金持有量的确定——随机模式

【多选题】甲公司采用随机模式进行现金管理,确定最低现金持有量是 15 万元,现金返回线是 40 万元,下列操作中正确的有( )。

A. 当现金余额为 50 万元时,应用现金 10 万元买入有价证券
B. 当现金余额为 20 万元时,应转让有价证券换回现金 5 万元
C. 当现金余额为 110 万元时,应用现金 70 万元买入有价证券
D. 当现金余额为 80 万元时,不用进行有价证券与现金之间的转换操作

实训步骤

步骤 1:正确答案是 CD。

步骤 2:在随机模式下,如果现金量在控制的上下限之内,不必进行现金与有价证券的转换,否则,应该进行现金与有价证券的转换,使得现金量回到现金返回线。本题中,现金持有量的上限 $H=3R-2L=3\times40-2\times15=90$(万元),现金持有量的下限为 15 万元,所以,如果现金量在 15~90 万元之间,不必进行现金与有价证券的转换,否则,应该进行现金与有价证券的转换,使得现金量回到 40 万元。由此可知,选项 A 和选项 B 的说法不正确,选项 C 和选项 D 的说法正确。

实训内容十六 最佳现金持有量的确定——随机模式

【多选题】存货模式和随机模式是确定最佳现金持有量的两种方法。以下对这两种方法的表述中,正确的有( )。

A. 两种方法都考虑了现金的交易成本和机会成本
B. 存货模式简单、直观,比随机模式有更广泛的适用性
C. 随机模式可以在企业现金未来需要总量和收支不可预测的情况下使用
D. 随机模式确定的现金持有量,更易受到管理人员主观判断的影响

实训步骤

步骤 1:正确答案是 ACD。

步骤 2:存货模式假定现金的流出量稳定不变,在实务中很困难,所以适用范围更窄。

技能训练五

【单选题】运用随机模式和成本分析模式计算最佳现金持有量,均会涉及现金的( )。

A. 机会成本　　B. 管理成本　　C. 短缺成本　　D. 交易成本

【正确答案】A。

【答案解析】 在成本分析模式下,企业持有的现金有三种成本:机会成本、管理成本和短缺成本;在随机模式下,最优现金返回线的计算式中涉及有价证券的日利息率(即考虑了持有现金的机会成本),由此可知,该模式中也涉及现金的机会成本。所以,选择 A。

技能训练六

【单选题】 某公司持有有价证券的年利率为6%,公司的最低现金持有量为4 000元,现金回归线为10 000元。如果公司现有现金22 000元,根据现金持有量的随机模型,此时应投资于有价证券的金额是(   )元。

A. 0　　　　　　B. 14 000　　　　　　C. 12 000　　　　　　D. 10 000

技能训练七

【多选题】 某企业现金收支状况比较稳定,预计全年(按360天计算)需要现金400万元,现金与有价证券的转换成本为每次400元,有价证券的年利率为8%,则下列说法正确的有(   )。

A. 最佳现金持有量为200 000元
B. 最低现金管理相关总成本为16 000元
C. 最佳现金持有量下,持有现金的机会成本=转换成本=8 000元
D. 有价证券交易间隔期为18天

技能训练八

【多选题】 某企业现金收支状况比较稳定,预计全年(按360天计算)需要现金400万元,已知按照随机模式确定的最佳现金持有量为20万元,现金存量的下限为10万元,目前的现金存量为35万元,有价证券的年利息率为3.6%,预计每日现金余额变化的方差为4万元。则下列说法正确的是(   )。

A. 目前需要减少15万元,以达到最佳现金持有量
B. 现金存量的上限为40万元
C. 每次有价证券的固定转换成本为333.33元
D. 目前不需要减少现金存量

技能训练九

【多选题】 下列关于确定最佳现金持有量的随机模式的说法中,不正确的有(   )。

A. 只要是现金持有量偏离了最佳现金持有量,就应该进行现金与有价证券的转换
B. 确定最佳现金持有量时,需要考虑管理人员的风险承受倾向
C. 确定最佳现金持有量时,需要考虑预期每日现金余额变化的标准差
D. 确定最佳现金持有量时,不需要考虑有价证券的利息率

技能训练十

某公司持有的有价证券的年利率为10%,每次有价证券的转换成本为40,公司的现金最低持有量为3 000元,根据历史资料测算出日现金余额波动的标准差为600元。要求:根据上述资料确定该企业的最优现金返回线以及现金的控制上限。

任务三　应收账款的管理

一、应收账款的成本

应收账款是指企业因对外赊销产品、材料、供应劳务等而应向购货或接受劳务的单位收取的款项。企业在采取赊销方式促进销售、减少存货的同时,会因持有应收账款而付出一定的代价,主

要包括机会成本、管理成本、坏账成本,但同时也会因销售增加而产生一定的收益。应收账款管理的目标就是在应收账款信用政策所增加的盈利和这种政策的成本之间作出权衡。应收账款作为企业为扩大销售和盈利的一项投资,也会发生一定的成本。应收账款的成本主要有:

(一) 机会成本

$$应收账款机会成本 = 应收账款占用资金 \times 资本成本$$

其中,

$$应收账款占用资金 = 应收账款平均余额 \times 变动成本率$$

$$应收账款平均余额 = 日销售额 \times 平均收账期$$

(二) 管理成本

主要包括调查顾客信用状况的费用、收集各种信息的费用、账簿记录费用、收账费用等。

(三) 坏账成本

$$坏账成本 = 应收账款 \times 预计坏账损失率$$

(四) 折扣成本

$$现金折扣成本 = 折扣期内付款额 \times 该折扣期内现金折扣率$$

实训内容十七 应收账款的管理

腾飞公司要销售一批产品现在采用 30 天按发票金额付款的信用政策,拟将信用期放宽至 60 天,仍按发票金额付款即不给折扣。假设等风险投资的最低报酬率为 15%,其他有关的数据见表 4-1-3。判断分析公司应采用何种赊销方案。

表 4-1-3 腾飞公司有关数据

信用期 项 目	30 天	60 天
销售量(件)	100 000	120 000
销售额(元)(单价 5 元)	500 000	600 000
销售成本(元)		
变动成本(每件 4 元)	400 000	480 000
固定成本(元)	50 000	50 000
毛利(元)	50 000	70 000
可能发生的收账费用(元)	3 000	4 000
可能发生的坏账损失(元)	5 000	9 000

实训步骤

步骤 1:计算收益的增加。

$$收益的增加 = 销售量的增加 \times 单位边际贡献$$
$$= (120\ 000 - 100\ 000) \times (5 - 4) = 20\ 000(元)$$

步骤 2:应收账款占用资金的应计利息增加。

$$应收账款应计利息 = 应收账款占用资金 \times 资本成本$$
$$应收账款占用资金 = 应收账款平均余额 \times 变动成本率$$
$$应收账款平均余额 = 日销售额 \times 平均收现期$$
$$\begin{aligned}30\text{ 天信用期}\\ 应计利息\end{aligned} = \frac{500\ 000}{360} \times 30 \times \frac{400\ 000}{500\ 000} \times 15\% = 5\ 000(元)$$
$$\begin{aligned}60\text{ 天信用期}\\ 应计利息\end{aligned} = \frac{600\ 000}{360} \times 60 \times \frac{480\ 000}{600\ 000} \times 15\% = 12\ 000(元)$$
$$应计利息增加 = 12\ 000 - 5\ 000 = 7\ 000(元)$$

步骤3：收账费用和坏账损失增加。

$$收账费用增加 = 4\ 000 - 3\ 000 = 1\ 000(元)$$
$$坏账损失增加 = 9\ 000 - 5\ 000 = 4\ 000(元)$$

步骤4：改变信用期的税前损益。

$$收益增加 - 成本费用增加 = 20\ 000 - (7\ 000 + 1\ 000 + 4\ 000) = 8\ 000(元)$$

由于收益的增加大于成本增加，故应采用60天的信用期。

二、现金折扣

延长信用期限会增加应收账款的占用额及收账期，从而增加机会成本、管理成本和坏账成本。企业为了既能扩大销售，又能及早收回款项，往往在给客户以信用期限的同时推出现金折扣条款。现金折扣是企业给予客户在规定时期内提前付款能按销售额的一定比率享受折扣的优惠政策，它包括折扣期限和现金折扣率两个要素。(2/10，N/30)表示信用期限为30天，如客户能在10天内付款，可享受2%的折扣，超过10天，则应在30天内足额付款。

$$现金折扣成本 = 赊销净额 \times 折扣期内付款的销售额比例 \times 现金折扣率$$

因为现金折扣是与信用期间结合使用的，所以确定折扣程度的方法与程序实际上与前述确定信用期间的方法与程序一致，只不过要把所提供的延期付款时间和折扣综合起来，看各方案的延期与折扣能取得多大的收益增量，再计算各方案带来的成本变化，最终确定最佳方案。

实训内容十八　现金折扣

腾飞公司在放宽信用期的同时，为了吸引顾客尽早付款，提出了"0.8/30、n/60"的现金折扣条件，估计会有一半的顾客(按60天信用期所能实现的销售量计)将享受现金折扣优惠。假设等风险投资的最低报酬率为15%，其他有关的数据见表4-1-4。判断分析公司应采用何种赊销方案。

表4-1-4　其他相关数据

项目	信用期 60天	0.8/30、n/60
销售量(件)	120 000	120 000
销售额(元)(单价5元)	600 000	600 000
销售成本(元)		
变动成本(每件4元)	480 000	480 000
固定成本(元)	50 000	50 000
毛利(元)	70 000	70 000
可能发生的收账费用(元)	4 000	4 000
可能发生的坏账损失(元)	9 000	9 000

实训步骤

步骤1:计算收益的增加

$$收益的增加 = 销售量的增加 \times 单位边际贡献$$
$$= (120\,000 - 100\,000) \times (5 - 4) = 20\,000(元)$$

步骤2:应收账款占用资金的应计利息增加

$$30\,天信用期应计利息 = \frac{500\,000}{360} \times 30 \times \frac{400\,000}{500\,000} \times 15\% = 5\,000(元)$$

$$提供现金折扣的应计利息 = \left(\frac{600\,000 \times 50\%}{360} \times 60 \times \frac{480\,000 \times 50\%}{600\,000 \times 50\%} \times 15\%\right)$$
$$+ \left(\frac{600\,000 \times 50\%}{360} \times 30 \times \frac{480\,000 \times 50\%}{600\,000 \times 50\%} \times 15\%\right)$$
$$= 6\,000 + 3\,000 = 9\,000(元)$$

$$应计利息增加 = 9\,000 - 5\,000 = 4\,000(元)$$

步骤3:收账费用和坏账损失增加

$$收账费用增加 = 4\,000 - 3\,000 = 1\,000(元)$$
$$坏账损失增加 = 9\,000 - 5\,000 = 4\,000(元)$$

步骤4:估计现金折扣成本的变化

$$现金折扣成本增加 = 新的销售水平 \times 新的现金折扣率$$
$$\times 享受现金折扣的顾客比例 - 旧的销售水平$$
$$\times 旧的现金折扣率 \times 享受现金折扣的顾客比例$$
$$= 600\,000 \times 0.8\% \times 50\% - 500\,000 \times 0 \times 0$$
$$= 2\,400(元)$$

步骤5:提供现金折扣后的税前损益

$$收益增加 - 成本费用增加 = 20\,000 - (4\,000 + 1\,000 + 4\,000 + 2\,400)$$
$$= 8\,600(元)$$

由于可获得税前收益,故应当放宽信用期,提供现金折扣。

技能训练十一

1. 江南服装厂要销售一批产品,采用的销售方案为:预计信用期限为20天,销量可达50万件;信用期若延长到40天,销量可增加到60万件。假定该企业投资报酬率为9%,产品单位售价为4元,其余条件如表4-1-5所示。

表4-1-5 江南服装厂其余条件　　　　　　　　　　　　　　　　　单位:万元

信用期	20天	40天
销售额	200	240
销售成本:		
变动成本	60	72
固定成本	20	20
毛利	120	148
收账费用	10	12
坏账损失	3	5

要求:确定该企业应选择哪一个信用期限?

技能训练十二

根据上例资料,若企业在采用40天的信用期限的同时,向客户提供(2/10,n/40)的现金折扣,预计将有占销售额60%的客户在折扣期内付款,而收账费用和坏账损失均比信用期为40天的方案下降8%。要求:判断该企业应否向客户提供现金折扣。

技能训练十三

胜利化肥厂销售销产品,单位售价400元,单位变动成本300元。现接到某客户的追加定单1000件,企业尚有生产能力给予接受。但是该客户提出赊账期为60天的付款方式,假如在30天内付款能给予2%的现金折扣,客户愿意有20%的货款在折扣期内支付。该企业根据信用调查,该客户信用等级较低,坏账损失率可能达到20%。该企业最低投资报酬率15%,收账管理费用为赊销收入额的2%。

要求:计算并决策该企业是否应接受定单。

三、信用政策

应收账款赊销的效果好坏,依赖于企业的信用政策。所谓信用政策即应收账款的管理策略,包括信用标准、信用条件和收账策略。

(一) 信用标准

信用标准,是指顾客获得企业的交易信用所应具备的条件。如果顾客达不到信用标准,便不能享受企业的信用或只能享受较低的信用优惠。企业在设定某一顾客的信用标准时,往往先要评估它赖账的可能性,这可以通过"5C"系统来进行。所谓"5C"系统,是对顾客以下五个方面的信用品质进行定性评估:

(1) 品质(Character)。指顾客的信誉,即履行偿债义务的可能性。

(2) 能力(Capacity)。指顾客的偿债能力,即其流动资产的数量和质量以及与流动负债的比例。

(3) 资本(Capital)。指顾客的财务实力和财务状况,表明顾客可能偿还债务的背景。

(4) 抵押(Collateral)。指顾客拒付款项或无力支付款项时能被用作抵押的资产。

(5) 条件(Conditions)。指可能影响顾客付款能力的经济环境。

(二) 信用条件

一旦企业决定给予客户信用优惠时,就需要考虑具体的信用条件。因此,所谓信用条件就是指企业接受客户信用定单时所提出的付款要求,主要包括信用期限、折扣期限及现金折扣等。

(三) 收账策略

收账策略亦称收账方针,是指当客户违反信用条件,拖欠甚至拒付款项时企业所采取的收账策略与措施。

实训内容十九 信用标准

【单选题】在依据"5C"系统原理确定信用标准时,应掌握客户"能力"方面的信息,下列各项指标中最能反映客户"能力"的是( )。

A. 净经营资产利润率 B. 杠杆贡献率
C. 现金流量比率   D. 长期资本负债率

实训步骤

步骤1:答案C。

步骤1：本题考核5C系统，所谓"5C"系统是指评估顾客信用品质的五个方面，即品质、能力、资本、抵押、条件。其中"能力"指偿债能力，主要指企业流动资产的数量和质量以及与流动负债的比例，即短期偿债能力；只有选项C属于短期偿债能力的指标。

技能训练十四

【单选题】甲公司全年销售额为30 000元（一年按300天计算），信用政策是"1/20、n/30"，平均有40%的顾客（按销售额计算）享受现金折扣优惠，没有顾客逾期付款。甲公司应收账款的年平均余额是（　　）元。

A. 2 000　　　　B. 2 400　　　　C. 2 600　　　　D. 3 000

四、应收账款日常管理

对于已经发生的应收账款，企业还应进一步强化日常管理工作，采取有力的措施进行分析、控制，及时发现问题，提前采取对策。应收账款发生后，企业应采取各种措施，尽量争取按期收回款项，否则会因拖欠时间过长而发生坏账，使企业蒙受损失。

（一）加强应收账款追踪分析

赊销企业有必要在收款之前，对该项应收账款的运行过程进行追踪分析，企业要对赊购者的信用品质、偿付能力进行深入调查，分析客户现金的持有量与调剂程度能否满足兑现的需要。应将那些挂账金额大、信用品质差的客户的欠款作为考察的重点，以防患于未然。

（二）重视应收账款账龄分析

一般而言，客户逾期拖欠账款时间越长，账款催收的难度越大，成为坏账的可能性也就越高。企业必须要做好应收账款的账龄分析，密切注意应收账款的回收进度和出现的变化，把过期债权款项纳入工作重点，研究调整新的信用政策，努力提高应收账款的收现效率。

企业已发生的应收账款时间有长有短，有的尚未超过收款期，有的则超过了收款期。一般来讲，拖欠时间越长，款项收回的可能性越小，形成坏账的可能性越大。对此，企业应实施严密的监督，随时掌握回收情况。实施对应收账款回收情况的监督，可以通过编制账龄分析表进行。

技能训练十五

分析企业的账龄分析表（见表4-1-6），回答以下问题：有多少欠款尚在信用期内？有多少欠款超过了信用期，超过时间长短的款项各占多少，有多少欠款会因拖欠时间太久而可能成为坏账？

表4-1-6　账龄分析表

2019年12月31日

应收账款账龄	账户数量	金额（千元）	百分率（%）
信用期内	200	80	40
超过信用期1~20天	100	40	20
超过信用期21~40天	50	20	10
超过信用期41~60天	30	20	10
超过信用期61~80天	20	20	10
超过信用期81~100天	15	10	5
超过信用期100天以上	5	10	5
合计	420	200	100

任务四 存　货

一、存货的管理

如果工业企业能在生产投料时随时购入所需的原材料,或者商业企业能在销售时随时购入该项商品,就不需要存货。但实际上,企业总有储存存货的需要,并因此占用或多或少的资金。这种存货的需要出自以下原因:

第一,保证生产或销售的经营需要。

第二,出自价格的考虑。

二、存货的成本

(一) 取得成本

取得成本是指为取得某种存货而发生的支出,它由购置成本和订货成本构成。

订货成本的计算公式为:

$$订货成本 = F_1 + \frac{D}{Q}K$$

订货成本加上购置成本,就等于存货的取得成本。其公式可表达为:

$$取得成本 = 订货成本 + 购置成本$$
$$= 订货固定成本 + 订货变动成本 + 购置成本$$
$$TC_a = F_1 + \frac{D}{Q}K + DU$$

(二) 储存成本

$$储存成本 = 储存固定成本 + 储存变动成本$$
$$TC_c = F_2 + K_c \frac{Q}{2}$$

(三) 缺货成本

缺货成本是指由于存货不足而造成的损失,如材料供应中断造成的停工损失;产成品库存短缺造成的延迟发货的信誉损失及丧失销售机会损失;材料缺货而采用替代材料的额外支出。缺货成本中有些是机会成本,只能作大致的估算。当企业允许缺货时,缺货成本随平均存货的减少而增加,它是存货决策中的相关成本。

如果以 TC 来表示储备存货的总成本,它的计算公式为:

$$TC = TC_a + TC_c + TC_s = F_1 + \frac{D}{Q}K + DU + F_2 + K_c \frac{Q}{2} + TC_s$$

企业存货的最优化,即是使上式 TC 值最小。

三、存货决策

(一) 经济订货量基本模型

经济批量是指能使一定时期内某项存货的相关总成本达到最小时的订货批量。经济批量模型的分析研究要有若干基本假设,主要是:存货单价不变,不允许缺货,存货的消耗均匀,订货能瞬间一次到达,变动性的单位订货、储存成本都不变等。

存货总成本的公式为:

$$TC = F_1 + \frac{D}{Q}K + DU + F_2 + K_c \frac{Q}{2}$$

$$Q^* = \sqrt{\frac{2KD}{K_c}}$$

每年最佳订货次数公式:$N^* = \dfrac{D}{Q^*} = \dfrac{D}{\sqrt{\dfrac{2KD}{K_c}}} = \sqrt{\dfrac{DK_c}{2K}}$

与批量有关的存货总成本公式:$TC(Q^*) = \dfrac{KD}{\sqrt{\dfrac{2KD}{K_c}}} + \dfrac{\sqrt{\dfrac{2KD}{K_c}}}{2} \times K_c = \sqrt{2KDK_c}$

最佳订货周期公式:$t^* = \dfrac{1}{N^*} = \dfrac{1}{\sqrt{\dfrac{DK_c}{2K}}}$

经济订货量占用资金:$I^* = \dfrac{Q^*}{2} \times U = \dfrac{\sqrt{\dfrac{2KD}{K_c}}}{2} \times U = \sqrt{\dfrac{KD}{2K_c}} \times U$

实训内容二十 存货管理

腾飞公司全年耗用甲种材料 1 800 千克,该材料单价 20 元,年单位储存成本 4 元,一次订货成本 25 元。

要求:确定①经济订货批量;②最小相关总成本;③最佳订货次数;④最佳订货周期;⑤最佳存货资金占用额。

实训步骤

步骤1:经济批量 $= \sqrt{\dfrac{2 \times 1\,800 \times 25}{4}} = 150$(千克)

步骤2:最小相关总成本 $= \sqrt{2 \times 1\,800 \times 25 \times 4} = 600$(元)

步骤3:最佳订货次数 $= 1\,800 \div 150 = 12$(次)

步骤4:最佳订货周期 $= 360 \div 12 = 30$(天)

步骤5:最佳存货资金占用额 $= 20 \times \dfrac{150}{2} = 1\,500$(元)

四、基本模型的扩展

(一) 订货期提前

一般情况下,企业的存货不能做到随用随时补充,因此不能等存货用完再去订货,而需要在没有用完时提前订货。在提前订货的情况下,企业再次发出订货单时,尚有存货的库存量,称为再订货点,用 R 表示。它的数量等于交货时间(L)和每日平均用量(d)和乘积。

$$R = L \times d$$

(二) 陆续进货模型

此时的经济批量为:

$$Q_p^* = \sqrt{\frac{2DK}{K_c} \times \left(\frac{P}{P-d}\right)}$$

最佳存货总成本为:

$$TC(Q_p^*) = \sqrt{2DKK_c \times \left(1 - \frac{d}{P}\right)}$$

实训内容二十一 进货模型

腾飞公司零件年需要量7 200件,每天送货量60件,每天耗用量20件,单价20元,一次订货成本50元,单位储存成本4元,单位缺货成本8元。则此时的经济批量和总成本为:

实训步骤

步骤1:计算经济批量 $Q_p^* = \sqrt{\frac{2 \times 7\,200 \times 50}{4} \times \left(\frac{60}{60-20}\right)} = 520$(件)

步骤2:计算总成本 $TC(Q_p^*) = \sqrt{2 \times 7\,200 \times 50 \times 4 \times \left(1 - \frac{20}{60}\right)} = 1\,386$(元)

实训内容二十二 批量决策

此扩展模型还可应用于自制产品或零部件的经济投产批量的决策。

腾飞公司生产企业使用A零件,可以外购,也可以自制。如果外购,单价4元,一次订货成本10元;如果自制,单位成本3元,每次生产准备成本600元。每日产量50件。零件的全年需求量为3 600件,储存变动成本为零件价值的20%,每日平均需求量为10件。

下面分别计算零件外购和自制的总成本,以选择较优的方案。

步骤1:计算外购零件

$$Q^* = \sqrt{\frac{2KD}{K_c}} = \sqrt{\frac{2 \times 10 \times 3\,600}{4 \times 0.2}} = 300(件)$$

$$TC(Q^*) = \sqrt{2KDK_c} = \sqrt{2 \times 10 \times 3\,600 \times 4 \times 0.2} = 240(元)$$

$$TC = DU + TC(Q^*) = 3\,600 \times 4 + 240 = 14\,640(元)$$

步骤2:计算自制零件

$$Q^* = \sqrt{\frac{2KD}{K_c} \times \frac{P}{P-d}} = \sqrt{\frac{2 \times 600 \times 3\,600}{3 \times 0.2} \times \frac{50}{50-10}}$$

$$= 3\,000(件)$$

$$TC(Q^*) = \sqrt{2KDK_c \times \left(1 - \frac{d}{P}\right)}$$

$$= \sqrt{2 \times 600 \times 3\,600 \times 3 \times 0.2 \times \left(1 - \frac{10}{50}\right)} = 1\,440(元)$$

$$TC = DU + TC(Q^*) = 3\,600 \times 3 + 1\,440 = 12\,240(元)$$

步骤3:结论 由于自制的总成本(12 240元)低于外购的总成本(14 640元)故以自制为宜。

(三)商业折扣模型

经济批量模型中的"存货单价不变"假设也有可能与实际不符,为此我们分析讨论存在商业折扣情况下的最优决策。

设采购单价为K,采购成本为TC_k,这时采购成本随采购批量大小变动,是决策的一项相关成本。相关总成本TC为:

$$TC = TC_k + TC_0 + TC_c$$
$$= K \times A + P \times \frac{A}{Q} + C_1 \times \frac{Q}{2}$$

本模型可按下述程序求最优解：
(1) 按经济批量模型求出订货批量。
(2) 按商业折扣条款查出与步骤(1)求得的批量对应的采购单价及相关总成本。
(3) 按商业折扣条款中采购单价低于步骤(2)求得的单价的各档次的最低批量对应的相关总成本。
(4) 比较各相关总成本，最低的为最优解。

实训内容二十三　折扣模型

腾飞公司全年需用甲零件 10 000 件。每次变动性订货成本为 50 元，每件甲零件年平均变动性储存成本为 4 元。当采购量小于 600 件时，单价为 10 元；当采购量大于或等于 600 件，但小于 1 000 件时，单价为 9 元；当采购量大于或等于 1 000 件时，单价为 8 元。

要求：计算最优采购批量及全年最小相关总成本。

实训步骤

步骤 1：先计算经济批量。

$$Q_1 = \sqrt{\frac{2 \times 50 \times 10\,000}{4}} = 500 \text{（件）}$$

步骤 2：计算甲零件单价为 10 元时相关总成本。

$$TC_1 = 10 \times 10\,000 + \sqrt{2 \times 50 \times 10\,000 \times 4} = 102\,000 \text{（元）}$$

步骤 3：计算甲零件当单价为 9 元时相关总成本。

$$Q_2 = 600 \text{ 件}$$
$$TC_2 = 9 \times 10\,000 + 50 \times \frac{10\,000}{600} + 4 \times \frac{600}{2}$$
$$\approx 92\,033.33 \text{（元）}$$

步骤 4：计算甲零件当单价为 8 元时相关总成本。

$$Q_3 = 1\,000 \text{ 件}$$
$$TC_3 = 8 \times 10\,000 + 50 \times \frac{10\,000}{1\,000} + 4 \times \frac{1\,000}{2}$$
$$= 82\,500 \text{（元）}$$

步骤 5：决策：本例最优采购批量 1 000 件，全年最少相关总成本为 82 500 元。

（四）保险储备

按照某一订货批量和再订货点发出订单后，如果出现需求增大或者送货延迟，就会出现存货短缺或者供货中断，因此企业为防止出现这样的损失，就必须保持一定量的保险储备。此时存货在订货点 $R = $ 交换时间 $\times$ 平均日需求量 $+$ 保险储备 $= L \times d + B$。

建立保险储备的代价则是存货储备成本的相应增加。而最佳保险储备的确定就是在存货短缺所造成的缺货成本和保险储备的储存成本之间作出权衡，使二者之和最小。两者之和的计量模型为：

$$TC(S, B) = C_S + C_B = K_U \times S \times N + B \times K_C$$

关于存货保险储备量的计算过程:在有的题目中需要计算一个概率,也就是缺货量的概率。第二步是计算没有保险储备量的存货相关总成本。第三步按照各种保险储备量进行计算各种保险储备量下的相关存货总成本。第四步是进行各种存货成本的比较,确定保险储备量的范围。第五步是确定在订货点,也就是按照存货的保险储备量加上经济批量。

对于存货保险储备的问题可以将需求量转化问题。

研究保险储备的目的:找出最佳的保险储备量,使缺货或供应中断损失和储存成本之和最小。

最佳保险储备量的确定方法(需求量变化引起的缺货):计算出各不同保险储备量下的总成本,以总成本最低的保险储备量作为最佳保险储备量。

某保险储备量下的总成本
= 年缺货成本 + 保险储备成本
= 一次订货缺货量 × 年订货次数 × 单位缺货成本 + 保险储备量 × 单位储存成本

实训内容二十四 保险储备模型

腾飞公司公司每年需对外购零件3 600件,该零件单位储存变动成本20元,一次订货成本25元,单位缺货成本100元。经预测,在交货间隔期内的需要量及其概率如表4-1-7所示。

表 4-1-7 零件需要量概率分布表

需要量(件)	50	60	70	80	90
概率	0.1	0.2	0.4	0.2	0.1

可供选择的保险储备方案为0件、10件和20件。

实训步骤

步骤1:计算经济订货量。

$$经济订货量 = \sqrt{\frac{2 \times 25 \times 3\,600}{20}} \approx 95(件)$$

步骤2:年订货次数。

$$3\,600 \div 95 \approx 38(次)$$

步骤3:计算交货间隔期内的平均需求量。

$$50 \times 0.1 + 60 \times 0.2 + 70 \times 0.4 + 80 \times 0.2 + 90 \times 0.1 = 70(件)$$

步骤4:不同保险储量下的缺货量S的期望值。
$B = 0$时　$S = (80 - 70) \times 0.2 + (90 - 70) \times 0.1 = 4(件)$
$B = 10$时　$S = (90 - 80) \times 0.1 = 1(件)$
$B = 20$时　$S = 0$

步骤5:不同保险储备量下的总成本$TC(S,B)$。
$B = 0$时,$TC(S,B) = 100 \times 4 \times 38 = 15\,200(元)$
$B = 10$时 $TC(S,B) = 100 \times 1 \times 38 + 10 \times 20 = 4\,000(元)$
$B = 20$时 $TC(S,B) = 20 \times 20 = 400(元)$

步骤6:决策:故应设置保险储量20件,此时的再订货点为70 + 20 = 90件。

技能训练十六

某企业2××1年A产品销售收入为4 000元,总成本为3 000元,其中固定成本为600元。

2××2年该企业有两种信用政策可供选用：

甲方案给予客户60天信用期限(n/60)，预计销售收入为5 000元，货款将于第60天收到，其信用成本为140元；

乙方案的信用政策为(2/10，1/20，n/90)，预计销售收入为5 400元，将有30%的货款于第10天收到，20%的货款于第20天收到，其余50%的货款于第90天收到(前两部分货款不会产生坏账，后一部分货款的坏账损失率为该部分货款的4%)，收账费用为50万元。该企业A产品销售额的相关范围为3 000~6 000元，企业的资金成本率为8%。

要求：

(1) 计算该企业2××1年的下列指标：①变动成本总额；②以销售收入为基础计算的变动成本率。

(2) 计算乙方案的下列指标：①应收账款平均收账天数；②应收账款平均余额；③维持应收账款所需资金；④应收账款机会成本；⑤坏账成本；⑥采用乙方案的信用成本。

(3) 计算以下指标：①甲方案的现金折扣；②乙方案的现金折扣；③甲乙两方案扣除信用成本前贡献之差；④甲乙两方案扣除信用成本后贡献之差。

技能训练十七

ABC公司的一种新型产品的促销很成功，估计年平均销量为2 000个，每个售价为600元，每个存货的年储存成本是40元，每次订货成本为100元，该新型产品的每个购买价格为300元，要求回答以下的问题：

(1) 计算ABC公司该产品的经济订货量和存货的年总成本(包括购置成本)；

(2) 若平均交货期内的需求是20个，公司预计的不同安全储备下的年缺货成本如表4-1-8所示，计算该公司合理的保险储备和再订货点。

表4-1-8 保险储备和预计的年缺货成本表

保险储备(个)	预计的年缺货成本(元)	保险储备(元)	预计的年缺货成本(元)
0	900	25	400
5	580	30	384
10	510	35	372
15	450	40	364
20	420	45	360

(3) 若公司每次订货200个或者超过200个，供货商愿意提供1%的折扣，该公司应否在每次购买时订购200个？

(4) 若公司以每个500元的价格销售，每年能售出2 420个，则ABC公司每次应该订购多少(四舍五入取整)，并判断该公司应否实施降价策略(假设没有折扣可以利用)。

★案例分析

大升电器商品采购批量的确定

大升电器有限公司是一家以经营各类家用电器为主的全国性家电零售连锁企业。本着"创新务实、精益求精"的企业理念，依靠准确的市场定位和薄利多销的经营策略，得以蓬勃发展。

目前，大升电器已成为中国驰名商标，并已发展成为中国最大的家电零售连锁企业，在北京、天津、成都、重庆等25个城市以及香港等地区拥有直营店130余家,10 000多名员工,多次蝉联中国商业连锁三甲,成为国内外众多知名家电厂家在中国最大的经销商。

在长期经营实践中,大升电器形成了独特商品、价格、服务、环境四大核心竞争力。全面引进了彩电、冰箱、洗衣机、空调、手机、数码摄像机、电脑、音响等产品,使所经销的商品几乎囊括所有消费类电子产品。大单采购、买断、包销、定制等多种适合家电经营的营销手段,保证了大升家电的价格优势。完善的售后服务体系、高素质的售后服务队伍是新宇电器的规模化经营的基础。

六月中旬,空调订货销售时机,分公司主管业务工作的经理刚走进自己的办公室,营业部主任就匆匆忙忙地来到办公室,请求海尔空调的订货事宜。说:"采购员从青岛海尔空调器有限公司打来电话,说海尔空调有现货供应,规格型号正好是本市畅销几种。进货价格平均下来约合每台2 800元左右,若一次订购500台,还可以得到4%的价格优惠,是否按折扣价格购进,请速回电话告知。"

近来空调市场需求旺盛,海尔空调已库存量不多,正考虑此事的管业务工作的经理听后高兴地说:"这是个好消息!刘××,你算一下账,看怎样订购更合适,然后把你的意见告诉我。"刘××是从商学院毕业分配到电器有限公司的,先后做过采购员、销售员、营业部副主任及营业部主任等职务。他既懂得商品采购、保管、推销的一些基本理论,又有着较丰富的商品采购、保管与推销的实践经验,几年来经他采购或由他决策订购的电器商品,不仅质量上得到保证、数量上比较适中,而且价格上比较合理。由于经营得当,公司在激烈的市场竞争中一直处于有利的地位,业务得到较大的发展。

刘××根据经理的意见,首先从计算机中调出了有关海尔空调的财务数据资料:

公司近几年中每年销售海尔空调近4 000台,每次进货费用平均需要800元,平均每台空调年储存费用为160元。

然后,他利用自己所掌握的方法,迅速进行了有关数据的测算,刘××计算完后,心里有了数,于是立即向陶副经理做了汇报。

阅读上述资料,请分析讨论以下问题:

刘××通过计算是否决定按折扣价格进货?

小 结

企业的生存和发展,离不开资金。企业的日常经营,需要依靠营运资金来维系。流动资产投资管理包括流动资产投资政策和流动资产投资日常管理两部分。

营运资本(working capital)有广义和狭义之分。通常所说的营运资本多指后者。

流动资产投资政策是指如何确定流动资产投资的相对规模。宽松的流动资产投资政策就是企业持有较多的现金和有价证券,充足的存货,提供给客户宽松的付款条件并保持较高的应收账款水平。紧缩的流动资产投资政策就是公司持有尽可能低的现金和小额的有价证券投资;在存货上作少量投资;采用严格的销售信用政策或者禁止赊销。适中的流动资产投资政策就是是短缺成本和持有成本之和最小化的投资额。短缺成本和持有成本大体相等。

企业持有现金动机是为了满足交易性需要、预防性需要和投机性需要。现金控制的目标是在保证企业正常生产经营及适度资产流动性的前提下,尽量降低现金的持有量,提高资金的收益率。最佳现金持有量可以通过现金周转模式、成本分析模式、存货模式和随机模式来确定。企业通常采用的现金收支控制方法有尽量加速收款、严格控制现金支出和力争现金流入与流出同步。

应收账款有促进销售和减少库存功能。应收账款的成本有机会成本、管理成本和坏账成本。

应收账款的管理目标是在尽量发挥应收账款功能的基础上,降低应收账款投资成本。企业应制定合理的信用政策,包括信用标准、信用条件和收账政策,并加强应收账款的日常管理。

存货的功能明显,持有存货的成本却有采购成本、订货成本、储存成本和缺货成本。存货的管理目的是控制存货水平,在发挥存货功能的基础上,降低存货成本。企业应加强对存货的日常控制,包括储存期控制、经济批量控制和 ABC 分类控制。经济批量法有基本模型、数量折扣模型、允许缺货模型、订货期提前模型、陆续进货模型和保险储备模型。存货管理的变革不容忽视。

实际操作训练

一、某企业现金收支状况比较稳定,预计全年(按 360 天计算)需要现金 400 万元,现金与有价证券的转换成本为每次 400 元,有价证券的年利率为 8%。

要求:

(1) 计算最佳现金持有量;

(2) 计算最佳现金持有量下的全年现金管理总成本、全年现金转换成本和全年现金持有机会成本。

(3) 计算最佳现金持有量下的全年有价证券交易次数和有价证券交易间隔期。

二、已知按照随机模式确定的最佳现金持有量为 20 万元,现金存量的下限为 10 万元,目前的现金存量为 35 万元,有价证券的年利息率为 3.6%,预计每日现金余额变化的方差为 4 万元。要求:

(1) 计算现金存量的上限为 40 万元,目前需要减少 15 万元,以达到最佳现金持有量吗?

(2) 每次有价证券的固定转换成本为多少?

三、某企业产销 A 产品,单位售价 400 元,单位变动成本 300 元。现接到某客户的追加定单 1 000 件,企业尚有生产能力给予接受。但是该客户提出赊账期为 60 天的付款方式,假如在 30 天内付款能给予 2% 的现金折扣,客户愿意有 20% 的货款在折扣期内支付。该企业根据信用调查,该客户信用等级较低,坏账损失率可能达到 20%。该企业最低投资报酬率 15%,收账管理费用为赊销收入额的 2%。

要求:计算并决策该企业是否应接受定单。

四、某零件年需要量 32 400 件,单价 20 元,日供应量为 120 件,一次订货变动成本 16 元,单位储存变动成本 2 元/件。假设一年为 360 天,保险储备量为 40 件,则(   )。

要求:

(1) 计算经济订货量;

(2) 送货期为多长?

(3) 平均库存量为多少件?

(4) 存货平均占用资金为多少?

项目二　营运资本筹资

★ **实训目的**

通过本章学习,了解营运资金的概念及营运资金管理的基本要求,理解和计算商业信用筹资的成本。

★ **实训要求**

理解营运资金的相关理论,分析企业的筹资模式,计算商业信用筹资的成本。

★ **实训设计**

[第一步] 了解营运资金的特点。广义的营运资金又称总营运资本,是指一个企业投放在流动资产上的资金,具体包括现金、有价证券、应收账款、存货等占用的资金。狭义的营运资金是指某时点内企业的流动资产与流动负债的差额。

[第二步] 分析企业的筹资模式。
(1) 配合型筹资政策。
(2) 稳健型筹资政策。
(3) 激进型筹资政策。

★ **实训内容**

实训内容包括营运资金的特点、企业的筹资政策、商业信用的计算。

★ **考核标准**

能够完成商业信用的计算任务,并能够运用其结果评价项目的可行性。理解分析营运资金的特点;企业的筹资政策;该项目任务一营运资金占20%,任务二商业信用筹资成本占40%,此项考核占60%,另外通过实训教育软件进行考核占40%。

★ **模拟情景**

腾飞公司是一家工业企业,为了满足营运资金的需要,要进行筹资,企业面对多种筹资政策,要选择一个合理的方案。

任务一　营运资金

一、营运资金管理的基本要求

营运资金的管理就是对企业流动资产和流动负债的管理。它既要保证有足够的资金满足生产经营的需要,又要保证能按时按量偿还各种到期债务。企业营运资金管理的基本要求是:合理确定并控制流动资金的需要量;合理确定流动资金的来源构成;加快资金周转,提高资金效益。

二、营运资金政策

营运资金政策包括营运资金持有政策和营运资金融资政策,它们分别研究如何确定营运资金持有量和如何筹集营运资金两个方面的问题。

1. 营运资金持有政策

将持有较高的营运资金称为宽松的营运资金政策,此时收益低且风险也较低;将持有较低的营运资金称为紧缩的营运资金政策,此时风险和收益均较高;介于两者之间的是适中的营运资金政策。如表 4-2-1 所示。

表 4-2-1　营运资金持有政策表

政策类型	含义	风险	报酬
宽松的营运资金政策	较高的营运资金持有量	风险较小	收益较小
紧缩的营运资金政策	较低的营运资金持有量	加大企业的风险	收益性较高
适中的营运资金政策	营运资金持有量既不过高,也不过低,现金恰好足够支付,存货能够满足生产和销售需要,一般不保留有价证券	适中	适中

2. 营运资金筹集政策

营运资金筹集政策,是营运资金政策的研究重点,研究营运资金的筹集政策,需要对构成营运资金的两个要素:流动资产和流动负债进行分析。资产分为长期资产、固定资产和流动资产,流动资产分为临时性流动资产和永久性流动资产;负债分为长期负债和流动负债,流动负债分为临时性流动负债和自发性负债。如表 4-2-2 所示。

表 4-2-2　营运资金筹集政策表

种类	特点
配合型筹资政策	对于临时性流动资产,运用临时性负债筹集资金满足其资金需要;对于永久性流动资产和固定资产(统称为永久性资产),运用长期负债、自发性负债和权益资本筹集资金满足其资金需要。是一种理想的,对企业有着较高资金使用要求的营运资金筹集政策
激进型筹资政策	临时性负债不但融通临时性流动资产的资金需要,还解决部分永久性资产的资金需要。是一种收益性和风险性均较高的营运资金筹集政策
稳健型筹资政策	临时性负债只融通部分临时性流动资产的资金需要,另一部分临时性流动资产和永久性资产,则由长期负债、自发性负债和权益资本作为资金来源。是一种风险性和收益性均较低的营运资金筹集政策

营运资金的筹集政策,主要是如何安排临时性流动资产、永久性流动资产和资金来源。资金来源是指长期负债、临时性流动负债以及自发性负债。

(1) 配合型筹资政策。

如图 4-2-1 所示。

(2) 激进型筹资政策。

如图 4-2-2 所示。

(3) 稳健型筹资政策。

如图 4-2-3 所示。

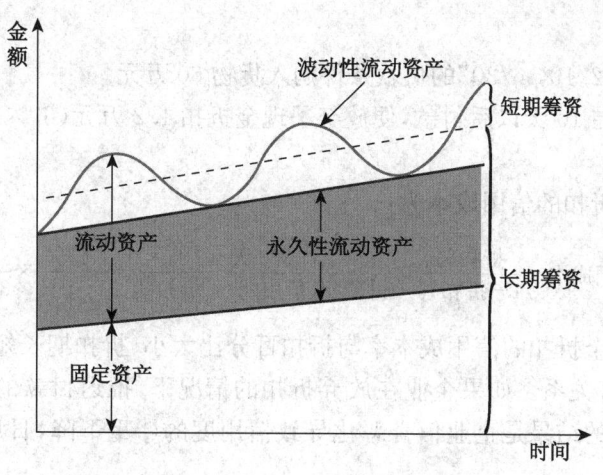

图 4-2-1 配合型筹资政策

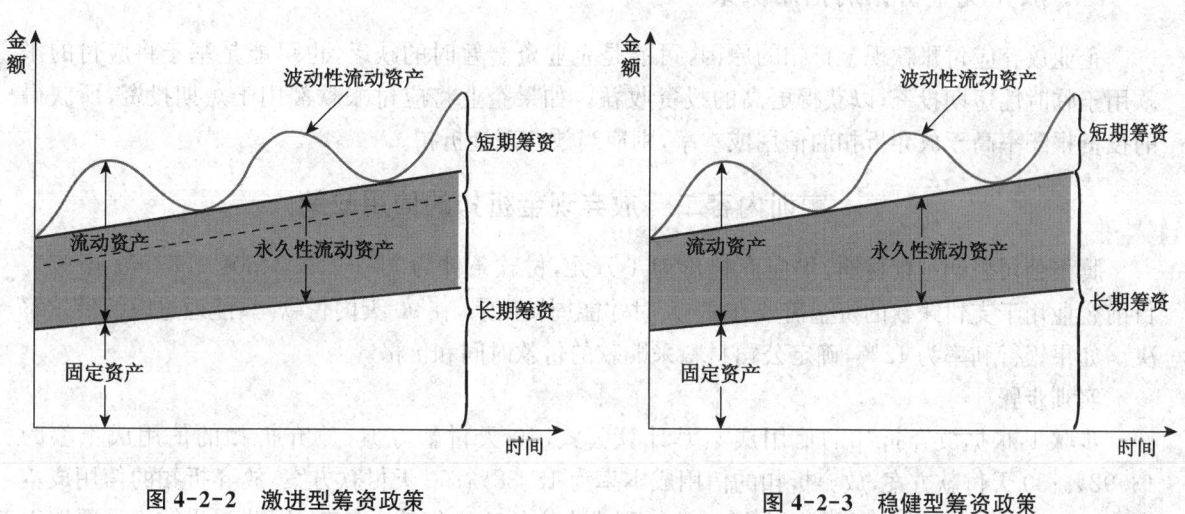

图 4-2-2 激进型筹资政策

图 4-2-3 稳健型筹资政策

任务二 商业信用筹资的成本

商业信用是指企业在商品或劳务交易中,以延期付款或预收货款方式进行购销活动而形成的借贷关系,是企业之间的直接信用行为,也是企业短期资金的重要来源。商业信用产生于企业生产经营的商品、劳务交易之中,是一种"自动性筹资"。商业信用筹资有应付账款、应付票据、预收账款。

一、放弃现金折扣的信用成本

倘若买方企业购买货物后在卖方规定的折扣期内付款,可以获得免费信用,这种情况下企业没有因为取得延期付款信用而付出代价。

实训内容一 信用筹资成本

腾飞公司应付账款规定付款信用条件为"2/10,n/30",是指买方在 10 天内付款,可获得 2% 的付款折扣,若在 10 天至 30 天内付款,则无折扣;允许买方付款期限最长为 30 天。

实训步骤

步骤1：某企业按"2/10，n/30"的付款条件购入货物60万元。

步骤2：如果企业在10天以后付款，便放弃了现金折扣1.2万元(60×2%)，信用额为58.8万元(60－1.2)。

步骤3：放弃现金折扣的信用成本为：

$$\text{放弃折扣的信用成本} = \frac{\text{折扣}\%}{1-\text{折扣}\%} \times \frac{360\text{天}}{\text{付款期(信用期)}-\text{折扣期}} = \frac{2\%}{1-2\%} \times \frac{360}{30-10} = 36.73\%$$

公式表明，放弃现金折扣的信用成本率与折扣百分比大小、折扣期长短和付款期长短有关，与货款额和折扣额没有关系。如果企业在放弃折扣的情况下，推迟付款的时间越长，其信用成本便会越小，但展期信用的结果是企业信誉恶化导致信用度的严重下降，日后可能招致更加苛刻的信用条件。

二、放弃现金折扣的信用决策

企业放弃应付账款现金折扣的原因，可能是企业资金暂时的缺乏，也可能是基于将应付的账款用于临时性短期投资，以获得更高的投资收益。如果企业将应付账款额用于短期投资，所获得的投资报酬率高于放弃折扣的信用成本率，则应当放弃现金折扣。

实训内容二　放弃现金折扣的信用政策

腾飞公司采购一批材料，供应商报价为1万元，付款条件为"3/10、2.5/30、1.8/50、n/90"。目前企业用于支付账款的资金需要在90天时才能周转回来，在90天内付款，只能通过银行借款解决。如果银行利率为12%，确定公司材料采购款的付款时间和价格。

实训步骤

步骤1：根据放弃折扣的信用成本率计算公式，10天付款方案，放弃折扣的信用成本率为13.92%；30天付款方案，放弃折扣的信用成本率为15.38%；50天付款方案，放弃折扣的信用成本率为16.50%。由于各种方案放弃折扣的信用成本率均高于借款利息率，因此初步结论是要取得现金折扣，借入银行借款以偿还货款。

步骤2：10天付款方案，得折扣300元，用资9 700元，借款80天，利息258.67元，净收益41.33元。

步骤3：30天付款方案，得折扣250元，用资9 750元，借款60天，利息195元，净收益55元。

步骤4：50天付款方案，得折扣180元，用资9 820元，借款40天，利息130.93元，净收益49.07元。

步骤5：第30天付款是最佳方案，其净收益最大。

实训内容三　放弃现金折扣政策扩展

腾飞公司拟采购一批零件，供应商报价如下：

(1) 立即付款，价格为9 630元。

(2) 30天内付款，价格为9 750元。

(3) 31天至60天内付款，价格为9 870元。

(4) 61天至90天内付款，价格为10 000元。

假设银行短期贷款利率为15%，每年按360天计算。

要求:计算放弃现金折扣的成本(比率),并确定对该公司最有利的付款日期和价格。

解析:放弃现金折扣的成本率,是利用现金折扣的收益率。应选择大于贷款利率且利用现金折扣收益率较高的付款期。本题的关键是确定信用期及享有现金折扣的期限。

实训步骤

步骤1:计算立即付款折扣率,放弃折扣成本。

$$折扣率 = (10\,000 - 9\,630) \div 10\,000 = 3.70\%$$
$$放弃折扣成本 = [3.70\% \div (1 - 3.70\%)] \times [360 \div (90 - 0)] = 15.37\%$$

步骤2:计算30天付款折扣率,放弃折扣成本。

$$折扣率 = (10\,000 - 9\,750) \div 10\,000 = 2.5\%$$
$$放弃折扣成本 = [2.5\% \div (1 - 2.5\%)] \times [360 \div (90 - 30)] = 15.38\%$$

步骤3:计算60天付款折扣率,放弃折扣成本。

$$折扣率 = (10\,000 - 9\,870) \div 10\,000 = 1.3\%$$
$$放弃折扣成本 = [1.3\% \div (1 - 1.3\%)] \times [360 \div (90 - 60)] = 15.81\%$$

步骤4:最有利的是第60天付款9 870元。

三、商业信用筹资的优缺点

(一)商业信用筹资的优点

商业信用容易获得;

企业有较大的主动权;

企业一般不用提供担保。

(二)商业信用筹资的缺点

商业信用筹资成本高;

容易恶化企业的信用水平;

受外部环境影响较大。

技能训练一

某企业以"2/20,n/40"的信用条件购进原料一批,购进之后第50天付款,则企业放弃现金折扣的机会成本是多少?

技能训练二

某公司拟采购一批零件,供应商报价如下:

立即付款,价格为9 630元;

30天内付款,价格为9 750元;

31天至60天内付款,价格为9 870元;

61天至90天内付款,价格为10 000元。

要求:假设银行短期贷款利率为15%,每年按360天计算,计算放弃现金折扣的成本(比率),并确定对该公司最有利的付款日期和价格。

★案例分析

腾飞股份有限公司营运资本筹资政策分析

该股份有限公司创始于19××年,是一家拥有IT、汽车和新能源三大产业群的高新技术企业。

一、营运资本分析

从表 4-2-3 看出,在最近 4 年里,除了 2019 年营运资本为正数外,其余 3 个年度的营运资本均为负值,而且呈现加速扩大的趋势,表明长期资本远远小于长期资产,有部分长期资产由临时性短期负债来提供,由于长期资产只在其有效使用期内分批回收现金流,而流动负债在 1 年内需要偿还,短期偿债所需资金不足,必须通过临时性的短期借款弥补,因此,除了流动资产投资以外,比亚迪股份有限公司的长期投资也严重依赖于临时性的短期筹资,属于比较激进的营运资本筹资政策,从表 4-2-3 也可以看出,随着公司的筹资政策日益激进,企业的短期借款余额也在快速增加。采取此种营运资本筹资政策,一方面对企业短期筹资能力要求较高,另一方面对企业未来收入增长能力和现金流量也提出了极高的要求,也就是说,只有企业未来收入和现金流量快速增长,才能维持长短期资本循环。

表 4-2-3 腾飞公司相关财务数据(亿元)

年份 报告期	2017	2018	2019	2020
营运资本	4.56	−12.36	−102.11	−119.47
短期借款	41.34	28.38	97.96	100.11
经营活动现金净流量	17.88	11.98	31.39	41.86
权益资本	133.37	190.27	211.51	239.8
长期债务资本	51.59	33.31	40.48	82.73
自发性流动负债	99.01	152.5	179.67	233.59
经营性流动资产	144.92	168.51	175.52	214.24
长期资产	180.40	235.94	354.10	442.00

二、筹资政策分析

从表 4-2-3 数据和上述计算结果可以看出,近年来公司长期资产快速增长,但公司营运资本呈现减少的趋势,表明公司出于某种乐观预期,在进行快速的产能扩张,由于长期资金不能满足产能扩张的需要,而加大了临时性的短期筹资力度。这显然是一种比较激进的筹资政策。

三、经营绩效分析

(一)盈利能力分析

表 4-2-4 腾飞公司盈利能力比率

报告期	2018 年	2019 年	2020 年	行业均值
销售毛利率	23.43%	19.14%	17.18%	15.64%
销售净利率	9.92%	6.02%	3.27%	5.78%
净资产收益率	27.13%	14.36%	7%	12.46%
总资产净利率	11.18%	6.25%	2.69%	5.68%
营业利润/营业总收入	89.91%	94.34%	98.14%	97.94%

表 4-2-4 表明近 3 年来,腾飞股份有限公司的盈利能力直线下降。2013 年,除了公司毛利率略高于行业均值外,销售净利率、净资产收益率、总资产收益率、净利润/营业收入、营业利润/营业收入等重要指标均远远低于行业均值。营业成本/营业总收入基本与行业均值保持一致。公司的净资产收益率仅为 7%,低于银行贷款利率。总体来看,公司的盈利能力不佳。腾飞近几年的经营绩效表明,激进的营运资本筹资政策依赖于较高的收入和现金增长率,一旦由于外部原因导致收入增长放缓,公司会暴露在巨大的短期财务风险之中,这将提高企业的资本成本,伤害企业的经营能力,影响企业的品牌价值。

(二)成长能力分析

表 4-2-5　腾飞公司相关成长能力指标

报告期	2018 年	2019 年	2020 年	行业均值
营业收入增长率	48.28	17.84	0.78	8.4
营业利润增长率	320.98	−33.61	−49.04	8
利润总额增长率	230.39	−30.27	−45.02	15.05
净利润增长率	271.46	−33.48	−45.13	−3.13
总资产增长率	24.33	30.95	23.91	15.5

从表 4-2-5 可知,腾飞公司近 2 年的成长能力欠佳,各项收入和利润增长率指标表现都较差,而只有总资产增长率稍高于行业均值,表明公司产能扩张与成长能力背道而驰。2019 年公司的各项增长率指标都远远领先于行业平均水平,造就了公司的销售神话。2020 年以来,公司销量大幅下降,公司面临比较严峻的问题,信用评级下滑,债务负担加重,需要指出的是,2019 年是腾飞股份有限公司经营绩效最好的 1 年,同时也是营运资本筹资政策最为稳健的 1 年。

通过对比腾飞股份有限公司近年来的财务状况,再次印证以下结论:临时性短期筹资是企业常用的筹资方式,合理水平的临时性筹资可以为企业节省成本,提高企业盈利能力。然而,大规模增加的临时性筹资又会增大企业的短期偿债压力,使企业暴露于财务风险中,造成其可持续发展能力的丧失,甚至导致企业破产。因此,公司应该根据自身情况,合理规划筹资的期限结构,平衡融资成本与财务风险,保持较高的盈利能力,实现企业的可持续发展。

小　结

营运资金的管理就是对企业流动资产和流动负债的管理。它既要保证有足够的资金满足生产经营的需要,又要保证能按时按量偿还各种到期债务。营运资金政策包括营运资金持有政策和营运资金融资政策,它们分别研究如何确定营运资金持有量和如何筹集营运资金两个方面的问题。营运资金筹集政策是营运资金政策的研究重点,研究营运资金的筹集政策,需要对构成营运资金的两个要素:流动资产和流动负债进行分析。资产分为长期资产、固定资产和流动资产,流动资产分为临时性流动资产和永久性流动资产;负债分为长期负债和流动负债,流动负债分为临时性流动负债和自发性负债。营运资金的筹集政策,主要是如何安排临时性流动资产、永久性流动资产和资金来源。资金来源是指长期负债、临时性流动负债以及自发性负债。

实际操作训练

某公司采购一批材料,供应商报价为 1 万元,付款条件为"3/10、2.5/30、1.8/50、n/90"。目前企业用于支付账款的资金需要在 90 天后才能周转回来,在 90 天内付款,只能通过银行借款解决。如果银行利率为 12%,确定公司材料采购款的最佳付款时间和价格。

模块五

企业业绩评价

企业现中作

陈友正

项目一 业绩评价概述

★ 实训目的

通过模拟实训和企业案例资料,能够正确理解业绩评价的内容,如净收益和每股收益,业绩非财务计算以及财务计量缺点的应对等。能够了解经济增加值和市场增加值的基本概念,能够对责任中心进行正确考核和评价应用,并能够进行相关决策,熟练掌握各种责任中心的考核和评价应用,有助于企业提高业绩评价管理能力,完成企业战略目标。

★ 实训要求

通过模拟实训和案例分析,能够正确理解业绩评价的内容,如净收益和每股收益,业绩非财务计算以及财务计量缺点的应对等,能够对责任中心进行正确考核和评价应用并能够进行相关决策,熟练掌握各种责任中心的考核和评价应用,使同学们能够在教师的指导下,结合案例分析资料,拓展思维能力。

★ 实训设计

业绩评价实训包括两个任务,任务一业绩的计量、任务二公司内部的业绩评价。

[第一步] 首先结合实例说明业绩的财务计量包括哪些内容,有哪些财务指标可以计量公司业绩,这些指标的优缺点和局限性是什么,如何运用。同时了解业绩的财务计量是通过哪些指标表现的。

[第二步] 由于业绩计量方法只能从一个侧面反映企业的业绩,业绩计量受到合理成本的限制,至今还没有形成一个公认的业绩计量方法。公司业绩的计量指标可以分为财务指标和非财务指标两类。

[第三步] 按照不同部门管理者的权限,责任中心可以分为成本中心、费用中心、利润中心和投资中心。管理者应根据各类责任中心的特点,确定相应的业绩评价、考核的重点,据此组织实施责任会计。

[第四步] 公司内部的业绩评价包括成本中心的业绩评价、利润中心的业绩评价、投资中心的业绩评价等。

★ 实训内容

实训内容包括业绩评价实训和公司内部的业绩评两个实训任务,任务一业绩评价概述、任务二公司内部的业绩评价。

★ 考核标准

能够完成业绩的财务计量、业绩的非财务计量、公司成长阶段与业绩计量等的计算与在企业实践中的分析等任务,能够对成本中心、利润中心和投资中心的业绩进行考核与评价并能够熟练地运用这些指标。其中:任务一业绩评价占30%,任务二公司内部的业绩评价占30%,此项考核共占60%,另外通过财务管理实训教学软件进行考核占40%。

★ **模拟情景**

光明公司下设甲、乙两个投资中心,甲投资中心的平均投资额为 1 000 万元,投资报酬率为 20%;乙投资中心的投资报酬率为 18%,剩余收益为 45 万元;光明公司的资本成本为 15%。目前有一项目需要投资额 500 万元,投资后可增加部门营业利润 95 万元。

要求:
(1) 计算追加投资前公司的投资报酬率和剩余收益。
(2) 从投资报酬率的角度看,甲、乙投资中心是否会愿意接受该投资。
(3) 从剩余收益的角度看,甲、乙投资中心是否会愿意接受该投资。

任务一　业绩评价概述

业绩评价系统是由一系列与业绩评价有关的制度、指标、方法、标准等组成的有机整体。由于业绩计量方法受不同计量方法只能从一个侧面反映企业的业绩和业绩计量受到合理成本的限制,至今还没有形成一个公认的业绩计量方法。

由于公司的目标是增加股东财富,所以公司的业绩应该按照股东财富增加的多少来评价。业绩的计量问题实际上是寻找一个能间接反映公司价值增加的指标,它应该有较好的计量性,又能较好的反映股权价值的增加。当单一指标不能恰当的反映业绩时,也可以增加一些辅助指标,用多个指标反映公司的业绩。

公司业绩的计量指标可以分为财务指标和非财务指标两类,它们各有优缺点。

一、业绩的财务计量

(一) 盈利基础的业绩计量

(1) 净收益和每股收益,归属于普通股股东的净收益,与利润表的净利润不同。

$$净收益 = 净利润 - 优先股股利$$

净收益不便于公司之间的横向比较,也不便于投入资本变化时同一公司的各期比较。

$$每股收益 = 净收益 / 普通股股数$$

"净收益"既包括正常活动损益,也包括特殊项目损益。特殊项目损益是极少发生的,在评价公司业绩时,排除特别损益项目可以使不同时期和不同公司的"每股收益"有更好的可比性。

(2) 投资报酬率是指投资报酬和投资额之间的比率,对投资和收益的不同解释,形成不同含义的投资报酬率。最常用的衡量方法是总资产净利率和权益净利率。权益净利率是财务管理中最重要的核心指标。总资产净利率反应公司管理人员综合利用资产创造净利润的业绩;权益净利率反应股东获得回报的水平。

投资报酬率是财务管理中最重要、最综合的财务比率;投资报酬率把公司赚取的收益和所使用的资产(或权益资本)联系起来。但投资报酬率的计算使用"净收益"数据,具有与净收益类似的缺点;诱使经理人员放弃报酬率(11%)低于公司平均报酬率(12%)但高于公司资本成本(10%)的投资机会;不同的公司发展阶段,投资报酬率会有变化。

(二) 剩余收益基础的业绩计量

一般公式:

$$剩余收益 = 收益 - 投资要求的报酬率 \times 投资额$$

剩余收益与会计利润的主要区别，在于扣除了机会成本。而会计利润仅扣除实际支出的成本。

剩余收益着眼于公司的价值创造过程，有利于防止次优化。不同部门目标的实现都需要一定的投资，如果它能够创造较多的剩余收益，那么就应该满足；如果它创造的剩余收益较少，即应排队等候；如果它不能创造剩余收益，就不应投资。基于剩余收益观念，可以更好的协调公司各个部门之间的利益冲突，而使公司整体利益最大化。

无论净收益、每股收益还是投资报酬率，都是根据权责发生制计算的，无法分辨净投资的数额和投资的时间。比如两个公司的净利润相同，但其现金净流量却可能存在很大的不同，同时忽视了风险。

实训内容一 剩余收益的计算和分析

某公司投资一个项目，平均投资额 500 万元，持续时间 1 年，获取 10% 的报酬率，公司对该项目要求的回报率为 10%。剩余收益为多少？

实训步骤

步骤 1：会计利润 = 500 × 10% = 50（万元）

步骤 2：剩余收益 = 50 - 500 × 10% = 0

如果该项目获得了 12% 的收益，即赚取了 60 万元，则剩余收益为：

$$剩余收益 = 60 - 500 × 10\% = 10（万元）$$

项目要求的报酬为 50 万元，剩余收益是超过要求的回报，也可以称为是"超额收益"。

剩余权益收益是指归属于权益投资人的剩余收益：

$$\begin{aligned}剩余权益收益 &= 净收益 - 权益资本要求的报酬率 × 平均权益账面价值\\ &= 权益净利率(权益报酬率) × 平均权益账面价值\\ &\quad - 权益投资人要求的报酬率 × 平均权益账面价值\\ &= 平均权益账面价值 × (权益报酬率 - 权益投资要求报酬率)\end{aligned}$$

剩余经营收益和剩余净金融支出：

$$\begin{aligned}剩余经营收益 &= 净经营收益 - 净经营资产 × 净经营资产要求的报酬率\\ &= 净经营资产 × (净经营资产净利率 - 净经营资产要求的报酬率)\end{aligned}$$

$$\begin{aligned}剩余净金融支出 &= 净金融支出 - 净负债 × 净金融负债要求的报酬率\\ &= 净负债 × (净金融负债报酬率 - 净金融负债要求的报酬率)\end{aligned}$$

"净经营收益"就是"税后经营净利润"；"净金融支出"就是"税后利息"。

实训内容二 剩余权益收益的计算和分析

A 公司的平均投资资本为 1 000 万元，其中净负债 500 万元，权益资本 500 万元，税后利息费用 45 万元，税后利润 60 万元；净负债成本（税后）为 8%，权益成本为 10%。则剩余权益收益应为多少？

实训步骤

步骤 1：加权平均资本成本 = 8% × 1/2 + 10% × 1/2 = 9%

步骤 2：剩余经营收益 = (60 + 45) - 1 000 × 9% = 15（万元）

步骤 3：剩余净金融支出 = 45 - 500 × 8% = 5（万元）

步骤 4：剩余权益收益 = 剩余经营收益 - 剩余净金融支出 = 15 - 5 = 10（万元）

（三）市场增加值基础的业绩计量

从创造财富来看，用来评价公司业绩的不是市场价值，而是市场增加值。市场增加值是总市值和总资本之间的差额。

$$总市值 = 债权价值 + 股权价值$$
$$市场增加值 = 总市值 - 总资本$$

公司的净现值与市场增加值的区别在于净现值是公司自己估计的，市场增加值是金融市场估计的。

二、业绩的非财务计量

非财务指标是以企业的非财务信息为基础设计的业绩指标，不依靠会计信息系统，从而不易被人为操纵，便于对企业及各个部门及时提供有关信息，进而对其作业实施实时监控。主要的非财务指标有四类：反映质量的指标，包括反映供应质量、生产经营过程质量和顾客满意度的指标；反映市场和顾客的指标；反映生产业绩的指标；反映员工情况的指标。

（一）非财务指标的类型

非财务指标通常有以下几种类型：

（1）以顾客为中心的非财务指标：①订货量；②退货量；③市场份额；④关键客户订货量；⑤顾客满意度、维持度与忠诚度。

（2）与企业内部流程相关的非财务指标：①存货周转率和及时送货率；②质量指标；③能力利用率；④周转时间。

（二）非财务指标的优点

（1）可以直接计量创造财富活动的业绩，可以计量公司的长期业绩。

（2）适时跟踪评价过程，注重对未来预期评价。

（3）从企业整体角度评价，与企业发展战略密切相关。

（4）直接而非间接评价，易于分清责任，使控制更为有效。

（三）业绩财务计量缺点及应对

非财务指标的综合性、可计量性和可比性等都不如财务计量。财务计量是短期业绩计量，会鼓励企业没有长期价值的作业和行为；忽视价格水平的变化，历史成本计算歪曲经济现实；忽视公司不同发展阶段的差异。业绩评价的财务计量还有一个缺点，就是忽视公司的不同发展阶段。公司的生命周期可以分为开办或创业阶段、迅速成长阶段、成熟阶段和衰退阶段。在其生命周期的每一个阶段上各种业绩评价指标的数值会有区别，如果忽视这种区别，就会发生判断上的错误。

实训内容三　业绩的非财务计量

光明公司的平均投资资本为 4 000 万元，债务资本比重为 60%，净经营资产净利率为 12%；税后利息费用 200 万元，净负债成本（税后）8%。无风险报酬率为 6%，平均风险股票报酬率 10%，该公司普通股 β 值为 1.5。则公司的剩余权益收益、剩余经营收益、净利润和剩余净金融支出分别是多少？

实训步骤

步骤 1：净负债 = 4 000 × 60% = 2 400（万元）

平均权益账面价值 = 4 000 − 2 400 = 1 600（万元）

权益投资人要求的报酬率 = 6% + 1.5 × (10% − 6%) = 12%
净利润 = 4 000 × 12% − 200 = 280(万元)
步骤2：加权平均资本成本 = 8% × 60% + 12% × 40% = 9.6%
剩余经营收益 = 4 000 × (12% − 9.6%) = 96(万元)
步骤3：剩余净金融支出 = 200 − 2 400 × 8% = 8(万元)
步骤4：剩余权益收益 = 剩余经营收益 − 剩余净金融支出 = 96 − 8 = 88(万元)

技能训练一
【单选题】下列关于投资报酬率的说法中，错误的是(　　)。
A. 投资报酬率是一个公司赚取的收益和所使用的资产的比值
B. 最常见用投资报酬衡量方法是总资产净利率和权益净利率
C. 总资产净利率是财务管理中最重要的核心指标
D. 总资产净利率假设净利润是运用总资产赚取的，两者存在因果关系

技能训练二
【多选题】下列关于业绩的非财务计量的表述中，不正确的是(　　)。
A. 非财务指标可以直接计量公司在创造财富的活动中所取得的业绩
B. 非财务计量指标关系到公司的长期盈利能力，可以引导经理人员关注公司的长远发展
C. 非财务计量的综合性优于财务计量
D. 非财务计量的可比性比财务计量的可比性强

技能训练三
【单选题】下列关于公司成长阶段与业绩计量的说法中，不正确的是(　　)。
A. 在创业阶段，投资对收益的水平处于最高水平
B. 在成长阶段，公司迅速成长，净收益和来自经营的现金为正数
C. 在衰退阶段，经理人员特别关注投资的回收，谨慎投资以改善获利能力
D. 在成熟阶段，公司只重点关注权益净利率指标

技能训练四
【多选题】下列关于市场增加值的说法中，正确的有(　　)。
A. 市场增加值是总市值和总资本之间的差额
B. 公司创建以来的累计市场增加值，可以根据当前的总市值加上当前投入资本的价值来计算
C. 上市公司的债务价值，可以用每股价格和总股数估计
D. 如果把一家公司看出是众多投资项目的集合，则市场增加值就是所有项目净现值的合计

任务二　公司内部的业绩评价

一、责任中心及其主要特点

所谓的责任中心，指的是在组织内部，其管理者享有一定的权利，并承担一定责任的单位，可以是一个部门、一个车间、一项作业，也可以是一个经营单位。

按照不同部门管理者的权限，责任中心可以分为成本中心、费用中心、收入中心、利润中心和投资中心。管理着应根据各类责任中心的特点，确定相应的业绩评价、考核的重点，据此组织实施责任会计。

二、成本中心

(一) 成本中心的概念及分类

成本中心是指有权发生并控制成本的单位。一个责任中心,如果不形成或者不考核其收入,而着重考核其所发生的成本和费用,这类中心称为成本中心,只对其可控成本(即责任成本)负责。

(1) 标准成本中心,必须是所生产的产品稳定而明确,并且已经知道单位产品所需要的投入量的责任中心。通常典型代表是制造业工厂、车间、工段、班组等。

(2) 费用中心,适用于那些产出物不能用财务指标来衡量,或者投入和产出之间没有密切关系的单位。费用中心包括一般行政管理部门和研究开发部门等等。

实训内容四　成本中心

【单选题】下列各项中,适合建立标准成本中心的单位或部门有(　　)。
A. 行政管理部门　　　　　　　　B. 医院放射科
C. 企业研究开发部门　　　　　　D. 企业广告宣传部

实训步骤

步骤1:正确答案B。

步骤2:标准成本中心,必须是所生产的产品稳定而明确,并且已经知道单位产品所需要的投入量的责任中心。医院放射科可以根据接受放射治疗的人数建立标准成本中心。

(二) 成本中心的考核指标

(1) 标准成本中心是既定产品质量和数量条件下的标准成本。标准成本中心不需要作出价格决策、产量决策、产品结构决策以及设备技术决策。

标准成本中心必须按规定的质量、时间标准和计划产量来进行生产,这个要求是"硬性"的。完不成上述要求,成本中心要受到批评甚至惩罚。过高的产量,提前产出造成积压,超产以后销售不出去,同样会给企业造成损失,也应视为未按计划进行生产。

(2) 费用中心:费用中心指有权发生并控制费用的单位。与成本中心不同的是,费用中心的产出无法以货币计量,且在投入和产出之间不存在明确可辨认的关系。通常采用酌量性的预算体系来代替标准成本。典型的酌量费用中心包括会计部门、研究和开发部门、管理部门等。

确定费用中心的考核指标是一件非常困难的工作。在考核预算完成情况时,要利用有经验的专业人员对该费用中心的工作质量和服务水平作出有根据的判断,才能对费用中心的控制业绩作出客观评价。

一个费用中心的支出没有超过预算,也不能说明该中心业绩良好,因为该中心的工作质量和服务水平可能低于计划的要求。

实训内容五　成本中心

【多选题】下列有关成本责任中心的说法中,正确的是(　　)。
A. 成本责任中心不对生产能力的利用程度负责
B. 成本责任中心不进行设备购置决策
C. 成本责任中心不对固定成本负责
D. 成本责任中心应严格执行产量计划,不应超产或减产

实训步骤

步骤1:正确答案 ABD。

步骤2:成本中心只对可控成本负责,固定成本也可能是可控成本。

(三) 责任成本

1. 责任成本的含义

责任成本是以具体的责任单位(部门、单位或个人)为对象,以其承担的责任为范围所归集的成本,也就是特定责任中心的全部可控成本。可控成本是指在特定时期内、特定责任中心能够直接控制其发生的成本。

2. 可控成本与直接成本、变动成本的关系

可控成本是指在特定时期内、特定责任中心能够直接控制其发生的成本。

直接成本是指可追溯到个别产品或部门的成本。

变动成本是指随产量正比例变动的成本。

(四) 可控成本的确定原则

(1) 假如某责任中心通过自己的行动能有效地影响一项成本的数额,那么该中心就要对这项成本负责。

(2) 假如某责任中心有权决定是否使用某种资产或劳务,它就应对这些资产或劳务的成本负责。

(3) 某管理人员虽然不直接决定某项成本,但是上级要求他参与有关事项,从而对该项成本的支出施加了重要影响,则他对该成本也要承担责任。

实训内容六 责任成本

【单选题】某生产车间是一个标准成本中心。为了对该车间进行业绩评价,需要计算的责任成本范围是(   )。

A. 该车间的直接材料、直接人工和全部制造费用
B. 该车间的直接材料、直接人工和变动制造费用
C. 该车间的直接材料、直接人工和可控制造费用
D. 该车间的全部可控成本

实训步骤

步骤1:正确答案 D。

步骤2:责任成本是以具体的责任单位(部门、单位或个人)为对象,以其承担的责任为范围所归集的成本,也就是特定责任中心的全部可控成本。

实训内容七 责任成本的计算范围

1. 关于责任成本的计算范围叙述不准确的有(   )。

A. 直接材料、直接人工和制造费用
B. 直接材料、直接人工和变动制造费用
C. 制造业工厂、车间
D. 各责任中心的可控成本

实训步骤

步骤1:正确答案:AB。

步骤2：责任成本计算的范围是各责任中心的全部可控成本，AB和全部可控成本的口径不一致。

技能训练五

一般来说，标准成本中心的考核指标是（　　）。

A. 部门税前利润

B. 既定产品质量和数量条件下的标准成本

C. 投资报酬率

D. 剩余收益

三、收入中心

收入中心是指负责销售价格和数量，并对其差异负责的单位。在收入中心，产出以货币计量（即收入），但不需要确定投入和产出之间的关系。典型的收入中心为销售部门，收入中心和利润中心的最大不同在于，收入中心只为一小部分的销售费用负责，而利润中心则要为大部分的成本，包括制造和销售成本负责。

四、利润中心

（一）利润中心的含义

利润中心是指既能控制成本，又能控制销售收入的责任单位。它不但要对成本、收入负责，而且也要对收入与成本的差额即利润负责。

通常，利润中心被看成是可以用利润衡量其一定时期业绩的组织单位。从根本目的上看，利润中心是指管理人员有权对其供货的来源和市场的选择进行决策的单位。

（二）利润中心类型

（1）自然利润中心。这种利润中心虽然是企业内部的一个责任单位，但它既可向企业内部其他单位提供产品或劳务，又可像一个独立经营的企业那样，直接向企业外界市场销售产品或提供劳务。

（2）人为利润中心。这种利润中心仅对本企业内部各单位提供产品或劳务，不直接对外销售。或者只负责销售而不负责成本。

（三）利润中心的考核指标

利润中心业绩的评价与考核，主要是通过一定期间实际实现的利润同责任预算所确定的预计利润数进行比较，并进而对差异形成的原因和责任进行具体剖析，通常以"贡献毛益"作为业绩评价指标，但是，根据责任单位权利的不同，也可以采用可控毛益（贡献毛益扣除直接固定成本），部门毛利（可控毛益减共同费用）等业绩指标来计量。对利润中心进行业绩评价时，必须正确区分经理业绩与部门业绩。

技能训练六

【单选题】不适合评价该部门对企业利润和管理费用的贡献，而适合于对部门经理的评价的是（　　）。

A. 贡献毛益　　　　B. 可控毛益　　　　C. 部门营业利润　　　　D. 部门净利润

实训内容八　利润中心

利润中心2019年的销售收入10 000元，已销产品的变动成本和变动销售费用5 000元，可控固定成本 1 000 元,不可控固定成本 1 500 元。该利润中心的"可控毛益"为多少?

实训步骤

步骤 1:因为可控毛益 = 贡献毛益 － 直接(或者可控)固定成本
步骤 2:所以可控毛益 = 10 000 － 5 000 － 1 000 = 4 000(元)
步骤 3:该利润中心的"可控毛益"为 4 000 元。

五、投资中心的业绩评价

投资中心是指既能控制成本和收入,又能对投入资产进行控制的责任单位,是指某些分散经营的单位或部门,其经理所拥有的自主权不仅包括制定价格、确定产品和生产方法等短期经营决策权,而且还包括投资规模和投资类型等投资决策权。投资中心是企业最高层次的责任中心,它拥有最大的决策权,也承担最大的责任。

投资中心必然是利润中心,但利润中心并不都是投资中心。

根据投资中心生产经营活动的特点,通常以投资利润率、剩余收益和经济增加值作为评价和考核投资中心经营成果的主要指标。

投资利润率、剩余收益前面已经讲到,这里不再细讲。经济增加值会单独出来作为一个项目细讲。

实训内容九 投资中心

光明公司甲和乙两个部门,有关数据见表 5-1-1。

表 5-1-1 有关数据

项目	甲部门	乙部门
部门营业利润	129 600	108 000
所得税(税率 25%)	32 400	27 000
部门税后营业利润	97 200	81 000
平均总资产	990 000	660 000
平均经营负债	55 000	44 000
平均净经营资产	935 000	616 000

公司要求的投资税前报酬率为 12%。

要求:
(1) 计算甲乙两个部门的投资报酬率。
(2) 乙部门经理面临一个投资报酬率为 13% 的投资机会,投资额 100 000 元,每年部门营业利润 13 000 元。如果该公司采用投资报酬率作为业绩评价标准,乙部门经理是否会接受该项投资?该投资对整个企业是否有利?

实训步骤

步骤 1:
甲部门投资报酬率 = 部门营业利润 / 部门平均总资产 = 129 600/990 000 = 13.09%
乙部门投资报酬率 = 部门营业利润 / 部门平均总资产 = 108 000/660 000 = 16.36%
步骤 2:
接受投资后乙部门的投资报酬率 = (108 000 + 13 000)/(660 000 + 100 000) = 15.92%
由于接受该投资项目,乙部门投资报酬率下降,即 15.92% < 16.35%,因此,乙部门经理不会

接受该项目。

由于该项目投资报酬率 15.92% 高于公司要求的报酬率 12%，因此该项投资对公司有利。

技能训练七

【单选题】剩余收益是评价投资中心业绩的指标之一。下列关于剩余收益指标的说法中，正确的有（　　）。

A．剩余收益可以根据现有财务报表资料直接计算
B．剩余收益可以引导部门经理采取与企业总体利益一致的决策
C．计算剩余收益时，对不同部门不能使用不同的资本成本
D．剩余收益指标可以直接用于不同部门之间的业绩比较

技能训练八

【单选题】下列各项指标中，不属于业绩计量的非财务指标的是（　　）。

A．市场占有率　　B．质量和服务　　C．生产力　　D．经济增加值

★案例分析

光明石化公司分公司的成本中心及其考核评价

假设光明石化公司的油气勘探与生产分公司下面有甲乙丙三个成本中心，三个成本中心某日的责任成本预算值分别为 50 000 元、60 000 元、70 000 元，其可控成本实际发生额分别为 48 500 元、62 500 元、69 500 元。根据上述公式计算得到表表 5-1-2 中的数据。

表 5-1-2　责任成本预算完成情况表　　　　　　　　　单位：元

成本中心	预算	实际	增减额	升降率（%）
甲	50 000	48 500	−1 500	−3
乙	60 000	62 500	2 500	4.17
丙	70 000	69 500	−500	0.71

显然，在三个成本中心中，甲成本中心的实际成本比预算节约 3%，所以甲中心的成本预算完成情况最好，而乙成本中心的成本完成情况最差。在对成本中心的预算完成情况考核时应该注意，如果实际产量与预算产量不一致，首先区分固定成本和变动成本，再按照弹性预算的方法调整预算指标，然后进行上述计算、分析和比较。

假设光明石化公司的油品炼制和销售分公司下的直接人员工资、产品宣传费、设备折旧费为直接费用，可以直接归属于两个利润中心丁、戊；其余各项均为间接费用，不再分配。以部门贡献毛益为评价指标，利润中心的责任利润计算如表 5-1-3 所示。

表 5-1-3　利润中心的责任利润计算表　　　　　　　　　单位：元

利润中心	丁	戊	合计
销销售净额	435 000	3 131 450	3 566 450
减：销售成本	295 000	2 303 000	2 598 000
毛利	140 000	828 450	968 450
减：部门直接费用	72 870	441 940	514 810

(续表)

利润中心	丁	戊	合计
其中:人员工资	44 050	208 000	252 050
产品宣传费	11 925	88 950	100 875
设备折旧费	16 895	144 990	161 885
部门贡献毛益	67 130	386 510	453 640

进行责任利润预算完成情况的分析,主要是将各利润中心的实际责任利润与责任利润预算进行比较,确定责任利润的增加或减少,并进一步分析增收或减收的具体原因。

小 结

业绩评价包括业绩的计量和公司内部的业绩评价。

由于公司的目标是增加股东财富,所以公司的业绩应该按照股东财富增加的多少来评价。业绩的计量指标应该有较好的计量性,又能较好的反映股权价值的增加。当单一指标不能恰当的反映业绩时,也可以增加一些辅助指标,用多个指标反映公司的业绩。公司业绩的计量指标可以分为财务指标和非财务指标两类,它们各有优点和局限性。

业绩的计量包括盈利基础的业绩计量、剩余收益基础的业绩计量和市场增加值基础的业绩计量等。业绩的非财务计量中,比较重要的非财务指标有:市场占有率;质量和服务;创新;生产力(公司的生产技术水平);雇员培训等。

按照不同部门管理者的权限,责任中心可以分为成本中心、费用中心、利润中心和投资中心。管理者应根据各类责任中心的特点,确定相应的业绩评价、考核的重点,据此组织实施责任会计。

一个责任中心,如果不形成或者不考核其收入,而着重考核其所发生的成本和费用,这类中心称为成本中心,只对其可控成本(即责任成本)负责。成本中心分为标准成本中心和费用中心。任何发生成本的责任领域,都可以确定为成本中心,大的成本中心可能是一个分公司、分厂,小的成本中心可以是车间、工段、班组。

收入中心是指负责销售价格和数量,并对其差异负责的单位。在收入中心,产出以货币计量(即收入),但不需要确定投入和产出之间的关系。利润中心是指既能控制成本,又能控制销售收入的责任单位。它不但要对成本、收入负责,而且也要对收入与成本的差额即利润负责。利润中心分为自然利润中心和人为利润中心。

利润中心业绩的评价与考核,主要是通过一定期间实际实现的利润同责任预算所确定的预计利润数进行比较,并进而对差异形成的原因和责任进行具体剖析,通常以"贡献毛益"作为业绩评价指标。

投资中心是指既能控制成本和收入,又能对投入资产进行控制的责任单位,投资中心是企业最高层次的责任中心,它拥有最大的决策权,也承担最大的责任。投资中心必然是利润中心,但利润中心并不都是投资中心。

公司内部的业绩评价包括成本中心的业绩评价、利润中心的业绩评价、投资中心的业绩评价等。

实际操作训练

一、投资中心考核评价实训

某公司下设甲、乙两个投资中心。甲投资中心的部门平均资产为 1 000 万元,投资报酬率为 20%;乙投资中心的投资报酬率为 16%,剩余收益为 100 万元。该公司平均资本成本为 12%。

要求：
(1) 计算甲中心的剩余收益；
(2) 计算乙中心的部门资产。

二、利润中心考核评价实训

某公司的甲部门的收入为 15 000 元,变动成本为 10 000 元,可控固定成本为 800 元,不可控固定成本为 1 200 元,公司管理费用为 1 000 元。

要求计算：
(1) 贡献毛益为为多少？
(2) 可控贡献毛益为为多少？
(3) 部门营业利润为多少？

项目二 经济增加值

★ 实训目的

通过模拟实训和企业案例资料,能够正确理解经济增加值的概念、公式及其应用等。掌握经济增加值指标对企业资产负债表和利润表的综合影响。掌握经济增加值的考核和评价的基本原理和方法,并理解掌握经济增加值的优缺点及其在企业中的应用。

★ 实训要求

通过模拟实训和案例分析,能够掌握经济增加值的考核和评价的基本原理和方法,并理解掌握经济增加值的优缺点及其在企业中的应用。使同学们能够在教师的指导下,结合案例分析资料,拓展思维能力。

★ 实训设计

经济增加值实训包括两个任务,任务一理解经济增加值的概念和公式、经济增加值的优缺点分析,任务二经济增加值及其应用。

[第一步] 经济增加值(EVA)指从税后净营业利润扣除全部投入资本的成本后的剩余收益。

经济增加值=税后净营业利润-平均资本占用×加权平均资本成本

[第二步] 简化的经济增加值的衡量及其应用。税后净营业利润=净利润+(利息支出+研究开发费用调整项-非经常性损益调整项×50%)×(1-25%)包括会计调整项目说明、资本成本率的确定及其他重大调整事项等。

[第三步] 经济增加值考虑了所有资本的成本,更真实地反映了企业的价值创造能力;实现了企业利益、经营者利益和员工利益的统一,激励经营者和所有员工为企业创造更多价值;能有效遏制企业盲目扩张规模以追求利润总量和增长率的倾向,引导企业注重长期价值创造;经济增加值不仅仅是一种业绩评价指标,它还是一种全面财务管理和薪金激励体制的框架。

[第四步] 经济增加值无法衡量企业长远发展战略的价值创造情况;计算主要基于财务指标,无法对企业的营运效率与效果进行综合评价;不同行业、不同发展阶段、不同规模等的企业,其会计调整项和加权平均资本成本各不相同,计算比较复杂,影响指标的可比性;经济增加值是绝对数,不便于比较不同规模公司的业绩。

★ 实训内容

经济增加值实训包括两个任务,任务一理解经济增加值的概念和公式、经济增加值的优缺点分析,任务二经济增加值及其应用。

★ 考核标准

能够理解经济增加值的概念和公式、理解经济增加值的优缺点及其应用等,并能够熟练地运用这些指标。其中:任务一理解经济增加值的概念和公式、经济增加值的优缺点分析占30%,任务二经济增加值及其应用 30%,此项考核共占 60%,另外通过财务管理实训教学软件进行考核占考核成绩的 40%。

★ **模拟情景**

光明公司下设甲、乙两个投资中心。目前甲投资中心的部门平均资产总额为 1 800 万元,其中平均经营负债为 135 万元,投资报酬率为 15%;乙投资中心的投资报酬率为 14%,剩余收益为 180 万元,平均经营负债为 270 万元。假设甲投资中心要求的税前报酬率为 9%,乙中心的风险较大,要求的税前报酬率为 10%。

要求计算:(1)甲投资中心的剩余收益;(2)乙投资中心的部门平均资产总额;(3)假设所得税为 30%,加权平均税后资本成本为 8%,并假设没有需要调整的项目。计算甲中心和乙中心的经济增加值;(4)说明以投资报酬率、剩余收益额和经济增加值作为投资中心业绩评价指标的优缺点。

任务一 经济增加值

EVA(economic value added,经济增加值),是美国思腾思特公司基于税后营业净利润和产生这些利润所需资本投入的总成本(即资本成本)于 1982 年提出并实施的一套以经济增加值理念为基础的财务管理系统、决策机制、激励报酬制度和绩效评价方法。

一、经济增加值(EVA)的概念和公式

经济增加值(EVA)指从税后净营业利润扣除全部投入资本的成本后的剩余收益。

$$经济增加值 = 税后净营业利润 - 平均资本占用 \times 加权平均资本成本$$

(一)基本的经济增加值

根据未经调整的经营利润和总资产计算的经济增加值。

$$基本经济增加值 = 税后净营业利润 - 加权平均资本成本 \times 报表总资产$$

(二)披露的经济增加值

利用公开会计数据进行十几项标准的调整计算出来的。这种调整是根据公布的财务报表及其附注中的数据进行的。

(三)特殊的经济增加值

特殊的经济增加值是特定公司根据自身情况定义的经济增加值。是"量身定做"的经济增加值。在简单和精确之间实现最佳平衡。

(四)真实的经济增加值

真实的经济增加值是公司经济利润最正确和最准确的度量指标。它要对会计数据做出所有必要的调整,并对公司中每一个经营单位都使用不同的更准确的资本成本。

二、简化的经济增加值的衡量

(一)经济增加值的定义及计算公式

经济增加值,是企业税后净营业利润扣除企业全部资本成本后的余额。

$$经济增加值 = 税后净营业利润 - 资本成本 = 税后净营业利润 - 调整后资本 \times 平均资本成本率$$

$$税后净营业利润 = 净利润 + (利息支出 + 研究开发费用调整项 - 非经常性损益调整项 \times 50\%) \times (1 - 25\%)$$

(二) 资本成本率的确定

(1) 中央企业资本成本率原则上定为 5.5%。
(2) 对军工等资产通用性较差的企业,资本成本率定为 4.1%。
(3) 资产负债率在 75% 以上的工业企业和 80% 以上的非工业企业,资本成本率上浮 0.5 个百分点。

实训内容一 经济增加值(EVA)的确定

甲公司是一家中央企业上市公司,采用经济增加值(EVA)业绩考核办法进行业绩计量和评价,有关资料如下:

(1) 2018 年甲公司的净利润为 9.6 亿元,利息支出为 23 亿元,研究与开发费用为 1.8 亿元,当期确认为无形资产的研究与开发支出为 1.2 亿元,非经常性损益调整为 5.4 亿元。
(2) 2018 年甲公司的年末所有者权益为 550 亿元,年初所有者权益为 500 亿元,年末负债为 800 亿元,年初负债为 730 亿元,年末无息流动负债为 220 亿元,年初无息流动负债为 120 亿元,年末在建工程 150 亿元,年初在建工程 170 亿元。
(3) 甲公司的平均资本成本率为 5.5%。

要求:计算 A 公司 2018 年的经济增加值(EVA)。

实训步骤

步骤1:根据上述资料,计算税后净营业利润。

税后净营业利润 = 净利润 + (利息支出 + 研究开发费用调整项 - 非经常性损益调整项 × 50%) × (1 - 25%)
研究开发费用调整项 = 研究与开发费用 + 当期确认为无形资产的研究与开发支出
$$= 1.8 + 1.2 = 3(亿元)$$
非经常性损益调整项 = 5.4 亿元
税后净营业利润 = 9.6 + (23 + 3 - 5.4 × 50%) × (1 - 25%) = 27.08(亿元)

步骤2:计算资本调整。

调整后的资本 = 平均所有者权益 + 平均负债合计 - 平均无息流动负债 - 平均在建工程
平均所有者权益 = (550 + 500)/2 = 525(亿元)
平均负债合计 = (800 + 730)/2 = 765(亿元)
平均无息流动负债 = (120 + 220)/2 = 170(亿元)
平均在建工程 = (150 + 170)/2 = 160(亿元)
调整后的资本成本 = 525 + 765 - 170 - 160 = 960(亿元)

步骤3:经济增加值计算。

$$EVA = 税后净营业利润 - 调整后资本 × 平均资本成本率$$
$$EVA = 27.08 - 960 × 5.5\% = -25.72(亿元)$$

任务二 经济增加值及其应用

一、经济增加值(EVA)的应用

(一) 资本成本的选择

计算披露的经济增加值和特殊的经济增加值时,通常对公司内部所有经营单位使用统一的资本成本。真实的经济增加值要求对每一个经营单位使用不同的资本成本,以便更准确的计算部门的经济增加值。

(二)经济增加值概念的理解

从公司整体业绩评价来看,基本经济增加值和披露经济增加值是最有意义的。公司外部人员无法计算特殊的经济增加值和真实的经济增加值,他们缺少计算所需要的数据。

二、经济增加值(EVA)的优缺点

(一)经济增加值(EVA)的优点

(1) 经济增加值EVA是考核指标:作为考核指标,EVA在计算过程中,首先对传统收入概念进行了一系列调整,从而消除了会计核算产生的异常状况,并使其尽量与真实状况相吻合,更真实地反映了企业的价值创造能力;能有效遏制企业盲目扩张规模以追求利润总量和增长率的倾向,引导企业注重长期价值创造。

(2) 经济增加值EVA是理念体系:实现了企业利益、经营者利益和员工利益的统一,激励经营者和所有员工为企业创造更多价值,EVA是一个理念体系,强调全员管理、全过程管理、全面管理,任何单位和个人的行为都会影响EVA的结果。

(3) 经济增加值EVA是激励制度:一是只对EVA的增加提供奖励;二是不设临界值和上限;三是按照计划目标设奖;四是设立奖金库;五是不通过谈判,而是通过公式确定业绩指标。EVA帮助管理者将两个最基本的财务管理原则(企业价值最大化或者股东权益最大化,企业的价值依赖于投资者预期的未来利润能否超过资本成本)列入他们的决策当中。

(二)经济增加值(EVA)的缺点

无法衡量企业长远发展战略的价值创造情况;计算主要基于财务指标,无法对企业的营运效率与效果进行综合评价;不同行业、不同发展阶段、不同规模等的企业,其会计调整项和加权平均资本成本各不相同,计算比较复杂,影响指标的可比性;不便于比较不同规模公司的业绩;经济增加值存在误导使用人的缺点;在计算经济增加值时,对于净收益应作哪些调整以及资本成本的确定等,还存在许多争议等。

(三)经济增加值(EVA)的突出特点

(1) EVA度量的是资本利润,而不是通常的企业利润。
(2) 不同投资者在不同环境下,对资本具有不同的获利要求。
(3) EVA度量的是资本的超额收益,而不是利润总额。

实训内容二 经济增加值(EVA)的优缺点

【多选题】下列关于经济增加值(EVA)特点的说法中正确的有( )。
A. EVA不仅仅是一种业绩评价指标,它还是一种全面财务管理和薪金激励体制的框架
B. EVA引导企业注重长期价值创造
C. EVA可以反映不同规模公司为股东创造财富能力的强弱
D. EVA能够克服投资报酬率处于成长阶段较低,而衰退阶段较高的缺点

实训步骤

步骤1:正确答案是AB。

步骤2:经济增加值(EVA)是绝对数指标,不能比较不同规模公司的业绩能力的大小,选项C的说法不正确;经济增加值(EVA)和投资报酬率存在着同样的缺点,即处于成长阶段的公司经济

增加值(投资报酬率)较低,而处于衰退阶段的公司经济增加值(投资报酬率)可能较高,从而导致决策失误。所以选项 D 的说法不正确。AB 是经济增加值(EVA)的优点,所以选择 AB 是正确答案。

实训内容三 经济增加值(EVA)的应用

甲公司下属 B 部门采用经济增加值作为公司内部的业绩评价指标。已知该部门平均资本占用为 60 000 元,部门税前经营利润为 12 000 元,该部门适用的所得税税率为 25%,加权平均税后资本成本为 10%,则该部门的经济增加值为多少?

实训步骤

步骤 1:正确答案是 3 000 元。

步骤 2:B 部门的经济增加值=12 000×(1-25%)-60 000×10%=3 000(元)。

实训内容四 经济增加值(EVA)的应用

【多选题】在业绩的财务计量指标中,下列关于经济增加值的说法中,正确的有(   )。

A. 经济增加值实现了企业利益,经营者利益和员工利益的统一,激励经营者和所有员工为企业创造更多价值

B. 经济增加值是激励制度

C. 经济增加值有许多和投资报酬率一样误导使用人的缺点

D. 经济增加值具有比较不同规模公司业绩的能力

实训步骤

步骤 1:正确答案是 ABC。

步骤 2:经济增加值是绝对数指标,不便于比较不同规模公司的业绩,所以选项 D 的说法不正确。

实训内容五 经济增加值(EVA)的应用

【单选题】下列关于计算经济增加值的有关调整项目的说法中,不正确的有(   )。

A. 研究与开发费用,会计作为费用立即将其从利润中扣除

B. 经济增加值要求将研究和开发支出作为投资并在一个合理的期限内摊销

C. 对于折旧费用,会计要求对某些大量使用长期设备的公司,按照更接近经济现实的"沉淀资金折旧法"处理

D. 对于战略性投资,经济增加值要求将其在一个专门账户中资本化并在开始生产时逐步摊销

实训步骤

步骤 1:正确答案是 C。

步骤 2:对于折旧费用,会计大多使用直线折旧法处理。经济增加值要求对某些大量使用长期设备的公司,按照一种类似租赁资产的费用分摊方法,在前几年折旧较少,而后几年由于技术老化和物理损耗同时发挥作用需提取较多折旧的方法。所以,选项 C 的说法不正确。

技能训练一

【多选题】《暂行办法》中规定,对企业经济增加值考核时,国资委应酌情予以调整的情形有(   )。

A. 重大政策变化

B. 严重自然灾害等不可抗力因素
C. 企业重组、上市及会计准则调整等不可比因素
D. 企业投资报酬率的变化等

技能训练二

光明公司下属甲部门采用经济增加值作为公司内部的业绩评价指标。已知该部门平均资本占用为90 000元,部门税前经营利润为20 000元,该部门适用的所得税税率为25%,加权平均税后资本成本为12%,要求计算该部门的经济增加值。

★案例分析

光明公司甲乙两个部门的经济增加值及其比较

光明公司有甲和乙两个部门,有关数据见表5-2-4。

表5-2-4 有关数据　　　　　　　　　　　　　　　　　　单位:元

项　目	甲部门	乙部门
部门税前经营利润	117 000	90 000
所得税(税率25%)	29 250	22 500
部门税后经营净利润	87 750	67 500
平均经营资产	960 000	600 000
平均经营负债	60 000	40 000
平均净经营资产	900 000	560 000

假设加权平均税前资本成本为11%,并假设没有需要调整的项目。

要求计算并分析:甲、乙两部门的经济增加值;乙部门经理如果采纳以下的投资机会即:投资额100 000元,每年税前获利10 000元,税前投资报酬率为10%,计算乙部门经济增加值;乙部门经理如果采纳以下减少一项现有资产的方案即:投资额50 000元,每年税前获利6 000元,税前投资报酬率为12%,计算乙部门经济增加值。

按照要求计算分析如下:

甲部门经济增加值 = 调整后税后净营业利润 − 平均资本占用 × 加权平均资本成本
　　　　　　　 = 87 750 − 900 000 × 11% × (1 − 25%) = 13 500(元)

乙部门经济增加值 = 67 500 − 560 000 × 11% × (1 − 25%) = 21 300(元)

乙部门采纳投资方案后经济增加值 = (90 000 + 10 000) × (1 − 25%) − (560 000 + 100 000) × 11% × (1 − 25%) = 20 550(元) < 21 300(元)

由于经济增加值下降,因此乙部门经理不会接受该项目。

采纳减资方案后经济增加值 = (90 000 − 6 000) × (1 − 25%) − (560 000 − 50 000) × 11% × (1 − 25%)
　　　　　　　　　　　 = 20 925(元) < 21 300(元)

因此,乙部门经理会采纳投资方案而放弃减资方案,与公司总目标一致。

小　结

EVA(economic value added,经济增加值),是美国思腾思特公司基于税后营业净利润和产生

这些利润所需资本投入的总成本(即资本成本)于1982年提出并实施的一套以经济增加值理念为基础的财务管理系统、决策机制、激励报酬制度和绩效评价方法。

经济增加值(EVA)指从税后净营业利润扣除全部投入资本的成本后的剩余收益。

经济增加值 = 税后净营业利润 − 平均资本占用 × 加权平均资本成本

简化的经济增加值的衡量及其应用：税后净营业利润＝净利润＋(利息支出＋研究开发费用调整项−非经常性损益调整项×50％)×(1−25％)。

资本成本率的确定遵循三个原则：一是中央企业资本成本率原则上定为5.5％；二是对军工等资产通用性较差的企业，资本成本率定为4.1％；三是资产负债率在75％以上的工业企业和80％以上的非工业企业，资本成本率上浮0.5个百分点。

计算披露的经济增加值和特殊的经济增加值时，通常对公司内部所有经营单位使用统一的资本成本。真实的经济增加值要求对每一个经营单位使用不同的资本成本，以便更准确的计算部门的经济增加值。

从公司整体业绩评价来看，基本经济增加值和披露经济增加值是最有意义的。公司外部人员无法计算特殊的经济增加值和真实的经济增加值，他们缺少计算所需要的数据。

经济增加值考虑了所有资本的成本，更真实地反映了企业的价值创造能力；实现了企业利益、经营者利益和员工利益的统一，激励经营者和所有员工为企业创造更多价值；能有效遏制企业盲目扩张规模以追求利润总量和增长率的倾向，引导企业注重长期价值创造；经济增加值不仅仅是一种业绩评价指标，它还是一种全面财务管理和薪金激励体制的框架。EVA是一个理念体系，强调全员管理、全过程管理、全面管理，任何单位和个人的行为都会影响EVA的结果。经济增加值EVA是激励制度：一是只对EVA的增加提供奖励；二是不设临界值和上限；三是按照计划目标设奖；四是设立奖金库；五是不通过谈判，而是通过公式确定业绩指标。EVA帮助管理者将两个最基本的财务管理原则(企业价值最大化或者股东权益最大化，企业的价值依赖于投资者预期的未来利润能否超过资本成本)列入他们的决策当中。

经济增加值无法衡量企业长远发展战略的价值创造情况；计算主要基于财务指标，无法对企业的营运效率与效果进行综合评价；不同行业、不同发展阶段、不同规模等的企业，其会计调整项和加权平均资本成本各不相同，计算比较复杂，影响指标的可比性；经济增加值是绝对数，不便于比较不同规模公司的业绩。

实际操作训练

经济增加值实训

甲公司是一家处于成长阶段的上市公司，正在对2018年的业绩进行计量和评价，有关资料如下：

(1) 甲公司2018年的销售收入为2 300万元。营业成本为1 200元。销售及管理费用为460元。利息费用为210万元。

(2) 甲公司2018年的平均总资产为5 100万元，平均金融资产为95万元，平均经营负债为95万元，平均股东权益为1 950万元。

(3) 目前资本市场上等风险投资的权益成本为12％，税前净负债成本为8％。

(4) 甲公司适用的企业所得税税率为25％。

要求：

(1) 计算甲公司的净经营资产净利率、权益净利率。

(2) 计算甲公司的披露的经济增加值。计算时需要调整的事项如下：为扩大市场份额，甲公司2018年年末发生营销支出200万元，全部计入销售及管理费用，计算披露的经济增加值时要求将该营销费用资本化（提示：调整时按照复式记账原理，同时调整税后经营净利润和净经营资产）。

项目三 平衡计分卡

★ 实训目的

通过模拟实训和企业案例资料,能够正确理解和掌握平衡计分卡的考核、评价的基本原理和方法,并理解掌握平衡计分卡的优缺点及其在企业中的应用。

★ 实训要求

通过模拟实训和企业案例资料,能够正确理解平衡计分卡的概念及其应用等。要求同学们掌握平衡计分卡的考核和评价的基本原理和方法、平衡计分卡的优缺点及其在企业中的应用。使同学们能够在教师的指导下,结合案例分析资料,拓展思维能力。

★ 实训设计

平衡计分卡实训包括两个任务,任务一平衡计分卡;任务二平衡计分卡及其应用。

[第一步] 平衡计分卡通过将财务指标与非财务指标相结合,将企业的业绩评价同企业战略发展有机地联系起来。

[第二步] 设计出一套能使企业高管迅速且全面了解企业经营状况的指标体系,用来表达企业进行战略性发展所必须达到的目标。

[第三步] 把任务和决策转化成目标和指标。这种综合业绩评价体系,将企业的战略分解为财务、顾客、内部流程、学习和成长四个维度:财务维度反映其他三个维持度所采取的行动的经济后果;顾客维度反映企业(或经营单位)必须竞争的顾客群体或市场;内部流程维度反映向顾客或股东提供价值必须的内部流程;学习和成长维度则反映企业长期的厂长和改进所必须拥有的能力。

★ 实训内容

平衡计分卡实训包括两个任务,任务一理解平衡计分卡的概念、优缺点分析,任务二平衡计分卡及其应用。

★ 考核标准

能够正确理解平衡计分卡的概念及其应用等。掌握平衡计分卡的考核和评价的基本原理和方法,并理解掌握平衡计分卡的优缺点及其在企业中的应用。其中:任务一理解平衡计分卡的概念及优缺点分析占30%,任务二平衡计分卡及其应用占30%,此项考核共占60%,另外通过财务管理实训教学软件进行考核占考核成绩的40%。

★ 模拟情景

某电讯公司生产和销售自己的手机产品,他们的产品定位是高端市场、即高质高价。面对竞争对手的策略,公司的管理层分析了公司持久的竞争优势、可能的机会、公司应该聚焦的关键业务区、未来的战略重点等。公司要想取得长期竞争优势和成功,关键是要有适应市场、而且要明显超

出竞争对手优势的新产品,在明确了公司的战略以后,公司管理层制订出了公司的平衡计分卡:

1. 财务维度

财务维度通常与盈利能力相关,针对企业不同时期的发展也考量企业成长性与持续经营能力。

(1) 由于新产品开发是公司的关键战略要素,因此管理层特别确定了现有产品和新产品的销售收入比例作为一个财务指标,同时还制定了每一类产品的预期销售额和销售增长率及毛利率等。

(2) 公司管理层制定了新产品的利润目标以及销售净利率和权益净利率等财务指标。

2. 顾客维度

顾客维度指标主要涉及市场表现与价值定位的评价。常见的指标包括新客户的开发、顾客满意度、客户获利能力、市场占有率等,通常也被称为滞后指标。而驱动客户满意度上升的指标与企业的价值定位有关,如交货时间、质量、价格、可选性、客户关系的维持、企业形象等,被称为领先指标。

(1) 管理层意识到要保持现有产品的市场份额,就需要提高顾客的忠诚度、满意度以稳定老顾客。他们把顾客忠诚度和满意度定为两个重要的战略目标。管理层通过产品、服务品质、客户关系及公司品牌等方面制定可行实施方案以实现战略目标,转化为财务绩效。

(2) 公司的手机产品是市场领先者地位,在同类产品的市场占有率要达到50%以上。

3. 内部流程维度

内部业务流程维度着眼于企业核心竞争力。在这个维度,企业应当根据已经确定的财务维度与顾客维度的目标以及关键绩效,来确定企业最有价值的业务流程,既可以进一步改进企业现有的业务流程,使其在规模、质量、时间、生产率、成本上超越竞争者,也可以创新业务流程,不断创造全新的产品和服务,获得长期的财务成果。

(1) 公司为每一项产品都设定了研发周期。新产品投放市场的时间是公司战略的一个关键因素。

(2) 另外三个指标可以帮助公司提升产品价值和提高顾客满意度和忠诚度。

4. 学习和成长维度

企业的学习和成长主要有三个来源:人员、信息系统和组织程序。

学习与成长维度的指标主要包括员工满意度、员工流失率、人均收入、培训时间、战略信息覆盖率、战略信息可用性、奖金激励与股权激励、员工建议数量等。

(1) 学习和成长维度反映企业长期的成长和改进所必须拥有的能力,指明了公司需要在哪些地方优于竞争对手,实现业绩突破。

(2) 其余三个指标显示了管理层在保留关键员工、提升员工能力等方面的工作重点。

平衡计分卡只停留在公司层面的话,公司的战略实施是不会成功的。一个有效的平衡计分卡,绝对不仅仅是业绩衡量指标的结合,而且各个指标之间应该互相联系、互相补充,围绕企业战略所建立的因果关系链,应当贯穿于平衡计分卡的四个方面。

任务一 平衡计分卡的概念

平衡计分卡通过将财务指标与非财务指标相结合,将企业的业绩评价同企业战略发展联系起来,设计出了一套能使企业高管迅速且全面了解企业经营状况的指标体系,用来表达企业进行战略性发展所必须达到的目标,把任务和决策转化成目标和指标。

一、平衡计分卡的概念

BSC 即平衡计分卡（Balanced Score Card），是常见的绩效考核方式之一，是从财务、客户、内部运营、学习与成长四个角度，将组织的战略落实为可操作的衡量指标和目标值的一种新型绩效管理体系。

二、平衡计分卡不同维度的含义

（一）财务维度

股东如何看待，常见指标有投资报酬率、权益净利率、经济增加值、息税前利润、自由现金流量、资产负债率、总资产周转率等。

（二）顾客维度

顾客如何看待我们，常见指标有市场份额、客户满意度、客户获得率、客户保持率、客户获利率、战略客户数量等。

（三）内部业务流程维度

优势是什么，常见指标有交货及时率、生产负荷率、产品合格率、存货周转率、单位生产成本等。

（四）学习和成长维度

是否能继续提高并创造价值，常见指标有新产品开发周期、员工满意度、员工保持率、员工生产率、培训计划完成率等。

实训内容一　平衡计分卡的概念

【多选题】甲公司用平衡计分卡进行业绩考评。下列各种维度中，平衡计分卡需要考虑的有（　　）。

A. 顾客维度　　　B. 股东维度　　　C. 债权人维度　　　D. 学习与成长维度

实训步骤

步骤1：正确答案是 AD。

步骤2：平衡计分卡包括的四个维度是：财务维度、顾客维度、内部业务流程维度、学习与成长维度。

实训内容二　平衡计分卡的概念

【多选题】下列各项中，属于平衡计分卡内部业务流程维度业绩评价指标的有（　　）。

A. 资产负债率　　　B. 息税前利润　　　C. 存货周转率　　　D. 单位生产成本

实训步骤

步骤1：正确答案是 CD。

步骤2：反映内部业务流程维度的常用指标有交货及时率、生产负荷率、产品合格率、存货周转率、单位生产成本等。选项 AB 是反映财务维度的指标。

实训内容三　平衡计分卡的概念

【单选题】在平衡计分卡框架中，关于一个企业核心竞争力的评价，应该主要关注平衡计分卡的（　　）。

A. 财务维度　　　　　　　　　　B. 顾客维度
C. 内部业务流程维度　　　　　　D. 学习和成长维度

实训步骤

步骤1：正确答案是C。

步骤2：内部业务流程维度主要是着眼于企业核心竞争力，解决了企业的优势是什么的问题。

任务二　平衡计分卡及其应用

一、平衡计分卡的应用

平衡计分卡是突破了传统业绩评价系统的局限性，在战略高度评价企业的经营业绩，把一整套财务与非财务指标同企业的战略联系在一起，是进行战略管理的基础。战略规划中所制定的目标是平衡计分卡考核的一个基准；平衡计分卡又是一个有效的战略执行系统。

为了使平衡计分卡同企业战略更好地结合，必须做到以下几点：

(1) 平衡计分卡的四个方面应互为因果，最终结果是实现企业的战略。

(2) 平衡计分卡中不能只有具体的业绩衡量指标，还应包括这些具体衡量指标的驱动因素。

(3) 平衡计分卡应该最终和财务指标联系起来，因为企业的最终目标是实现良好的经济利润。

二、平衡计分卡与传统业绩评价系统的区别

(1) 传统的业绩考核注重对员工执行过程的控制，平衡计分卡则强调目标制订的环节。

平衡计分卡方法认为，目标制订的前提应当是员工有能力为达成目标而采取必要的行动方案，因此设定业绩评价指标的目的不在于控制员工的行为，而在于使员工能够理解企业的战略使命并为之付出努力。

(2) 传统的业绩评价与企业的战略执行脱节。平衡计分卡把企业战略和业绩管理系统联系起来，是企业战略执行的基础架构。

(3) 平衡计分卡在财务、顾客(客户)、内部流程以及学习与成长四个方面建立公司的战略目标。用来表达企业在生产能力竞争和技术革新竞争环境中所必须达到的、多样的、相互联系的目标。

(4) 平衡计分卡帮助公司及时考评战略执行的情况，根据需要(每月或每季度)适时调整战略、目标和考核指标。

(5) 平衡计分卡能够帮助公司有效地建立跨部门团队合作，促进内部管理过程的顺利进行。

三、平衡计分卡的优缺点

(一) 优点

战略目标逐层分解并转化为被评价对象的绩效指标和行动方案，使整个组织行动协调一致；从财务、客户、内部业务流程、学习与成长四个维度确定绩效指标，使绩效评价更为全面完整；将学习与成长作为一个维度，注重员工的发展要求和组织资本、信息资本等无形资产的开发利用，有利于增强企业可持续发展的动力。

(二) 缺点

专业技术要求高，工作量比较大，操作难度也较大，需要持续地沟通和反馈，实施比较复杂，实施成本高；各指标权重在不同层级及各层级不同指标之间的分配比较困难，且部分非财务指标的

量化工作难以落实；系统性强、涉及面广，需要专业人员的指导、企业全员的参与和长期持续地修正与完善，对信息系统、管理能力有较高的要求。

技能训练一

【单选题】按照平衡计分卡，着眼于企业的核心竞争力，解决"我们的优势是什么"的问题时，下列指标中可以利用的有(　　)。

A. 顾客满意度　　　B. 产品合格率　　　C. 资产负债率　　　D. 培训计划完成率

技能训练二

【单选题】甲公司是一家刚刚起步的餐饮企业，其业务主要为通过电话定购的方式销售特色面食，例如重庆小面等。该公司决定采用平衡计分卡来计量来年的绩效。下列选项中，属于学习和成长维度计量的是(　　)。

A. 权益净利率　　　B. 新产品开发周期　　C. 存货周转率　　　D. 客户满意度

★案例分析

以客户为中心，实施平衡计分卡

万科企业股份有限公司成立于1984年，1988年进入房地产行业，是目前中国最大的专业住宅开发企业之一。多年来，万科以其稳健的经营、良好的业绩和规范透明的管理赢得了投资者和社会各界的好评。

2000年万科公司正式运用平衡记分卡，2002年公司平衡记分卡的应用初具规模，2003年平衡记分卡终于在万科扎下了根，直到现在平衡记分卡的应用仍然在万科受到高度重视。

万科公司通过成功地运用平衡计分卡，使得公司明晰了战略发展模式、准确地定位了战略路线、量化了企业的绩效考核方式、增强了企业核心竞争力。平衡计分卡作为一种管理工具，还要与企业本身的价值与理念互相契合，在强调可持续性发展方面，非常适合万科。万科之所以能够借助平衡计分卡全面改善公司的业绩，取得管理能力的持续提升，主要是由于万科公司在全球化竞争过程中，始终秉承"以人为本"的公司管理理念，重视企业文化建设，不断完善公司的各项管理制度，使得平衡计分卡能够契合公司的发展理念等，为平衡计分卡进入和应用到万科公司提供了基础和条件。

万科平衡计分卡的四个维度：

1. 财务维度

万科以股东利益最大化为财务目标，万科提出"住宅产业化"以缩短研发周期、降低研发成本及研发导致的其他成本、提升所研发产品的品质感。提高资产利用率、降低成本，增加销售收入——即分别从生产率战略和收入增长战略对财务层面的总目标进行分拆。

2. 客户维度

客户是企业利润的根本来源，客户理应成为企业关注的焦点。平衡计分卡客户层面的核心就是满足客户，向客户提供所需的产品和服务，从而满足客户需要，提高企业竞争力。"客户是我们永远的伙伴"被列在万科价值观里的第一条，是对万科平衡计分卡客户层面的总结性阐释。万科成立了万客会会员俱乐部，以此增进同客户之间的关系，该俱乐部被誉为万科第五专业的客户关系中心。同时，万科公司每年定期举行万科社区业主运动会——"万运会"，不仅体现了万科"全心全意全为您"的服务理念，同时也提高了现有客户的满意度与忠诚度。

3. 内部流程维度

确定经营优势及核心竞争力是内部流程维度的核心。房地产企业理应选出具有最大影响的业务程序，创造自身的核心竞争力，根据业务流程在企业的各管理环节中设立具体指标，形成测评体系。这一点上，万科公司着重对产品、市场和客户的把握，不断地进行创新设计，努力实现产品差异化战略带来的经济效益。

在关键流程的选择定位上，万科提出"抓大放小"。在剖析价值链后，万科提出了"住房产业化"的概念。为此，关于产品研发周期，万科内部有个说法叫"三五二"——三个月做定位与规划设计、五个月做实施方案、两个月做施工图。具体而言就是缩短研发周期、降低研发成本及研发导致的其他成本、提升所研发产品的品质感。

4. 学习与发展维度

在这一层面上，万科关注的主要是"核心竞争力"。主要由运作与管理系统、职业经理人、企业文化构成。至今，万科已经积累了一系列业务与管理方面的规范与流程，在经过多年的使用和完善后，这套系统已经成为万科核心竞争力的重要组成部分，对公司的健康、持续、高速发展起到了决定作用。

平衡计分卡的实施，需要企业有完善的战略管理体系、人力资源管理体系以及全面的质量管理体系，而万科公司很早就投入了大量的精力进行企业制度建设，公司的内部管理水平本来就优于同业，运用更高层次的战略管理系统也是顺其自然的。

小　　结

平衡计分卡通过将财务指标与非财务指标相结合，将企业的业绩评价同企业战略发展联系起来，设计出了一套能使企业高管迅速且全面了解企业经营状况的指标体系，用来表达企业进行战略性发展所必须达到的目标，把任务和决策转化成目标和指标。BSC 即平衡计分卡（Balanced Score Card），是常见的绩效考核方式之一，是从财务、客户、内部运营、学习与成长四个角度，将组织的战略落实为可操作的衡量指标和目标值的一种新型绩效管理体系。

平衡计分卡不同维度有不同的含义。

财务维度是指股东如何看待我们，常见指标有投资报酬率、权益净利率、经济增加值、息税前利润、自由现金流量、资产负债率、总资产周转率等。

顾客维度是指顾客如何看待我们，常见指标有市场份额、客户满意度、客户获得率、客户保持率、客户获利率、战略客户数量等。

内部业务流程维度是指优势是什么，常见指标有交货及时率、生产负荷率、产品合格率、存货周转率、单位生产成本等。

学习和成长维度是指我们是否能继续提高并创造价值，常见指标有新产品开发周期、员工满意度、员工保持率、员工生产率、培训计划完成率等。

平衡计分卡是将战略目标逐层分解并转化为被评价对象的绩效指标和行动方案，使整个组织行动协调一致；从财务、客户、内部业务流程、学习与成长四个维度确定绩效指标，使绩效评价更为全面完整；将学习与成长作为一个维度，注重员工的发展要求和组织资本、信息资本等无形资产的开发利用，有利于增强企业可持续发展的动力。

平衡计分卡也有一些缺陷需要特别关注。其专业技术要求高，工作量比较大，操作难度也较大，需要持续地沟通和反馈，实施比较复杂，实施成本高；各指标权重在不同层级及各层级不同指标之间的分配比较困难，且部分非财务指标的量化工作难以落实；系统性强、涉及面广，需要专业人员的指导、企业全员的参与和长期持续地修正与完善，对信息系统、管理能力有较高的要求。

实际操作训练

一、平衡计分卡概念实训

【多选题】在使用平衡计分卡进行企业业绩评价时,需要处理几个平衡。下列各项中,正确的有(　　)。

A. 外部评价指标与内部评价指标的平衡
B. 财务评价指标与非财务评价指标的平衡
C. 定期评价指标与非定期评价指标的平衡
D. 成果评价指标与驱动因素评价指标的平衡

二、平衡计分卡应用实训

【多选题】下列各项中,不属于平衡计分卡内部业务流程维度业绩评价指标的有(　　)。

A. 资产负债率　　　B. 息税前利润　　　C. 存货周转率　　　D. 单位生产成本

附 录

附表1 复利

期数	1%	2%	3%	4%	5%	6%	7%	8%	9%	10%	12%
1	1.010 0	1.020 0	1.030 0	1.040 0	1.050 0	1.060 0	1.070 0	1.080 0	1.090 0	1.100 0	1.120 0
2	1.020 1	1.040 4	1.060 9	1.081 6	1.102 5	1.123 6	1.144 9	1.166 4	1.188 1	1.210 0	1.254 4
3	1.030 3	1.061 2	1.092 7	1.124 9	1.157 6	1.191 0	1.225 0	1.259 7	1.295 0	1.331 0	1.404 9
4	1.040 6	1.082 4	1.125 5	1.169 9	1.215 5	1.262 5	1.310 8	1.360 5	1.411 6	1.464 1	1.573 5
5	1.051 0	1.104 1	1.159 3	1.216 7	1.276 3	1.338 2	1.402 6	1.469 3	1.538 6	1.610 5	1.762 3
6	1.061 5	1.126 2	1.194 1	1.265 3	1.340 1	1.418 5	1.500 7	1.586 9	1.677 1	1.771 6	1.973 8
7	1.072 1	1.148 7	1.229 9	1.315 9	1.407 1	1.503 6	1.605 8	1.713 8	1.828 0	1.948 7	2.210 7
8	1.082 9	1.171 7	1.266 8	1.368 6	1.477 5	1.593 8	1.718 2	1.850 9	1.992 6	2.143 6	2.476 0
9	1.093 7	1.195 1	1.304 8	1.423 3	1.551 3	1.689 5	1.838 5	1.999 0	2.171 9	2.357 9	2.773 1
10	1.104 6	1.219 0	1.343 9	1.480 2	1.628 9	1.790 8	1.967 2	2.158 9	2.367 4	2.593 7	3.105 8
11	1.115 7	1.243 4	1.384 2	1.539 5	1.710 3	1.898 3	2.104 9	2.331 6	2.580 4	2.853 1	3.478 5
12	1.126 8	1.268 2	1.425 8	1.601 0	1.795 9	2.012 2	2.252 2	2.518 2	2.812 7	3.138 4	3.896 0
13	1.138 1	1.293 6	1.468 5	1.665 1	1.885 6	2.132 9	2.409 8	2.719 6	3.065 8	3.452 3	4.363 5
14	1.149 5	1.319 5	1.512 6	1.731 7	1.979 9	2.260 9	2.578 5	2.937 2	3.341 7	3.797 5	4.887 1
15	1.161 0	1.345 9	1.558 0	1.800 9	2.078 9	2.396 6	2.759 0	3.172 2	3.642 5	4.177 2	5.473 6
16	1.172 6	1.372 8	1.604 7	1.873 0	2.182 9	2.540 4	2.952 2	3.425 9	3.970 3	4.595 0	6.130 4
17	1.184 3	1.400 2	1.652 8	1.947 9	2.292 0	2.692 8	3.158 8	3.700 0	4.327 6	5.054 5	6.866 0
18	1.196 1	1.428 2	1.702 4	2.025 8	2.406 6	2.854 3	3.379 9	3.996 0	4.717 1	5.559 9	7.690 0
19	1.208 1	1.456 8	1.753 5	2.106 8	2.527 0	3.025 6	3.616 5	4.315 7	5.141 7	6.115 9	8.612 8
20	1.220 2	1.485 9	1.806 1	2.191 1	2.653 3	3.207 1	3.869 7	4.661 0	5.604 4	6.727 5	9.646 3
21	1.232 4	1.515 7	1.860 3	2.278 8	2.786 0	3.399 6	4.140 6	5.033 8	6.108 8	7.400 2	10.803 8
22	1.244 7	1.546 0	1.916 1	2.369 9	2.925 3	3.603 5	4.430 4	5.436 5	6.658 6	8.140 3	12.100 3
23	1.257 2	1.576 9	1.973 6	2.464 7	3.071 5	3.819 7	4.740 5	5.871 5	7.257 9	8.954 3	13.552 3
24	1.269 7	1.608 4	2.032 8	2.563 3	3.225 1	4.048 9	5.072 4	6.341 2	7.911 1	9.849 7	15.178 6
25	1.282 4	1.640 6	2.093 8	2.665 8	3.386 4	4.291 9	5.427 4	6.848 5	8.623 1	10.834 7	17.000 1
26	1.295 3	1.673 4	2.156 6	2.772 5	3.555 7	4.549 4	5.807 4	7.396 4	9.399 2	11.918 2	19.040 1
27	1.308 2	1.706 9	2.221 3	2.883 4	3.733 5	4.822 3	6.213 9	7.988 1	10.245 1	13.110 0	21.324 9
28	1.321 3	1.741 0	2.287 9	2.998 7	3.920 1	5.111 7	6.648 8	8.627 1	11.167 1	14.421 0	23.883 9
29	1.334 5	1.775 8	2.356 6	3.118 7	4.116 1	5.418 4	7.114 3	9.317 3	12.172 2	15.863 1	26.749 9
30	1.347 8	1.811 4	2.427 3	3.243 4	4.321 9	5.743 5	7.612 3	10.062 7	13.267 7	17.449 4	29.959 9

终值系数表

14%	15%	16%	18%	20%	24%	28%	32%	36%
1.140 0	1.150 0	1.160 0	1.180 0	1.200 0	1.240 0	1.280 0	1.320 0	1.360 0
1.299 6	1.322 5	1.345 6	1.392 4	1.440 0	1.537 6	1.638 4	1.742 4	1.849 6
1.481 5	1.520 9	1.560 9	1.643 0	1.728 0	1.906 6	2.097 2	2.300 0	2.515 5
1.689 0	1.749 0	1.810 6	1.938 8	2.073 6	2.364 2	2.684 4	3.036 0	3.421 0
1.925 4	2.011 4	2.100 3	2.287 8	2.488 3	2.931 6	3.436 0	4.007 5	4.652 6
2.195 0	2.313 1	2.436 4	2.699 6	2.986 0	3.635 2	4.398 0	5.289 9	6.327 5
2.502 3	2.660 0	2.826 2	3.185 5	3.583 2	4.507 7	5.629 5	6.982 6	8.605 4
2.852 6	3.059 0	3.278 4	3.758 9	4.299 8	5.589 5	7.205 8	9.217 0	11.703 4
3.251 9	3.517 9	3.803 0	4.435 5	5.159 8	6.931 0	9.223 4	12.166 5	15.916 6
3.707 2	4.045 6	4.411 4	5.233 8	6.191 7	8.594 4	11.805 9	16.059 8	21.646 6
4.226 2	4.652 4	5.117 3	6.175 9	7.430 1	10.657 1	15.111 6	21.198 9	29.439 3
4.817 9	5.350 3	5.936 0	7.287 6	8.916 1	13.214 8	19.342 8	27.982 5	40.037 5
5.492 4	6.152 8	6.885 8	8.599 4	10.699 3	16.386 3	24.758 8	36.937 0	54.451 0
6.261 3	7.075 7	7.987 5	10.147 2	12.839 2	20.319 1	31.691 3	48.756 8	74.053 4
7.137 9	8.137 1	9.265 5	11.973 7	15.407 0	25.195 6	40.564 8	64.359 0	100.712 6
8.137 2	9.357 6	10.748 0	14.129 0	18.488 4	31.242 6	51.923 0	84.953 8	136.969 1
9.276 5	10.761 3	12.467 7	16.672 2	22.186 1	38.740 8	66.461 4	112.139 0	186.277 9
10.575 2	12.375 5	14.462 5	19.673 3	26.623 3	48.038 6	85.070 6	148.023 5	253.338 0
12.055 7	14.231 8	16.776 5	23.214 4	31.948 0	59.567 9	108.890 4	195.391 1	344.539 7
13.743 5	16.366 5	19.460 8	27.393 0	38.337 6	73.864 1	139.379 7	257.916 2	468.574 1
15.667 6	18.821 5	22.574 5	32.323 8	46.005 1	91.591 5	178.406 0	340.449 4	637.260 6
17.861 0	21.644 7	26.186 4	38.142 1	55.206 1	113.573 5	228.359 6	449.393 2	866.674 4
20.361 6	24.891 5	30.376 2	45.007 6	66.247 4	140.831 2	292.300 3	593.199 0	1 178.677 2
23.212 2	28.625 2	35.236 4	53.109 0	79.496 8	174.630 6	374.144 4	783.022 7	1 603.001 0
26.461 9	32.919 0	40.874 2	62.668 6	95.396 2	216.542 0	478.904 9	1 033.590 0	2 180.081 4
30.166 6	37.856 8	47.414 1	73.949 0	114.475 5	268.512 1	612.998 2	1 364.338 7	2 964.910 7
34.389 9	43.535 3	55.000 4	87.259 8	137.370 6	332.955 0	784.637 7	1 800.927 1	4 032.278 6
39.204 5	50.065 6	63.800 4	102.966 6	164.844 7	412.864 2	1 004.336 3	2 377.223 8	5 483.898 8
44.693 1	57.575 5	74.008 5	121.500 5	197.813 6	511.951 6	1 285.550 4	3 137.935 4	7 458.102 4
50.950 2	66.211 8	85.849 9	143.370 6	237.376 3	634.819 9	1 645.504 6	4 142.074 8	10 143.019 3

附表2 复利

期数	1%	2%	3%	4%	5%	6%	7%	8%	9%	10%
1	0.990 1	0.980 4	0.970 9	0.961 5	0.952 4	0.943 4	0.934 6	0.925 9	0.917 4	0.909 1
2	0.980 3	0.961 2	0.942 6	0.924 6	0.907 0	0.890 0	0.873 4	0.857 3	0.841 7	0.826 4
3	0.970 6	0.942 3	0.915 1	0.889 0	0.863 8	0.839 6	0.816 3	0.793 8	0.772 2	0.751 3
4	0.961 0	0.923 8	0.888 5	0.854 8	0.822 7	0.792 1	0.762 9	0.735 0	0.708 4	0.683 0
5	0.951 5	0.905 7	0.862 6	0.821 9	0.783 5	0.747 3	0.713 0	0.680 6	0.649 9	0.620 9
6	0.942 0	0.888 0	0.837 5	0.790 3	0.746 2	0.705 0	0.666 3	0.630 2	0.596 3	0.564 5
7	0.932 7	0.870 6	0.813 1	0.759 9	0.710 7	0.665 1	0.622 7	0.583 5	0.547 0	0.513 2
8	0.923 5	0.853 5	0.789 4	0.730 7	0.676 8	0.627 4	0.582 0	0.540 3	0.501 9	0.466 5
9	0.914 3	0.836 8	0.766 4	0.702 6	0.644 6	0.591 9	0.543 9	0.500 2	0.460 4	0.424 1
10	0.905 3	0.820 3	0.744 1	0.675 6	0.613 9	0.558 4	0.508 3	0.463 2	0.422 4	0.385 5
11	0.896 3	0.804 3	0.722 4	0.649 6	0.584 7	0.526 8	0.475 1	0.428 9	0.387 5	0.350 5
12	0.887 4	0.788 5	0.701 4	0.624 6	0.556 8	0.497 0	0.444 0	0.397 1	0.355 5	0.318 6
13	0.878 7	0.773 0	0.681 0	0.600 6	0.530 3	0.468 8	0.415 0	0.367 7	0.326 2	0.289 7
14	0.870 0	0.757 9	0.661 1	0.577 5	0.505 1	0.442 3	0.387 8	0.340 5	0.299 2	0.263 3
15	0.861 3	0.743 0	0.641 9	0.555 3	0.481 0	0.417 3	0.362 4	0.315 2	0.274 5	0.239 4
16	0.852 8	0.728 4	0.623 2	0.533 9	0.458 1	0.393 6	0.338 7	0.291 9	0.251 9	0.217 6
17	0.844 4	0.714 2	0.605 0	0.513 4	0.436 3	0.371 4	0.316 6	0.270 3	0.231 1	0.197 8
18	0.836 0	0.700 2	0.587 4	0.493 6	0.415 5	0.350 3	0.295 9	0.250 2	0.212 0	0.179 9
19	0.827 7	0.686 4	0.570 3	0.474 6	0.395 7	0.330 5	0.276 5	0.231 7	0.194 5	0.163 5
20	0.819 5	0.673 0	0.553 7	0.456 4	0.376 9	0.311 8	0.258 4	0.214 5	0.178 4	0.148 6
21	0.811 4	0.659 8	0.537 5	0.438 8	0.358 9	0.294 2	0.241 5	0.198 7	0.163 7	0.135 1
22	0.803 4	0.646 8	0.521 9	0.422 0	0.341 8	0.277 5	0.225 7	0.183 9	0.150 2	0.122 8
23	0.795 4	0.634 2	0.506 7	0.405 7	0.325 6	0.261 8	0.210 9	0.170 3	0.137 8	0.111 7
24	0.787 6	0.621 7	0.491 9	0.390 1	0.310 1	0.247 0	0.197 1	0.157 7	0.126 4	0.101 5
25	0.779 8	0.609 5	0.477 6	0.375 1	0.295 3	0.233 0	0.184 2	0.146 0	0.116 0	0.092 3
26	0.772 0	0.597 6	0.463 7	0.360 7	0.281 2	0.219 8	0.172 2	0.135 2	0.106 4	0.083 9
27	0.764 4	0.585 9	0.450 2	0.346 8	0.267 8	0.207 4	0.160 9	0.125 2	0.097 6	0.076 3
28	0.756 8	0.574 4	0.437 1	0.333 5	0.255 1	0.195 6	0.150 4	0.115 9	0.089 5	0.069 3
29	0.749 3	0.563 1	0.424 3	0.320 7	0.242 9	0.184 6	0.140 6	0.107 3	0.082 2	0.063 0
30	0.741 9	0.552 1	0.412 0	0.308 3	0.231 4	0.174 1	0.131 4	0.099 4	0.075 4	0.057 3

现值系数表

12%	14%	15%	16%	18%	20%	24%	28%	32%	36%
0.892 9	0.877 2	0.869 6	0.862 1	0.847 5	0.833 3	0.806 5	0.781 2	0.757 6	0.735 3
0.797 2	0.769 5	0.756 1	0.743 2	0.718 2	0.694 4	0.650 4	0.610 4	0.573 9	0.540 7
0.711 8	0.675 0	0.657 5	0.640 7	0.608 6	0.578 7	0.524 5	0.476 8	0.434 8	0.397 5
0.635 5	0.592 1	0.571 8	0.552 3	0.515 8	0.482 3	0.423 0	0.372 5	0.329 4	0.292 3
0.567 4	0.519 4	0.497 2	0.476 1	0.437 1	0.401 9	0.341 1	0.291 0	0.249 5	0.214 9
0.506 6	0.455 6	0.432 3	0.410 4	0.370 4	0.334 9	0.275 1	0.227 4	0.189 0	0.158 0
0.452 3	0.399 6	0.375 9	0.353 8	0.313 9	0.279 1	0.221 8	0.177 6	0.143 2	0.116 2
0.403 9	0.350 6	0.326 9	0.305 0	0.266 0	0.232 6	0.178 9	0.138 8	0.108 5	0.085 4
0.360 6	0.307 5	0.284 3	0.263 0	0.225 5	0.193 8	0.144 3	0.108 4	0.082 2	0.062 8
0.322 0	0.269 7	0.247 2	0.226 7	0.191 1	0.161 5	0.116 4	0.084 7	0.062 3	0.046 2
0.287 5	0.236 6	0.214 9	0.195 4	0.161 9	0.134 6	0.093 8	0.066 2	0.047 2	0.034 0
0.256 7	0.207 6	0.186 9	0.168 5	0.137 2	0.112 2	0.075 7	0.051 7	0.035 7	0.025 0
0.229 2	0.182 1	0.162 5	0.145 2	0.116 3	0.093 5	0.061 0	0.040 4	0.027 1	0.018 4
0.204 6	0.159 7	0.141 3	0.125 2	0.098 5	0.077 9	0.049 2	0.031 6	0.020 5	0.013 5
0.182 7	0.140 1	0.122 9	0.107 9	0.083 5	0.064 9	0.039 7	0.024 7	0.015 5	0.009 9
0.163 1	0.122 9	0.106 9	0.093 0	0.070 8	0.054 1	0.032 0	0.019 3	0.011 8	0.007 3
0.145 6	0.107 8	0.092 9	0.080 2	0.060 0	0.045 1	0.025 8	0.015 0	0.008 9	0.005 4
0.130 0	0.094 6	0.080 8	0.069 1	0.050 8	0.037 6	0.020 8	0.011 8	0.006 8	0.003 9
0.116 1	0.082 9	0.070 3	0.059 6	0.043 1	0.031 3	0.016 8	0.009 2	0.005 1	0.002 9
0.103 7	0.072 8	0.061 1	0.051 4	0.036 5	0.026 1	0.013 5	0.007 2	0.003 9	0.002 1
0.092 6	0.063 8	0.053 1	0.044 3	0.030 9	0.021 7	0.010 9	0.005 6	0.002 9	0.001 6
0.082 6	0.056 0	0.046 2	0.038 2	0.026 2	0.018 1	0.008 8	0.004 4	0.002 2	0.001 2
0.073 8	0.049 1	0.040 2	0.032 9	0.022 2	0.015 1	0.007 1	0.003 4	0.001 7	0.000 8
0.065 9	0.043 1	0.034 9	0.028 4	0.018 8	0.012 6	0.005 7	0.002 7	0.001 3	0.000 6
0.058 8	0.037 8	0.030 4	0.024 5	0.016 0	0.010 5	0.004 6	0.002 1	0.001 0	0.000 5
0.052 5	0.033 1	0.026 4	0.021 1	0.013 5	0.008 7	0.003 7	0.001 6	0.000 7	0.000 3
0.046 9	0.029 1	0.023 0	0.018 2	0.011 5	0.007 3	0.003 0	0.001 3	0.000 6	0.000 2
0.041 9	0.025 5	0.020 0	0.015 7	0.009 7	0.006 1	0.002 4	0.001 0	0.000 4	0.000 2
0.037 4	0.022 4	0.017 4	0.013 5	0.008 2	0.005 1	0.002 0	0.000 8	0.000 3	0.000 1
0.033 4	0.019 6	0.015 1	0.011 6	0.007 0	0.004 2	0.001 6	0.000 6	0.000 2	0.000 1

附表3 年金

期数	1%	2%	3%	4%	5%	6%	7%	8%	9%	10%
1	1.000 0	1.000 0	1.000 0	1.000 0	1.000 0	1.000 0	1.000 0	1.000 0	1.000 0	1.000 0
2	2.010 0	2.020 0	2.030 0	2.040 0	2.050 0	2.060 0	2.070 0	2.080 0	2.090 0	2.100 0
3	3.030 1	3.060 4	3.090 9	3.121 6	3.152 5	3.183 6	3.214 9	3.246 4	3.278 1	3.310 0
4	4.060 4	4.121 6	4.183 6	4.246 5	4.310 1	4.374 6	4.439 9	4.506 1	4.573 1	4.641 0
5	5.101 0	5.204 0	5.309 1	5.416 3	5.525 6	5.637 1	5.750 7	5.866 6	5.984 7	6.105 1
6	6.152 0	6.308 1	6.468 4	6.633 0	6.801 9	6.975 3	7.153 3	7.335 9	7.523 3	7.715 6
7	7.213 5	7.434 3	7.662 5	7.898 3	8.142 0	8.393 8	8.654 0	8.922 8	9.200 4	9.487 2
8	8.285 7	8.583 0	8.892 3	9.214 2	9.549 1	9.897 5	10.259 8	10.636 6	11.028 5	11.435 9
9	9.368 5	9.754 6	10.159 1	10.582 8	11.026 6	11.491 3	11.978 0	12.487 6	13.021 0	13.579 5
10	10.462 2	10.949 7	11.463 9	12.006 1	12.577 9	13.180 8	13.816 4	14.486 6	15.192 9	15.937 4
11	11.566 8	12.168 7	12.807 8	13.486 4	14.206 8	14.971 6	15.783 6	16.645 5	17.560 3	18.531 2
12	12.682 5	13.412 1	14.192 0	15.025 8	15.917 1	16.869 9	17.888 5	18.977 1	20.140 7	21.384 3
13	13.809 3	14.680 3	15.617 8	16.626 8	17.713 0	18.882 1	20.140 6	21.495 3	22.953 4	24.522 7
14	14.947 4	15.973 9	17.086 3	18.291 9	19.598 6	21.015 1	22.550 5	24.214 9	26.019 2	27.975 0
15	16.096 9	17.293 4	18.598 9	20.023 6	21.578 6	23.276 0	25.129 0	27.152 1	29.360 9	31.772 5
16	17.257 9	18.639 3	20.156 9	21.824 5	23.657 5	25.672 5	27.888 1	30.324 3	33.003 4	35.949 7
17	18.430 4	20.012 1	21.761 6	23.697 5	25.840 4	28.212 9	30.840 2	33.750 2	36.973 7	40.544 7
18	19.614 7	21.412 3	23.414 4	25.645 4	28.132 4	30.905 7	33.999 0	37.450 2	41.301 3	45.599 2
19	20.810 9	22.840 6	25.116 9	27.671 2	30.539 0	33.760 0	37.379 0	41.446 3	46.018 5	51.159 1
20	22.019 0	24.297 4	26.870 4	29.778 1	33.066 0	36.785 6	40.995 5	45.762 0	51.160 1	57.275 0
21	23.239 2	25.783 3	28.676 5	31.969 2	35.719 3	39.992 7	44.865 2	50.422 9	56.764 5	64.002 5
22	24.471 6	27.299 0	30.536 8	34.248 0	38.505 2	43.392 3	49.005 7	55.456 8	62.873 3	71.402 7
23	25.716 3	28.845 0	32.452 9	36.617 9	41.430 5	46.995 8	53.436 1	60.893 3	69.531 9	79.543 0
24	26.973 5	30.421 9	34.426 5	39.082 6	44.502 0	50.815 6	58.176 7	66.764 8	76.789 8	88.497 3
25	28.243 2	32.030 3	36.459 3	41.645 9	47.727 1	54.864 5	63.249 0	73.105 9	84.700 9	98.347 1
26	29.525 6	33.670 9	38.553 0	44.311 7	51.113 5	59.156 4	68.676 5	79.954 4	93.324 0	109.181 8
27	30.820 9	35.344 3	40.709 6	47.084 2	54.669 1	63.705 8	74.483 8	87.350 8	102.723 1	121.099 9
28	32.129 1	37.051 2	42.930 9	49.967 6	58.402 6	68.528 1	80.697 7	95.338 8	112.968 2	134.209 9
29	33.450 4	38.792 2	45.218 9	52.966 6	62.322 7	73.639 8	87.346 5	103.965 9	124.135 4	148.630 9
30	34.784 9	40.568 1	47.575 4	56.084 9	66.438 8	79.058 2	94.460 8	113.283 2	136.307 5	164.494 0

终值系数表

12%	14%	15%	16%	18%	20%	24%	28%	32%	36%
1.000 0	1.000 0	1.000 0	1.000 0	1.000 0	1.000 0	1.000 0	1.000 0	1.000 0	1.000 0
2.120 0	2.140 0	2.150 0	2.160 0	2.180 0	2.200 0	2.240 0	2.280 0	2.320 0	2.360 0
3.374 4	3.439 6	3.472 5	3.505 6	3.572 4	3.640 0	3.777 6	3.918 4	4.062 4	4.209 6
4.779 3	4.921 1	4.993 4	5.066 5	5.215 4	5.368 0	5.684 2	6.015 6	6.362 4	6.725 1
6.352 8	6.610 1	6.742 4	6.877 1	7.154 2	7.441 6	8.048 4	8.699 9	9.398 3	10.146 1
8.115 2	8.535 5	8.753 7	8.977 5	9.442 0	9.929 9	10.980 1	12.135 9	13.405 8	14.798 7
10.089 0	10.730 5	11.066 8	11.413 9	12.141 5	12.915 9	14.615 3	16.533 9	18.695 6	21.126 2
12.299 7	13.232 8	13.726 8	14.240 1	15.327 0	16.499 1	19.122 9	22.163 4	25.678 2	29.731 6
14.775 7	16.085 3	16.785 8	17.518 5	19.085 9	20.798 9	24.712 5	29.369 2	34.895 3	41.435 0
17.548 7	19.337 3	20.303 7	21.321 5	23.521 3	25.958 7	31.643 4	38.592 6	47.061 8	57.351 6
20.654 6	23.044 5	24.349 3	25.732 9	28.755 1	32.150 4	40.237 9	50.398 5	63.121 5	78.998 2
24.133 1	27.270 7	29.001 7	30.850 2	34.931 1	39.580 5	50.895 0	65.510 0	84.320 4	108.437 5
28.029 1	32.088 7	34.351 9	36.786 2	42.218 7	48.496 6	64.109 7	84.852 9	112.303 0	148.475 0
32.392 6	37.581 1	40.504 7	43.672 0	50.818 0	59.195 8	80.496 1	109.611 7	149.239 9	202.926 0
37.279 7	43.842 4	47.580 4	51.659 5	60.965 3	72.035 1	100.815 1	141.302 9	197.996 7	276.979 3
42.753 3	50.980 4	55.717 5	60.925 0	72.939 0	87.442 1	126.010 8	181.867 5	262.355 7	377.691 9
48.883 7	59.117 6	65.075 1	71.673 0	87.068 0	105.930 6	157.253 4	233.790 7	347.309 5	514.661 0
55.749 7	68.394 1	75.836 4	84.140 7	103.740 3	128.116 7	195.994 2	300.252 1	459.448 5	700.938 9
63.439 7	78.969 2	88.211 8	98.603 2	123.413 5	154.740 0	244.032 8	385.322 7	607.472 1	954.276 9
72.052 4	91.024 9	102.443 6	115.379 7	146.628 0	186.688 0	303.600 6	494.213 1	802.863 1	1 298.816 6
81.698 7	104.768 4	118.810 1	134.840 5	174.021 0	225.025 6	377.464 8	633.592 7	1 060.779 3	1 767.390 6
92.502 6	120.436 0	137.631 6	157.415 0	206.344 8	271.030 7	469.056 3	811.998 7	1 401.228 7	2 404.651 2
104.602 9	138.297 0	159.276 4	183.601 4	244.486 8	326.236 9	582.629 8	1 040.358 3	1 850.621 9	3 271.325 6
118.155 2	158.658 6	184.167 8	213.977 6	289.494 5	392.484 2	723.461 0	1 332.658 6	2 443.820 9	4 450.002 9
133.333 9	181.870 8	212.793 0	249.214 0	342.603 5	471.981 1	898.091 6	1 706.803 1	3 226.843 6	6 053.003 9
150.333 9	208.332 7	245.712 0	290.088 3	405.272 1	567.377 3	1 114.633 6	2 185.707 9	4 260.433 6	8 233.085 3
169.374 0	238.499 3	283.568 8	337.502 4	479.221 1	681.852 6	1 383.145 7	2 798.706 5	5 624.772 3	11 197.996 0
190.698 9	272.889 2	327.104 1	392.502 8	566.480 9	819.223 3	1 716.100 7	3 583.343 8	7 425.699 4	15 230.274 5
214.582 8	312.093 7	377.169 7	456.303 2	669.447 5	984.068 0	2 128.964 8	4 587.680 1	9 802.923 5	20 714.173 4
241.332 7	356.786 8	434.745 1	530.311 7	790.948 0	1 181.881 6	2 640.916 4	5 873.230 6	12 940.858 7	28 172.275 8

附表 4 年金

期数	1%	2%	3%	4%	5%	6%	7%	8%	9%	10%
1	0.990 1	0.980 4	0.970 9	0.961 5	0.952 4	0.943 4	0.934 6	0.925 9	0.917 4	0.909 1
2	1.970 4	1.941 6	1.913 5	1.886 1	1.859 4	1.833 4	1.808 0	1.783 3	1.759 1	1.735 5
3	2.941 0	2.883 9	2.828 6	2.775 1	2.723 2	2.673 0	2.624 3	2.577 1	2.531 3	2.486 9
4	3.902 0	3.807 7	3.717 1	3.629 9	3.546 0	3.465 1	3.387 2	3.312 1	3.239 7	3.169 9
5	4.853 4	4.713 5	4.579 7	4.451 8	4.329 5	4.212 4	4.100 2	3.992 7	3.889 7	3.790 8
6	5.795 5	5.601 4	5.417 2	5.242 1	5.075 7	4.917 3	4.766 5	4.622 9	4.485 9	4.355 3
7	6.728 2	6.472 0	6.230 3	6.002 1	5.786 4	5.582 4	5.389 3	5.206 4	5.033 0	4.868 4
8	7.651 7	7.325 5	7.019 7	6.732 7	6.463 2	6.209 8	5.971 3	5.746 6	5.534 8	5.334 9
9	8.566 0	8.162 2	7.786 1	7.435 3	7.107 8	6.801 7	6.515 2	6.246 9	5.995 2	5.759 0
10	9.471 3	8.982 6	8.530 2	8.110 9	7.721 7	7.360 1	7.023 6	6.710 1	6.417 7	6.144 6
11	10.367 6	9.786 8	9.252 6	8.760 5	8.306 4	7.886 9	7.498 7	7.139 0	6.805 2	6.495 1
12	11.255 1	10.575 3	9.954 0	9.385 1	8.863 3	8.383 8	7.942 7	7.536 1	7.160 7	6.813 7
13	12.133 7	11.348 4	10.635 0	9.985 6	9.393 6	8.852 7	8.357 7	7.903 8	7.486 9	7.103 4
14	13.003 7	12.106 2	11.296 1	10.563 1	9.898 6	9.295 0	8.745 5	8.244 2	7.786 2	7.366 7
15	13.865 1	12.849 3	11.937 9	11.118 4	10.379 7	9.712 2	9.107 9	8.559 5	8.060 7	7.606 1
16	14.717 9	13.577 7	12.561 1	11.652 3	10.837 8	10.105 9	9.446 6	8.851 4	8.312 6	7.823 7
17	15.562 3	14.291 9	13.166 1	12.165 7	11.274 1	10.477 3	9.763 2	9.121 6	8.543 6	8.021 6
18	16.398 3	14.992 0	13.753 5	12.659 3	11.689 6	10.827 6	10.059 1	9.371 9	8.755 6	8.201 4
19	17.226 0	15.678 5	14.323 8	13.133 9	12.085 3	11.158 1	10.335 6	9.603 6	8.950 1	8.364 9
20	18.045 6	16.351 4	14.877 5	13.590 3	12.462 2	11.469 9	10.594 0	9.818 1	9.128 5	8.513 6
21	18.857 0	17.011 2	15.415 0	14.029 2	12.821 2	11.764 1	10.835 5	10.016 8	9.292 2	8.648 7
22	19.660 4	17.658 0	15.936 9	14.451 1	13.163 0	12.041 6	11.061 2	10.200 7	9.442 4	8.771 5
23	20.455 8	18.292 2	16.443 6	14.856 8	13.488 6	12.303 4	11.272 2	10.371 1	9.580 2	8.883 2
24	21.243 4	18.913 9	16.935 5	15.247 0	13.798 6	12.550 4	11.469 3	10.528 8	9.706 6	8.984 7
25	22.023 2	19.523 5	17.413 1	15.622 1	14.093 9	12.783 4	11.653 6	10.674 8	9.822 6	9.077 0
26	22.795 2	20.121 0	17.876 8	15.982 8	14.375 2	13.003 2	11.825 8	10.810 0	9.929 0	9.160 9
27	23.559 6	20.706 9	18.327 0	16.329 6	14.643 0	13.210 5	11.986 7	10.935 2	10.026 6	9.237 2
28	24.316 4	21.281 3	18.764 1	16.663 1	14.898 1	13.406 2	12.137 1	11.051 1	10.116 1	9.306 6
29	25.065 8	21.844 4	19.188 5	16.983 7	15.141 1	13.590 7	12.277 7	11.158 4	10.198 3	9.369 6
30	25.807 7	22.396 5	19.600 4	17.292 0	15.372 5	13.764 8	12.409 0	11.257 8	10.273 7	9.426 9

现值系数表

12%	14%	15%	16%	18%	20%	24%	28%	32%
0.892 9	0.877 2	0.869 6	0.862 1	0.847 5	0.833 3	0.806 5	0.781 2	0.757 6
1.690 1	1.646 7	1.625 7	1.605 2	1.565 6	1.527 8	1.456 8	1.391 6	1.331 5
2.401 8	2.321 6	2.283 2	2.245 9	2.174 3	2.106 5	1.981 3	1.868 4	1.766 3
3.037 3	2.913 7	2.855 0	2.798 2	2.690 1	2.588 7	2.404 3	2.241 0	2.095 7
3.604 8	3.433 1	3.352 2	3.274 3	3.127 2	2.990 6	2.745 4	2.532 0	2.345 2
4.111 4	3.888 7	3.784 5	3.684 7	3.497 6	3.325 5	3.020 5	2.759 4	2.534 2
4.563 8	4.288 3	4.160 4	4.038 6	3.811 5	3.604 6	3.242 3	2.937 0	2.677 5
4.967 6	4.638 9	4.487 3	4.343 6	4.077 6	3.837 2	3.421 2	3.075 8	2.786 0
5.328 2	4.946 4	4.771 6	4.606 5	4.303 0	4.031 0	3.565 5	3.184 2	2.868 1
5.650 2	5.216 1	5.018 8	4.833 2	4.494 1	4.192 5	3.681 9	3.268 9	2.930 4
5.937 7	5.452 7	5.233 7	5.028 6	4.656 0	4.327 1	3.775 7	3.335 1	2.977 6
6.194 4	5.660 3	5.420 6	5.197 1	4.793 2	4.439 2	3.851 4	3.386 8	3.013 3
6.423 5	5.842 4	5.583 1	5.342 3	4.909 5	4.532 7	3.912 4	3.427 2	3.040 4
6.628 2	6.002 1	5.724 5	5.467 5	5.008 1	4.610 6	3.961 6	3.458 7	3.060 9
6.810 9	6.142 2	5.847 4	5.575 5	5.091 6	4.675 5	4.001 3	3.483 4	3.076 4
6.974 0	6.265 1	5.954 2	5.668 5	5.162 4	4.729 6	4.033 3	3.502 6	3.088 2
7.119 6	6.372 9	6.047 2	5.748 7	5.222 3	4.774 6	4.059 1	3.517 7	3.097 1
7.249 7	6.467 4	6.128 0	5.817 8	5.273 2	4.812 2	4.079 9	3.529 4	3.103 9
7.365 8	6.550 4	6.198 2	5.877 5	5.316 2	4.843 5	4.096 7	3.538 6	3.109 0
7.469 4	6.623 1	6.259 3	5.928 8	5.352 7	4.869 6	4.110 3	3.545 8	3.112 9
7.562 0	6.687 0	6.312 5	5.973 1	5.383 7	4.891 3	4.121 2	3.551 4	3.115 8
7.644 6	6.742 9	6.358 7	6.011 3	5.409 9	4.909 4	4.130 0	3.555 8	3.118 0
7.718 4	6.792 1	6.398 8	6.044 2	5.432 1	4.924 5	4.137 1	3.559 2	3.119 7
7.784 3	6.835 1	6.433 8	6.072 6	5.450 9	4.937 1	4.142 8	3.561 9	3.121 0
7.843 1	6.872 9	6.464 1	6.097 1	5.466 9	4.947 6	4.147 4	3.564 0	3.122 0
7.895 7	6.906 1	6.490 6	6.118 2	5.480 4	4.956 3	4.151 1	3.565 6	3.122 7
7.942 6	6.935 2	6.513 5	6.136 4	5.491 9	4.963 6	4.154 2	3.566 9	3.123 3
7.984 4	6.960 7	6.533 5	6.152 0	5.501 6	4.969 7	4.156 6	3.567 9	3.123 7
8.021 8	6.983 0	6.550 9	6.165 6	5.509 8	4.974 7	4.158 5	3.568 7	3.124 0
8.055 2	7.002 7	6.566 0	6.177 2	5.516 8	4.978 9	4.160 1	3.569 3	3.124 2

参 考 文 献

［1］傅丹,姜毅.财务管理实训教程[M].辽宁:东北财经大学出版社,2011.
［2］陈亚民.战略财务管理[M].北京:中国财政经济出版社,2012.
［3］迈克尔,波特著,李明轩,邱如美译.国家竞争优势[M].北京:中信出版社,2007.
［4］迈克尔.波特著,陈小悦译.竞争战略[M].北京:华夏出版社,2010.
［5］刘力.财务管理学[M].北京:企业管理出版社,2012.
［6］中国注册会计师协会.财务成本管理[M].北京:中国财政经济出版社,2016.
［7］秦杨勇.平衡计分卡与战略管理[M].北京:中国经济出版社,2013.
［8］邹昭烯.企业战略分析[M].北京:经济管理出版社,2013.
［9］秦永和.财务管理[M].北京:首都经济贸易大学出版社,2012.
［10］姚贤涛.中小企业管理事物与实例[M].北京:中信出版社,2014.
［11］吴宗奎.财务管理实训教材[M].北京:人民大学出版社,2011.
［12］宋秋萍.财务管理实训教程[M].北京:中国财政经济出版社,2006.
［13］赵伟.财务管理模拟实训教程[M].北京:电子工业出版社,2010.
［14］吴立范,周天芸.公司财务管理[M].北京:机械工业出版社,2010.
［15］财政部会计资格评审中心.中级财务管理[M].北京:中国财政经济出版社,2015.
［16］张鹏.关于财务盈利问题的探讨[EB/OL]. http://www.glzy8.com/show/80466.html,2012-09-12/2015-01-10.
［17］蒋云.财务管理发展与模拟实训教程[EB/OL]. http://www.blog.ceconlines.com/bk/883454 html,2014-07-16/2015-01-10.
［18］张争.企业经营管理与财务模拟实训教程[EB/OL]. http://www.pinggu.org/jp/guanli.caiwuguanli.256916.html,2013-10-16/2015-01-10.
［19］于鹏.平衡记分卡对绩效管理的启示[J].流通经济,2016(11):83-85.
［20］付翔.平衡记分卡在万科公司的应用及启示[J].合作经济与科技,2016(539).